만만디의 중국고수들과
싸울 준비는 했는가

만만디의 중국고수들과
싸울 준비는 했는가

지은이 | 이병우

발행일 | 초판 1쇄 2014년 7월 1일

발행처 | 멘토프레스

발행인 | 이경숙

인쇄·제본 | 한영문화사

등록번호 | 201-12-80347 / 등록일 2006년 5월 2일

주소 | 서울시 중구 충무로 2가 49-30 태광빌딩 302호

전화 | (02)2272-0907   팩스 | (02)2272-0974

E-mail | mentorpress@daum.net
          memory777@naver.com

홈피 | www.mentorpress.co.kr

ISBN 978-89-93442-33-5 03320

만만디의 중국고수들과
싸울 준비는 했는가

멘토 press

차례

제3장 중국과 중국인

제4장 장강의 물결

수천 년 역사를 굽어보는 '장강의 물결'을 바라보며
도피가 아닌 도전의 대상, 중국을 말한다

대체로 사람들은 개인이 갖고 있는 보이지 않는 희망과 꿈으로 상대를 판단하지 않고 오직 결과만을 갖고 판단한다. 한국의 50대들이 저마다 슬픈 이유가 여기에 있다. 비록 가진 것은 30평 남짓한 아파트 한 채가 전부지만 그들이 평생 걸어온 발자취는 결코 쉽게 평가되어서는 안 되는 요소가 많다. 그럴 것이다. 그러나 여전히 50대들은 마음이 무겁고 자주 좌절한다. 이렇게 우리의 새로운 인생 후반은 참으로 어렵게 다가온다. 중국으로 떠난 나도 아마 같은 고민을 했을 것이다.

중국으로 떠나기 전, 많은 시간동안 업무차 그리고 자식의 중국유학 등을 이유로 중국의 여기저기를 돌아다녔다. 하늘과 땅에서 바라보는 중국은 빠르게 변화하고 있었다. 중국 어디를 가나 활기가 넘쳐흘렀고 건설동력은 밤과 낮으로 연결되고 있었다. 나는 직감적으로 중국이 새로운 땅이 될 거라는 생각이 들었다. 중국은 변하고 있었고 언젠가 이땅에서 인생 후반을 도전해보리라는 생각도 했을 것이다. 그리고 마침내 나는 중국으로 왔다.

인간의 운명 그리고 한치 앞을 모르는 숙명 같은 예감은 이렇게 뜻하지 않은 기회를 준다. 그러나 도피와 기회는 어떤 상황에서도 다르다. 나는 지금도 중국에서 많은 교민을 본다. 그리고 성공한 자와 망가진 자의 차이는 바로 도전과 도피의 차이가 아닌가, 생각해본다. 대륙의 땅에 우리가 도피를 목적으로 와서는 안 된다. 기업들도 마찬가지다. 도전과 단순한 도피적 사고는 차이가 있다. 또한 막연히 잘될 거라는 기대심리로 중국을 찾는 것도 일종의 도피심리라 할 수 있다. 결국은 안 된다. 인구가 13억이나 되고 땅덩어리는 넓고 중국사람들은 우리보다 머리도 나쁜데 한국기업은 대부분 망가진다. 왜 그럴까?

세상에서 일본사람과 중국사람을 가장 무시하는 사람들이 한국인이라는 말이 있다. 맞는 말이다. 중국에서 바라보는 한국사람들의 특징은 상대를 일단 무시하고 보는 경향이 있다. 특히 중국인들을 아주 잘 무시한다. 왜 무시하는 것일까. 뭐가 잘나서 한국인은 중국인 앞에만 서면 자존심이 살아나고 우월감이 치솟는 것일까. 더구나 중국시장에 값싸고 경쟁력도 별로 없는 제품을 들고 온 기업들은 뭘 믿고 그러는 것인지, 망가져서 중국에 온 사람이 도대체 무슨 정신으로 중국인 앞에서 고자세를 부리는 것인지 의문이다.

중국에 10여 년간 살면서 필자가 느끼는 가장 큰 우리 한국사람들의 문제는 바로 이것이었다. 아무것도 모르면서 중국 그리고 중국인을 무시하는 것이다. 그들을 무시하면서 시작하는 중국생활은 답이 명확하다. 중국시장을 우습게 보고 덤비는 기업의 흥망도 자명하다. 망가지는 일이다. 망가진 이유가 아주 간단하다. 그렇다. 중국을 결코 우습게 보아서는 안 된다. 알면 알수록 어려운 사람들이고, 보면 볼수록 매력 있는 땅이 중국이다. 매력이 있지만 아주 힘들고 어렵다는 뜻이다. 그냥 매력이 내 손에 들어오는 땅이 아니다.

여전히 중국을 이유없이 무시하는가? 비난하는가? 설령 중국땅에서 엄청난 피해를 입었다 해도 우리는 가능한 중국을, 중국사람들을 사랑해야 한다. 여기서부터 중국사회에 깊게 뿌리내린 관시문화에 대한 이해도 출발해야 한다. 관시로 시작해서 관시로 끝난다고 해도 과언이 아닌 중국사회. 섣부른 관시맺기로 이들에게 접근하기보다 먼저 중국과 중국인을 사랑하는 마음으로 다가서는 것이 중요함을 강조하고 싶다.

중국은 사람이 많은 나라다. 이래서 중국사람들의 사람보는 안목은 누구보다 탁월하다. 그 많은 인구 중에서 지도자가 되는 사람은 아주 적을 수밖에 없다. 중앙정부의 고위급인사가 되는 과정은 참으로 어려운 길이다. 엄청난 시험을 거치고 또 거쳐야 되는 길이다. 운이 좋은 것도 한두 번이다. 매번 운이 좋을 수는 없다. 결국은 핵심인재만이 살아남는다. 중국에서 지도자급 인사는 이런 지난한 과정을 통과한 사람들이다. 사업에 성공한 사람들도 상황은 같다. 고도의 상술을 지닌 수억의 사람들과 경쟁하며 그 살벌한 시장에서 돈을 번 사람들이다. 어찌 단순한 지략만으로 돈을 벌었을까? 아니다. 그들의 머리는 제갈공명을 능가하고 지혜와 책략은 조조를 뛰어넘는다고 봐야 한다. 겉으로 드러난 인품은 유비를 닮았고 용감한 도전정신은 조자룡을 능가한다. 우리가 상대하는 사람들은 이런 고수들이다.

내가 살고 있는 도시는 요즘 중국내륙의 중심으로 한창 뜨고 있는 호북성 우한武漢이라는 곳이다. 이곳 우한에서 중국의 발전동력이 동부연안에서 중부내륙으로 옮겨오는 것을 직접 바라보며 살아왔다. 이 거대한 몸집의 도시가 거침없이 변화되는 과정을 바라보며 때로는 벅찬 감회도 들고 때로는 놀라움과 경외심도 든다. 그러면서 한편으로는 과연 중국은 어디까지 질주할 것인지 생각해본다. 이런 변화의 소용돌이 한복판에서 나는 현재 중국을 보고 있는 중이다.

오늘도 이곳 우한에는 도시 중심을 가로지르는 거대한 장강이 묵묵히 흘러가고 있다. 수천 년의 중국역사를 장강은 지켜보았을 것이다. 나 또한 이방의 나그네로서 힘들고 마음이 고단해질 때면 장강을 바라보며 살아왔다. 늘 그렇듯 장강의 물결은 말이 없다. 나그네의 수많은 목마름과 애타는 질문에도 말이 없다. 침묵으로 일관한다. 그러나 그 침묵 속에 중국역사가 있고 중국인의 애환이 있고 인류의 질곡이 담겨 있으리라 생각한다. 거스르지 않고 아래로 흘러가는 황하물결은 역사의 흐름이 늘 변함없이 위에서 아래로 흘러감을 말해주고 있는지도 모른다. 인생의 원리도 같다. 과거의 아픔을 안고 흘러간다. 절대 거꾸로 역행하지 않는다.

지금도 중국 전역에서 고군분투하는 많은 우리 한국기업들이 있다. 나이 50이 넘어서 중국시장에 도전하고 있는 사람들도 많다. 모쪼록 건투를 빈다. 또한 꿈 많은 한국의 젊은이들에게도 책의 내용이 작으나마 밑거름이 되었으면 한다. 아울러 나의 무모하고 겁없는 도전에 묵묵히 믿고 따라주면서 고생을 마다하지 않은 아내와 사랑하는 딸과 아들에게 이제야 진심으로 감사하다는 말을 전하고 싶다.

그리고 우한 땅에서 아름다운 인연을 맺고 물심양면으로 부족한 나를 형제처럼 도와주고 격려해준 조선내화의 김연식 상무님과 우한 KOTRA 관장을 역임한 장상해 관장, 대우 인터내셔날 광동법인의 인용식 대표, 동서대학의 권세진 교수, 롯데시네마 중국주재원 안선기 대표 그리고 대상정보통신의 유황근 이사에게 다시 한 번 깊은 감사를 드리며 책이 나오기까지 전반적인 편집을 도와준 후배 황현호 소장에게 고맙다는 말을 전하고 싶다.

2014년 6월
중국 우한에서 장강의 물결을 바라보며

추천사

발로 뛰고 몸으로 체득한 진짜 중국고수의 중국인 이야기

2012년 12월 중국 우한근무 발령을 받았다. 중국 근무가 처음이기 때문에 기대 반 두려움 반의 심정으로 두 달 남짓한 부임준비 기간동안 중국관련 책들을 닥치는 대로 찾아 읽었다. 그러던 것이 엊그제 같은데 벌써 우한생활 1년을 넘겼다. 중국은 국토의 가로 세로가 각각 5천 킬로미터가 넘고 한 개 성의 인구도 적게는 몇 천만 명에서 많게는 1억 이상이다. 그야말로 땅은 넓고 인구는 많은 이 거대한 나라에 대해 더 이상 주마간산 식이거나 수박겉핥기 식의 소개책자는 큰 도움이 될 수 없음을 절절히 느낀 지난 1년이었다.

그동안 이곳 우한에서 생활하면서 가장 즐겁고 보람 있었던 일은 이 책의 저자와 같은 고수를 만나는 것이었다. 그는 한국에서는 상대적으로 덜 알려진 우한을 발판으로 10년이라는 세월을 구석구석 발로 뛰고 온몸으로 부딪쳐가면서 체득한 살아있는 진짜 중국고수의 중국인 이야기를 우리와 나누려 한다. 스스로 경험한 진솔한 실패담을 담담히 소개하고 실패의 주요원인을 중국과 중국인에 대한 스스로의 이해부족에서 찾으며 우리에게 중국과 중국인을 안다는 것이 무엇인지를 들려준다.

이 책을 접하면서 가장 큰 아쉬움은 1년 전 중국으로 부임하기 전에 이 책을 만났더라면 하는 것이다. 그랬다면 지난 1년을 덜 실수하고 덜 헤매고 덜 당황스럽게 보냈을 것이다. 이 책을 통해 저자의 살아있는 체험을 공유함으로써 더 많은 우리 기업인들이, 주재원들이 중국을 찾는 누구나가 덜 실패하고 더 많이 성공하기를 기대해본다.

대한민국 주우한 총영사관 부총영사 김진욱

중국에서 사업을 하거나 현지 주재원들이 읽어야 할 필독서

종합상사의 중국주재원으로서 현재까지 15년 이상 중국에서 생활해온 나에게 중국은 오히려 한국보다도 더 친숙한 곳이고, 내 가족들 또한 중국에서 20년 가까이 살아왔기 때문에 우리 가족에게 중국어는 모국어에 가까운 수준이고, 지금까지 수많은 중국인들과도 많은 교류를 해오고 있다.

특히 무역업무의 특성상 많은 중국회사의 대표들과 상담을 하고, 명함을 교환하고, 함께 식사를 하면서 나 나름대로는 중국인들에 대해 많이 알고 있다고 생각하면서 살아왔다. 그러나 솔직히 내 자신이 중국과 중국인들에 대해 얼마나 진정으로 이해하고 있는지를 곰곰이 반문해보면 "그 답은 그렇지 않다"이다. 단지, 중국에서 생활하는 방법을 좀 터득했다고 말할 수 있을 정도일 뿐이다.

저자의 원고를 계속 읽어내려갈 수밖에 없었던 이유이기도 하다. 많은 사례들이 내가 알고 있거나 들었던 것이지만, 필자는 그 속에 숨어 있는 중국인들의 비밀과 특성을 탁월한 안목으로 분석하여 정리해놓았기 때문이다. 이 책은 앞으로 중국에 진출하고자 하는 회사주재원이나 사업가보다는 오히려 지금 중국에서 사업을 하거나 이미 주재원으로 근무하고 있는 사람들이 읽어야 할 책이라고 생각한다. 왜냐하면 아직 중국에 와서 실제 생활을 해보지 않은 사람들에게는 막연하게 들릴 수도 있지만 이미 중국에서 사업을 하고 있는 사람들에게는 피부에 쏙쏙 와 닿는 엑기스 같은 이야기이기 때문이다. 서재나 식탁에 올려놓고 문제가 안 풀릴 때 한 번씩 들춰보면서 지혜를 얻는 그런 책이 될 것이다.

대우인터내셔널 광주 법인장 인용식

중국은 '관시'로 시작해서 관시로 끝난다고 해도 과언이 아니다.
중국인의 모든 인간관계의 저변에는 관시라는 중요한 매개체가 존재한다.
한국인들이 처음에 중국에 와서 주재원 생활을 한다든지 사업을 할 경우
가장 먼저 중요하게 생각해야 할 점이 이 관시다.

제1장

중국의 실전 관시

關係

실전 관시를 시작하며

중국에는 현재 80만에 가까운 한국교민들이 살고 있다. 중국은 이제 세계의 공장이 아닌 명실상부한 세계의 중국으로 온 지구상의 모든 사람들이 들어와 성공의 문을 두드리고 있는 거대한 땅이다. 그러나 중국과 중국인은 그리 만만한 상대가 아니다. 중국인 특유의 문화가 있고, 아주 오래 전부터 터득한 그들만의 상술이 있다. 중국어는 배우기 힘들고 각 지방마다 다른 사투리는 이해하기 힘든 언어다. 이런 난관에도 불구하고 우리는 거대중국을 포기할 수 없다. 이것이 한국의 현실이고 향후 우리가 나가야 할 최후의 거대시장이 바로 우리와 인접한 중국땅이기 때문이다.

나는 10여 년 동안 중국을 오가면서 그리고 가족과 중국에 와서 살면서 중국인들의 습관과 특이한 습성을 많이 배웠다. 아무것도 모르고 덤볐던 사업은 박살났고 어설프게 시작한 사업도 문을 닫아야 했다. 중국과 중국인을 모르고 겁없이 덤벼든 결과이다.

중국은 그렇게 녹녹한 시장이 아니다.

13억 인구의 거대한 시장을 만나기 전에 먼저 중원中原의 고수高手들과 한판 승부를 벌여야 하는 곳이다. 거대한 시장은 그 고수와의 싸움에서 이겼을 때 주어지는 또 다른 승부의 세계다. 울창한 큰 숲은 겉보기에 아름답지만, 그 속에는 순한 양과 염소만 살고 있지 않다. 독사에게 물리면 즉사하고 언제 야생거미와 들짐승이 덮칠지 모르는 살벌한 곳이다. 숲이 클수록 그런 맹수들이 더 많이 존재하는 법이다.

한중수교를 맺은 지 20년 이상의 세월이 흘렀다. 그러나 우리에게는 아직 중국 고수들과 맞서 싸울 이렇다 할 확실하고도 정확한 무기가 없다. 중국에서 몇 년 공부했다고 모두 중국전문가가 아니다. 중국의 어느 교수는 솔직히 "한국에 중국전문가가 몇 명이나 있느냐"고 물어온 적 있다. 그사람의 속뜻은 한국에는 아직 중국전문가가 별로 없다는 말이다. 오늘은 북경에서 일하다가 다음 날에는 광동에 가서 유창한 광동어를 하며 다시 다음 날에는 상해에 가서 아무런 언어의 불편 없이 일을 처리할 수 있는 사람이 과연 한국에 몇 명이나 될까? 북경과 상해에 몇 년 살았다고 중국전문가가 된다면 중국인들은 아마 배를 잡고 웃을 것이다.

중국시장에 대한 공략에는 오랜 경험과 세심한 주의를 요한다. 무엇보다 거미줄처럼 엮여 있는 중국인들의 '관시'에 대한 이해가 절실하다. 중국인들의 사업과 장사 그리고 인간관계는 이들이 엮어 놓은 그들만의 관시를 통해 진행된다고 보면 된다. 그래서 필자는 우선, 그동안 경험하고 목격한 실제사건을 바탕으로 중국 관시에 대해 면밀히 이야기하고자 한다. 또한 중국인 특유의 성격과 오랜 습성, 사고방식에 대해 구체적 사례를 들어 소개하고자 한다. 진정한 관시의 실체는 무엇인가? 먼저 중국의 '생활 관시'부터 첫 단추를 연다.

먼저 중국의 생활 관시를 이해하라

중국에 오자마자 정나미가 떨어진다. 도저히 이해가 안 간다.
그러나 중국에는 그들만의 규칙이 있고 습관이 있고 일처리방식이 있다.

중국은 '관시'로 시작해서 관시로 끝난다고 해도 과언이 아니다. 중국인의
모든 인간관계의 저변에는 관시라는 중요한 매개체가 존재한다. 한국인들이
처음에 중국에 와서 주재원 생활을 한다든지 사업을 할 경우 가장 먼저 중요하
게 생각해야 할 점이 이 관시다.

물론, 혹자는 관시가 전부는 아니라고 말한다. 맞는 말이다. 중국도 이제 많
은 부분에서 변화하는 중이다. 과거처럼 안 되는 일이 관시를 통해서 무조건
해결되는 사회가 아니다. 그러나 해결이 되고 안 되는 것은 최선을 다한 후의
결과다. 미리 해보지도 않고 포기를 할 수는 없는 노릇이다. 아무리 관시를 동

원해도 안 되는 일이 있고, 정당한 절차를 거치면 제때에 이루어지는 일도 있을 것이다. 그러나 과연 그럴까?

정답은 아니다. 중국에서의 모든 일이 이래서 아주 어렵다. 쉽게 말해서, 되는 일도 없고 안 되는 일도 없는 사회가 중국이다. 어제까지만 해도 절대로 될 수 없는 일이 오늘 아침에는 갑자기 가능한 상황으로 바뀌는 곳이 중국이다. 왜 이럴까? 관시가 동원되었기 때문이다. 높은 사람의 부탁 내지는 담당실무자와 아주 가까운 사람이 부탁할 경우 이런 일은 쉽게 해결이 된다. 그렇다면 왜 처음부터 안 된다고 했을까?

중국은 사회주의국가다. 사회주의국가는 모든 일처리를 함에 있어 규정을 아주 중시한다. 당과 중앙정부에서 내린 규정에 의해 공무원과 국영기업체는 움직인다. 그러나 중국의 사회주의는 자본주의를 가미한 소위 특색 사회주의를 표방하고 있는 중이다. 다시 말해서 어떤 특정한 규정이 있다 해도 여러 해석이 가능하다는 뜻이다. 그러나 아직도 지방의 하급공무원들은 이런 발전적 사고가 미흡하다. 개방이 된 지 30년이 흘렀지만 공무원들의 사고방식과 일처리 능력은 아직도 과거의 구태를 벗어나지 못하고 있는 실정이다.

외국사업체와 개인이 중국에서 살아가는 데 어려움을 느끼는 부분이 바로 이런 점이다. 예를 들어서 한국인이 집을 임대하여 살고자 할 경우, 반드시 해당 파출소에 신고를 해서 임시 거류허가居留許可를 받아야 한다. 계약서를 들고 사진을 준비하고 여권과 기타 필요한 서류를 지참하여 파출소에 간다. 파출소에는 민원인들로 북새통을 이루고, 어디서 어떤 절차를 거쳐야 하는지 모르는 상황에서 안 되는 중국어를 써가며 여기저기 물어본 후에 간신히 서류를 접수하면 일단은 거절이 된다.

파출소담당자의 의견은 임대한 아파트주인과 함께 오라는 이야기다. 불행하게도 아파트주인은 광동지역에서 근무하는 사람이라 당장 올 수가 없는 형편이다. 지난 주말에 올라와서 임대차계약하고 바로 내려갔기 때문에 불과 이틀

만에 다시 그 주인을 오라고 할 수는 없는 노릇이고, 올라올 형편도 안 될 것이다. 참으로 난감한 일이다. 이런 사정을 말하고 아파트임대주의 전화번호가 있으니 직접 확인하면 안 되겠냐고 해도 파출소담당은 요지부동이다. 왜 그럴까?

규정이 그렇다. 외국인이 파출소에 거류신고를 할 때 반드시 주인이 확인해야 한다는 규정이 있기 때문이다. 한국에서 받아온 비자만기는 내일모레로 다가오는데 파출소에선 안 된다 하고, 비자를 연장하려면 파출소의 임시거류증명서가 필요하고, 답답한 노릇이 아닐 수 없다. 어떻게 이 문제를 풀어야 하나?

중국의 관시를 조금은 이해한다면 이 문제를 어떻게 풀어야 하는지 대략 방법이 나온다. 그래서 중국에 오기 전에 중국관련 책을 읽고 여러 정보를 사전에 공부하는 것이 중요하다. 우선은 주인에게 전화해야 한다. 비록 아파트주인이 광동에 내려가 있다 하더라도 그사람은 자기 아파트가 있는 소재지의 본토사람일 확률이 많다. 거의 그렇다고 봐야 한다. 중국사람들이 객지에다 부동산을 사놓는 일은 거의 없다. 바로 그점을 이용해서 주인에게 부탁을 해야 한다.

주인도 이런 사정을 듣고 난감해할 것이다. 어제 광동으로 내려온 사람이 이틀 걸리는 개인출장을 회사에서 다시 허락받기란 힘든 일이다. 이때 그런 주인에게 "혹시 여기에 아는 친구나 공안(경찰)이 없냐?"고 물어보면 된다. 90퍼센트는 그가 아는 친구를 찾게 된다. 공안친구이든 그냥 대학친구이든 찾다보면 틀림없이 파출소에 근무하는 사람을 찾을 수 있다. 중국에서 집을 한 채 소유한 사람이라면 이 정도 관시는 다 있게 마련이다.

아마 다음날쯤이면 주인에게서 연락이 올 것이다. 자기 친구에게 연락해서 "파출소에 아는 사람과 이야기 다 되었으니 다시 가보라"는 말을 할 것이다. 파출소에 가보면 그 사실은 진짜가 된다. 경찰관은 내미는 서류에 아무 말도 없이 도장을 찍어준다. 이런 동네가 중국이다. 어제는 그렇게 사정을 해도 안 된다던 사람이 오늘 아침에는 일언반구도 없이 도장을 찍어준다.

담당경찰관은 이미 친구에게 전화를 받았던 것이다. 평소 잘 아는 사람이 부탁을 하는데 안 들어줄 수가 없다. 부탁한 상대방의 체면을 고려해야 한다. 본인도 전에 그친구에게 신세를 진 적이 있었기에 흔쾌히 신세를 갚는 것이다. 이것이 중국 일반백성들의 일상적인 관시다. 그런데 담당은 무슨 근거로 안 된다던 일을 쉽게 해준 걸까? 답은 간단하다. 아파트주인과 전화통화하여 확인 후, 주인이 함께 동행한 것으로 하면 되는 것이다. 서류상에 주인이 동행되었는지 안 되었는지 검증하는 절차도 없다. 확인은 담당자의 의무이자 권한이 되기 때문이다.

이런 이틀간의 피말리는 과정을 통해 우리는 작지만 아주 중요한 일을 처리하게 된다. 하지만 중국에 오자마자 정나미가 떨어진다. 도저히 이해가 안 간다. 외국인에게 이럴 수가 있나, 이런 화가 치밀어오르기도 한다. 그러나 어쩌겠는가. 여기는 내 나라 땅이 아니고 중국이다. 중국에는 그들만의 규칙이 있고 습관이 있고 일처리방식이 있다. 그걸 알아야 한다. 이런 사소한 일이 전부가 아니기 때문이다. 하물며 기업을 경영하는 사람들의 중국적응과 업무상 애로는 얼마나 많겠는가? 중국생활, 중국에서의 성공은 하루아침에 되는 것도 아니고 그럴 수도 없는 일이다.

관시는 스스로 만드는 것이다

중국의 '관시'는 이렇게 작은 것부터 만들어가는 것이다.
간단한 일상의 관시를 만들 줄 모르거나 그럴 능력이 안 되면
회사일은 아주 어렵게 된다. 일단 고정관념을 버려라.
무엇보다 중국관시를 이해하고 좋은 관시를 형성하는 것이 중요하다.

중국에서 어느 정도 사업 연륜이 있는 사람은 중국의 관시는 누가 거저 주는 것이 아니라 스스로 만드는 것임을 알게 된다. 아주 중요한 깨달음이다. 이런 원리를 모르면 중국에 사는 동안 늘 고생하게 된다. 그렇다면 관시를 어떻게 만들어야 하나?

우선은 초창기에 가능한 많은 사람들과 접촉해야 한다. 사람 만나서 밥 먹고 술 마시는 일을 부지런히 해야 한다. 언젠가 어느 분이 중국사람들은 도대체 일은 안 하고 매일 밥만 먹고 다닌다고 하는 말을 들었다. 외람되지만 이사람

은 아직 중국을 잘 모르는 사람이다. 그래서 그 이야기를 중국경험이 많은 사람에게 했더니, 그사람이 하는 말은 이랬다. "중국에서 하는 일이 밥 먹는 일 말고 또 있나!" 맞는 말이다. 조금 과장되게 표현한 말일까? 아니다. 중국에서 사업하고 장사하는 사람들의 주요업무는 중국사람들과 밥을 잘 먹는 일이다.

나머지 일은 실무자가 하면 된다. 중국의 직원은 총경리(總經理, 회사대표)가 시키는 일만 잘하면 된다. 어차피 실무자가 결정해야 할 중요사항은 없기 때문이다. 모든 중요한 결정과 상담은 대표가 중국사람과 밥 먹으면서 하는 것이다. 이래서 중국에서는 중국인과 밥과 술을 잘 먹는 일이 중요하다. 관시를 만드는 첫걸음이다.

다시 파출소 이야기를 해보자. 그리고 관시를 어떻게 만드는지 생각해보도록 하자. 대부분의 한국인들은 이렇게 파출소에서 한 번 당하고 나면 다시는 파출소에 가고 싶은 생각이 없어진다. 그러나 가고 싶지 않다고 안 가도 되는 곳이 중국의 파출소가 아니다. 1년에 한두 번은 반드시 가야 하는 곳이 동네파출소다. 비자(VISA, 査證) 때문이다. 비자를 연장하거나 새로 받거나 한국에 나갔다 다시 들어오거나, 우리는 반드시 파출소에 가서 신고를 해야 하고 서류를 발급받아야 한다. 비자가 만료되면 아쉬운 것은 우리지 중국파출소가 아니다.

물론 나도 초창기에 이런 일을 겪어보았다. 그러나 이에 굴하지 않고 다음날 나는 간단한 선물을 들고 그 파출소에 찾아갔다. 한국에서 가지고온 손톱깎이 세트가 집에 있기에 잘 포장해서 들고 갔다. 중국사람들은 평소 한가한 시간에 손톱을 잘 다듬는 습관이 있다. 그래서 보통사람들은 열쇠꾸러미에 손톱깎이를 달고다니는 경우가 많다. 중국오기 전에 책에서 본 내용이다. 나를 쳐다본 파출소직원은 왜 왔냐고 했다. 어제 서류 다 해주었는데 다시 외국인이 찾아왔기 때문이다. 나는 선물이 포장된 봉투를 내밀며 말했다.

"어제는 정말 고마웠다. 그래서 작은 선물을 가지고 왔다. 비싼 것은 아니고 한국에서 사온 것이다."

이럴 경우, 중국사람들은 예상보다 아주 당황하는 척하면서도 좋아한다. 그리고 막무가내로 거절한다. 당연히 발급해준 건데 왜 선물을 가져왔느냐, 절대 받을 수 없다, 이런 강한 표현을 써가며 거절하지만 속내는 결코 그렇지 않다. 이런 말을 곧이듣고 가져간 선물을 되가져온다면 큰 실수를 하는 것이다. 무조건 주어야 한다. 아무리 상대가 뭐라고 해도 주어야 한다. 두세 번 계속 주면 결국은 받는다. 그사람과 나의 관시가 성립되는 순간이다. 중국경관은 선물을 받는 즉시 태도가 달라진다. 물을 한잔 따라주며 담배를 권한다. 앞으로 무슨 어려운 일이 있으면 자기를 찾아오라고 한다. 이럴 때는 물도 마시고 담배도 받아서 피우는 것이 좋다. 그래야 상대방의 체면이 선다.

이때 명함을 주고 한국회사의 설명도 해주고, 상대가 친밀감을 느끼게 가족관계도 소개해주는 것이 좋다. 준비해간 비싼 담배도 꺼내서 주변에 있는 경관들에게 한 대씩 준다. 평소에 자기들이 피울 수 없는 아주 비싼 담배다. 중국에서 비싼 담배를 주는 것은 일종의 접대문화다. 이런 상황이 되면 나는 엊그제 우리 가족을 당혹스럽게 한 경관에게 지금 접대를 하며 선물을 주고 있는 것이다. 그래서 나는 늘 두 종류의 담배를 들고 다닌다. 물론 아주 비싼 담배(평균 1만 원 정도)는 접대용이 된다. 아무리 생각해도 1만 원짜리 담배를 평상시에 피울 수는 없는 노릇이다. 사실 중국인들도 아주 고위층이나 부자를 제외하면 사정은 마찬가지다. 집에서는 보통 싼 담배를 핀다.

중국의 관시는 이렇게 작은 것에서부터 만들어가는 것이다. 세월은 생각보다 빨리 흘러간다. 다시는 파출소에 갈 일이 없을 것 같았는데 금방 그 시간은 온다. 그러나 이번에는 아주 쉽고 수월하다. 파출소담당이 알아서 다 해준다. 담배도 주고 물도 주고 의자도 권하며 아주 친절하게 해준다. 밖에서는 이제 막 중국에 온 외국사람들이 1년 전 내가 겪은 황당한 사건을 경험하고 있다. 사무실 안에서 담배 피우고 물마시며 일을 처리하고 있는 나를 아주 부러운 시선으로 바라본다. 나는 속으로 그들에게 말을 한다. 이사람들아, 중국에 공짜가 어디 있나!

파출소 문을 나가면서 역시 나는 준비해온 선물을 준다. 그리고 너무 고마워하는 경관에게 넌지시 물어본다. 혹시 옆동네 파출소에 아는 친구 없느냐고. 물론 있다. 왜 없겠는가! 자기가 그곳에서 3년 근무했었다고 한다. 선물을 두 번이나 받은 경관은 이제는 자기도 체면이 있고, 어떻게서든지 내게 도움을 주어야 한다는 사명감(?)이 생긴다. 나는 그 경관의 적극적인 도움으로 며칠전 오토바이사고를 당한 아내의 사건을 맡은 다른 파출소직원과 무사히 연결이 된다. 중국의 관시는 이렇게 스스로 만들어가는 것이다.

중국에 와서 한국사람들이 잘 이해하지 못하는 것 중 하나가 중국의 시스템과 일처리방식이다. 외국인이면 당연히 대접해주어야 한다는 관념을 갖고 있다. 그러니 왜 내가 그사람들에게 선물을 주는 수고까지 해야 하는가를 잘 모른다. 그리고 다시 일이 닥치면 난감해하며 쩔쩔맨다. 간단한 일상의 관시를 만들 줄 모르거나 아니면 그럴 능력이 안 되기 때문이다. 이런 능력이 안 되면 회사 일은 아주 어렵게 된다. 외국회사 앞에는 아주 커다란 문제가 매일 산적해 있기 때문이다.

고정적 사고를 갖고 중국의 관시를 이해하지 못하고 만들지 못하면 업무는 늘 쌓여만 가고 되는 일은 하나도 없게 된다. 본인은 죽어라 열심히 노력하는데 일의 성과는 없다. 미칠 노릇이다. 중국생활 5년, 10년이 가도 이런 기본적인 인간관계를 만들지 못하면 늘 제자리일 수밖에 없는 것이 중국사회 구조다.

관시습성을 파악,
기회를 잘 포착하라

중국사람들은 신세를 지면 반드시 갚으려는 습성習性이 있다.
어떤 경우에도 그냥 넘어가질 않는다. 이런 습관을 반대로 생각하면
관시를 어떻게 해야 하는지 이해가 쉬울 것이다.

　어느 모임에 참석했는데 그 자리에는 출입국出入國 관리소의 책임자가 있었
다. 우리 한국교민들의 애로를 듣고 싶어서 나왔다고 한다. 그러니까 바로 이
사람이 외국인들의 모든 비자문제를 관장하고 있는 사람인 것이다. 파출소 경
관하고는 계급과 시쳇말로 노는 차원이 다른 사람이다. 외국인의 경우 비자가
얼마나 우리를 힘들게 하는지 알 것이다.

　출입국사무소에 갈 때마다 겪어야 하는 모멸감과 기다림 그리고 이유 없이
퇴짜를 맞아야 하는 고통(?)은 참으로 감당이 안 되는 일 중의 하나다. 그런데

이런 막강한 기관의 최고책임자를 만날 수 있는 기회가 온 것이다. 관시는 기회를 잘 잡아야 한다. 모처럼 온 기회를 잘 활용하여 그사람과 관계를 맺어야 한다. 더구나 외국인에게 그런 기회는 흔하지 않다. 그래서 기회를 적절하게 활용하는 것이 관시의 기본이다.

술이 몇 잔 오가고 여러 이야기가 오간다. 찬찬히 분위기를 살펴보니 그친구는 술을 별로 좋아하지 않았다. 담배도 피우지 않았다. 조금 어려운 상대를 만난 것이다. 보통 이런 사람들은 다루기가 쉽지 않다. 접근하기가 용이하지 않다는 뜻이다. 관시의 기본이 밥 먹고 술 마시는 일에서 출발하는 것인데, 이친구는 일단 그게 안 되는 친구였다.

더구나 술과 담배를 안 하는 사람들은 성격이 다소 까친 면이 있다. 옛날 말에 술 좋아하는 사람치고 나쁜 사람 없다고 했다. 물론, 술을 못하는 사람이 나쁘다는 의미는 아니다. 아무튼 쉽지 않은 상대를 만났으니 다른 방법을 찾아서 관시를 맺어야 한다. 중국에서 관시를 맺는 일은 이렇게 간단한 일이 아니다. 하루아침에 되는 일도 아니다. 시간이 가야 하고 거래하는 가운데 신뢰와 믿음이 가야 하는 일이다. 무조건 어떤 사람을 안다고 해서 관시가 생긴 것은 아니다. 절대 아니다.

아마도 한국의 주재원이나 사업하는 사람들은 자기 서랍에 중국사람 명함이 수북할지 모른다. 그러나 그사람들 중에서 친밀하게 부탁을 하거나 연락해서 저녁을 먹을 수 있는 사람이 과연 몇 명이나 될까? 어떤 명함은 언제 어디서 왜 받았는지 기억도 없을 것이다.

아무튼, 한인상회韓人商會의 사무국을 책임진 나로서는 출입국 최고책임자와의 관시가 아주 절실한 상황이다. 왜냐하면 교민들의 민원 중 거의 80퍼센트 이상이 비자와 관련된 것이기 때문이다. 한인상회 사무국에서 이런 교민들의 애로를 모른 체할 수는 없는 일이다. 그렇다고 아무런 관시도 없는 출입국사무소에 가서 다짜고짜 부탁을 할 수도 없다.

결과는 창피만 당하고 온다는 것을 알기 때문이다. 교민들을 위해서 봉사하는 것과 한인단체의 감투를 쓰고 행세를 하는 것과는 차원이 다르다. 안타깝게도 중국 대부분의 지역한인회는 이런 역할에 소홀하거나 능력이 미치지 못한 실정이다. 그래서 감투가 좋아서 봉사단체의 일을 하면 안 된다.

출입국 친구와의 관계는 1차로 이런 선에서 상견례로 막을 내렸다. 그러던 어느 날 우연히 그친구를 다시 만나게 되었다. 그런데 그가 뜻밖의 말을 했다. 내용인즉, 자기가 이번에 한국경찰학교로 한달간 연수를 간다는 것이었다. 한국 총영사관에서 추천하여 뽑히게 되었다고 한다. 한국경찰청에서 동남아국가의 경찰간부들을 초청해서 연수를 진행하는 행사인 듯했다. 그친구는 중국공안 전체심사에서 자기가 선택되었다는 사실에 몹시 기뻐하며 흡족해했다. 한국에서 모든 경비를 대고 무료로 연수를 해주는데 얼마나 좋은 기회인가.

알다시피, 중국의 고위간부들은 해외에 나가기가 아주 힘들다. 돈이 없어서 그런 것이 아니다. 당과 국가의 허가를 받아야 한다. 그런데 이 허가받는 일이 쉽지 않다. 우선은 명분이 없다. 관광을 간다고 하자니 그렇고, 그 외에 다른 특별한 사유가 있을 수 없다. 공무원이 무슨 다른 사정이 있어서 해외를 가야 하겠는가? 좀처럼 쉬운 일이 아니다. 이런 마당에 한국이라는 나라를 난생처음 해외연수 형식으로 가는데 얼마나 흥분이 되고 설레겠는가.

그러나 내 입장에서는 이친구의 한국연수가 모처럼 찾아온 기회라는 느낌이 들었다. 그래서 언제쯤 떠나느냐고 물어보고 남몰래 메모를 했다. 드디어 그친구가 한국으로 떠났다는 것을 확인했다. 연수원은 충남 아산에 있는 경찰연수원이었다. 나는 한국의 후배에게 전화하여 그친구의 연수여부를 확인하고 수업스케줄과 한국에서의 일정을 알아보도록 했다. 그런 다음 후배를 시켜서 연수원을 찾아가 식사를 대접하라고 했음은 물론이다.

그친구는 뜻하지 않은 방문객에 아주 놀랐다고 한다. 그러나 나의 부탁으로 찾아왔다고 하니 엄청 기뻐했다고. 아마도 반갑고 고맙고 그랬을 것이다. 아무리 직위가 높은 경찰간부라도 자기 나라에서나 통하는 이야기지 남의 나라에서는 단지 교육생에 불과한 것이다. 한국말이 통하나, 친구가 있나! 이런 갑갑한 상황에서 3주가 흘렀으니 그친구가 얼마나 답답했겠는가? 나의 후배가 찾아가서 그친구를 만나는 순간, 나와 그의 관계는 반전이 이루어진 것이라면 너무 지나친 표현이 될까? 어쨌든 갑과 을의 상황이 반전된 것은 맞는 것 같다. 중국의 중요한 사람과 나의 관계가 이렇게 묘한 입장에서 뒤바뀐 것이다. 중국에 살고 있는 내가 갑이 되는 재미있는 반전이었다.

후배는 그친구와 그의 룸메이트인 다른 외국경관들에게 저녁을 잘 대접했고, 이로써 중국친구는 본인뿐 아니라 함께 연수를 받고 있는 친구들에게도 체면이 섰던 것이다. 중국사람들은 이렇게 체면 차리는 것을 아주 좋아한다. 다른 이들에게 자기의 능력과 힘을 보여주고 싶은 과시욕이 있다. 그러나 아무데서나 그럴 수는 없다. 이런 찰나에 한국의 친구가 서울에서 연수원까지 찾아와서 자기체면을 살려주었으니 얼마나 감동했을까? 더구나 중국으로 떠나는 날에는 서울에서 내 아들놈이 다시 그친구를 만나 식사를 대접하고 동대문시장을 안내하고 화장품 선물까지 주었다. 마침 아들이 중국어가 능통했기에 가능했던 마지막 반전이었다.

그친구가 중국으로 돌아와 내게 전화를 하여 고맙다고 한 것은 물론이다. 중국사람들은 신세를 지면 반드시 갚으려는 습성이 있다. 어떤 경우에도 그냥 넘어가질 않는다. 이런 습관을 반대로 생각하면 관시를 어떻게 해야 하는지 이해가 쉬울 것이다. 간단히 말해서 먼저 주라는 의미다. 대접받으려 하지 말고 먼저 접근하여 주라는 말이다. 대부분의 한국인들이 안타깝게도 이 점이 아주 약하다. 자기를 대접한 사람이 당연히 우리에게 베푼 것으로 안다. 하지만 중국인들은 절대로 그냥 베푸는 경우가 없다. 당장의 이익은 아니더라도 언젠가는 돌려받을 계산을 하고 접대한다. 그래서 우리도 반드시 돌려주어야 하는 것이다. 이 사실을 잊어버리면 그사람에게 중국의 관시는 영영 없다.

그 중국친구와는 지금도 아주 편하게 만나는 사이가 되었다. 출입국사무소에 가면 나를 위해서 커피도 준비해놓고 비싼 담배도 준다. 나는 친구와 여러 이야기를 하면서 아래 실무자가 만들어다주는 비자를 받으면 되는 것이다. 관시의 힘이 이렇게 큰 것이다. 그렇다고 내가 '한국에서의 접대'를 마냥 써먹는 것은 아니다. 한 번 맺은 관시는 관리를 잘 해야 하는 법이다. 그친구를 찾아갈 때마다 빈손으로 가는 것은 예의(?)가 아니다.

한국에서의 접대는 내가 당신에게 당연히 친구로서 해야 할 일인 것이고, 중국에서 당신이 이렇게 도와주는 것은 정말로 감사한 일이라는 것을 보여주어야 한다. 중국인은 자존심이 강하다. 직위가 높은 사람일수록 더 그렇다. 한국에서 밥 한 번 얻어먹었다는 사실 때문에 상대 한국인이 자꾸 본전을 뽑으려고 하면 결국 그 관계는 끝장이 난다. 이 점을 늘 유념해야 한다. 왜냐하면 여기는 중국땅이고 그는 나에게 아주 필요한 사람이기 때문이다. 갑과 을이 분명한 이방의 땅이다.

당서기黨書記보다
높은 사람은 그의 자녀다

그런데 왜 그사람은 내게 분에 넘치는 접대를 하는 걸까?
이유는 없다. 하나밖에 없는 딸이 요구를 한 것이다.
그들의 자녀를 돌봐주는 일은 가장 커다란 관시를 갖는다는 의미다.

중국인은 자녀를 한 명밖에 낳을 수 없다. 특히 공무원인 경우 이 법은 아주
엄격하다. 그 법을 어길 경우 무조건 옷을 벗어야 한다. 중국의 공식적인 인구
가 약 13억이라 해도 비공식 인구를 합하면 15억이라고 하는 말이 괜한 말이
아니다. 일반인들과 소수민족은 벌금을 낸다던지 아니면 제한이 없는 경우도
있으나, 그 벌금이 보통 사람들이 낼 정도가 아니기에 엄두를 못 낸다. 이렇다
보니 중국에서 자녀가 차지하는 비중은 아주 높다. 그야말로 소 황제가 되는
셈이다.

중국에서 왜 학교 앞의 상점이 잘 되는지, 노른자상권인지 아는가? 중국자녀들은 6명에게 용돈을 받는다는 말이 있다. 아버지 엄마, 할아버지 할머니, 그리고 외할아버지 외할머니다. 대학생들의 용돈 씀씀이가 보통이 넘는 이유이기도 하다. 이런 상황을 고려하면 중국인들과 관계를 맺을 때 기회가 된다면 중국친구의 자녀를 통하는 방법도 있을 수 있다.

　어느 날인가 나도 한국에서 온 전화를 한 통 받았다. 내가 관계하는 대학에서 온 전화였다. 그 내용은 이랬다. 자기 학교를 졸업한 학생의 고향이 마침 내가 사는 곳이라 그 학생이 찾아가서 인사를 하면 한국기업체에 소개를 부탁한다는 것이었다. 학교 측에서 학생의 취업을 위해 전화를 한 것이다. 그리고 얼마 후 정말로 어떤 중국아가씨가 전화를 했다. 그러면서 식사약속을 잡았다. 일단은 나도 한국대학의 부탁도 있고 해서 약속장소에 나갔다. 첫인상이 아주 좋은 아가씨와 그의 부모들이 앉아 있었다. 전체적인 분위기를 보니 아버지가 그냥 보통사람은 아닌 듯했다. 어떻게 분위기로 이런 파악이 가능할까?

　중국사람들의 식사초대는 여러 형태가 있다. 가볍게 식사하는 자리와 정식으로 손님을 초대하는 자리다. 특별히 초대한 사람에게 무언가를 부탁해야 하는 경우에는 격식과 준비를 아주 잘 하는 것이 중국의 상위그룹 사람들이다. 이런 초대자리를 준비하는 것이 그사람의 위치와 신분을 나타내준다. 어쩌면 중국인의 초대는 그사람의 실력을 볼 수 있는 기회이기도 하다. 아무래도 초대를 많이 해본 사람이 높은 위치에 올라갔을 거란 뜻이다. 그날의 분위기도 그 아가씨의 아버지가 아주 높은 신분임을 보여줄 정도로 괜찮은 자리였다.

　중국인은 자신의 직위가 높을수록 좀처럼 여러 사람 앞에서 그 신분을 노출하지 않는다. 명함도 없다. 그런 사람들이 명함을 안 준다고 기분 나빠할 필요도 없다. 그날도 식사가 끝날 때까지 나는 그 아가씨의 아버지가 어떤 일을 하는 사람인지 알 수가 없었다. 초면에 상대방의 신분을 먼저 물어볼 수는 없는 노릇이었다. 아가씨의 부탁은 간단했다. 한국에 잠시 나갔다 와야 하는데 비자를 받을 수 있도록 도움을 달라는 것, 그리고 학교과장님이 꼭 나를 찾아보라고 했다는 것이다.

아주 어려운 부탁도 아니었다. 신분이 확실한 중국사람이 영사관에서 요구하는 서류를 정확하게 제출하면 비자를 못 받을 이유는 없었다. 그러나 아직 사회초년생이다 보니 아가씨는 모든 것이 불안했던 것이다. 한국에 꼭 가서 친구들도 만나고 선생님도 보고 쇼핑도 해야 되는데 비자가 안 나오면 어쩌나, 걱정을 많이 하는 듯했다. 아무리 자기아버지가 높은 위치에 있는 공무원이라 해도 한국영사관에 관시가 없는 터라 달리 방법이 없던 차에 나를 만난 것이다. 중국인의 사고방식이었다. 모든 문제를 관시로 해결하려는 오랜 습성이 있는 것이다. 아무튼 그다지 어렵지 않은 일로 인하여 나는 또 한 명의 친구를 사귈 수 있는 기회를 맞이한 것이다. 더구나 갑과 을이 뒤바뀐 상황에서 얼마나 좋은 기회인가.

물론 비자는 아무 탈없이 발급되었다. 그리고 다시 그쪽에서 연락이 왔다. 나와 우리가족 모두를 초청하여 저녁식사를 하고 싶다는 전갈이었다. 그전에 그 친구 딸에게 아버지에 대하여 물어보니 공무원이라는 말만 했다. 예상했던 추측이 맞는 듯했다. 약속한 당일 나와 집사람은 그쪽에서 일러준 곳을 찾아갔다. 도착해보니 내가 상상도 할 수 없었던 아주 대단한 장소였다.

중국사람들의 접대방식은 아주 정성스럽다. 정말로 한국사람들이 배워야 할 부분이다. 중국의 오랜 역사와 전통을 통해서 이런 접대문화가 생긴 듯하다. 사전에 장소를 물색하고 음식을 미리 주문하고, 음식점도 어느 종류의 음식을 놓고 상대가 어떤 것을 좋아하는지 생각하여 정하고, 그와 더불어 상대가 깊은 인상을 느낄 수 있는 여러 환경도 참작하여 준비를 한다. 한마디로 말해서 초대한 손님에게 감동을 주는 접대를 한다. 접대의 가장 중요한 항목이 무엇인지 안다는 의미다.

좌석의 분위기를 위해 자기의 다른 친구들을 함께 초청하여 자칫 단출한 분위기가 줄 수 있는 썰렁함을 없애고 아울러 자기의 폭넓은 관시를 과시하려고 한다. 늘 그렇지만 중국인들의 접대를 받다보면 참으로 감동하지 않을 수 없다. 세심한 배려와 적절한 안배 그리고 처음부터 끝까지 아주 정성스럽게 시작하여 기분 좋게 마무리하는 그들의 접대를 받으면 마음에서 저절로 감동이 온다. 일반적으로 중국 상위계층에 있는 사람들은 이렇게 접대를 할 줄 안다. 어쩌면 그렇기 때문에 그만큼 높은 직위까지 올라갔다고 해도 과언이 아닐 정도다.

그런데 왜 그사람은 내게 분에 넘치는 접대를 하는 걸까? 이유는 없다. 하나밖에 없는 딸이 요구를 한 것이다. 한국분에게 신세를 졌으니 대접을 해야 한다는 딸애의 말에 아무 이유 없이 아빠는 행동으로 실천하는 것이다. 이딸이 어떤 딸인가. 자기의 높은 직위와 물질 그리고 한창 잘나가고 있는 현재의 위치, 이 모든 것을 오직 하나뿐인 딸을 위해 사용하지 않으면 도대체 무슨 용도로 사용하겠는가. 중국인의 자녀를 향한 마음이 이런 것이다.

한때 중국 전역을 떠들썩하게 했던 일명 '보시라이薄熙來' 사건에서도 어김없이 그의 외아들이 등장한다. 영국에서 유학하던 아들은 페라리 승용차를 몰았고, 주말마다 비즈니스 좌석에 앉아 여행을 다녔다. 후에 독살된 영국인사업가는 그아들의 후원자 역할을 했다. 그의 아들을 객지의 먼 땅에서 돌봐주는 영국인사업가, 그가 중국에서 벌인 사업은 언제나 만사형통인 것이다. 고위층이든 중상류층이든 중국인에게 가장 약한 부분이 무엇인지를 그는 알았던 것이다. 그들의 자녀를 돌봐주는 일은 가장 커다란 관시를 갖는다는 의미다.

내가 아는 호남성湖南省 창사長沙의 두 사람은 아들과 딸을 둔 상류층 사람들이다. 자녀들이 둘 다 고등학생이다. 문제는 남자아이가 학교생활에 취미가 없다는 것이다. 아버지와 엄마는 개방의 물결을 타고 엄청난 돈을 벌고 있는 중이라 다른 큰 걱정은 없는 편이다. 많은 벌금을 내고 둘째아들도 한 명 낳았다.

돈이면 안 되는 것이 없는 중국사회다.

　단지 장남인 아들만 공부를 착실히 해주면 되는 상황이다. 그러나 자식과 골프는 마음대로 안 되는 속성이 있다. 이사람도 늘 이게 걱정이었다. 아들은 학교에 가지 않고 날마다 PC방으로 간다. 한 번 가면 3일 정도는 집에 돌아오지 않는다고 한다. 돈이 다 무슨 소용있으랴! 자식이 이 모양으로 속을 썩이는 데는 특별한 약도 없는 법이다.

　어느 날 근무하고 있는 학교를 통해서 오래 전부터 알고 지내던 친구에게 연락이 왔다. 만나서 이야기를 해보니 바로 그 문제의 학생아버지 부탁을 받고 온 것이었다. 내 친구는 그 아버지의 도움으로 창사에서 사업을 하고 있었다. 그런데 최근에 늘 아들문제로 골치가 아프던 학생아버지가 아주 반가운(?) 소리를 했던 거다.

　자기아들이 중국에서 학교다니는 건 죽어도 싫고 한국에 보내주면 열심히 공부하겠다고 했다는 것이다. 마침 한국인 친구를 둔 내 중국친구는 자기에게 엄청 도움을 주는 친구에게 바야흐로 신세를 갚을 기회가 온 것이다. 나의 친구는 그에게 자기의 관시를 동원한 셈이다. 그런데 이친구와 한국인 친구인 나와의 관시는 어떻게 가능했을까?

　그친구는 사업을 하는 사람으로서 중국의 관시를 누구보다 잘 알고 있었다. 몇 년 전에 나를 소개받고 언젠가는 자기도 한국친구에게 도움받을 일이 있을 거란 생각을 한 것이다. 왜냐하면 그는 미용실을 여러 개 하는 사람이었기 때문이다. 한국의 미용기술과 미용관련 소모품이 아주 좋다는 것을 아는 친구였다. 그래서 한국친구는 자기의 장래사업의 발전을 위해서 맺어야 하는 관시의 대상이었던 셈이다.

　이친구는 가끔 잊을 만하면 나를 찾아와서 밥을 사주었다. 좋은 술을 한 병 들고 와서 대접을 했다. 중국은 이렇게 음식점에 술을 가져와서 마셔도 된다. 좋은 술을 주문하면 엄청나게 비싸기 때문이다. 비록 큰돈을 들여 밥을 사는 것은 아니지만 중국에 사는 이방인을 이렇게 아무 사심 없이 대해주는 그친구가 고마웠다. 당연한 일이다.

필요한 사람을 평소에 잘 관리하며 꾸준히 관시를 맺는 것은 중국인에게 필수적인 일이다. 결국 이친구는 나를 관리하며 원만한 관시를 맺어놓은 것이고, 그 관시를 이용하여 제대로 한번 써먹은 것이다. 물론 나는 그학생을 한국어도 가르쳐주고 한국에도 보내주었다. 덕분에 가끔 창사에 가면 나와 아내는 최고의 귀빈대우를 받는다. 자기자식을 거의 폐인상태에서 건져준 나는 그의 부모입장에서는 무엇보다 고맙고 감사한 사람인 것이다. 아울러 나는 그학생에게 3개월간 한국어를 가르치며 중국가정이 안고 있는 많은 문제를 볼 수 있었다.

중국은 현재 가파르게 경제성장의 길을 가고 있는 중이다. 개방이 되고 자본주의 물결이 밀려오면서 중국인들은 평생 한 번 정도 올까말까 한 기회를 두고 정말로 열심히 돈을 벌려고 노력하고 있는 중이다. 그 대열에서 많은 사람들이 성공을 하고 또한 실패를 한다. 그학생의 아버지도 원래는 소방消防공무원이었다. 그러나 타고난 감각으로 공무원은 더 이상 큰돈을 벌 수 없다는 생각을 한 것이다. 그리고 사업을 시작했다. 다름 아닌 소방관련 허가를 대행해주는 일이었다.

중국에서 사업을 해본 사람들은 잘 안다. 모든 허가 중에서 소방허가가 얼마나 힘이 드는지. 그것은 어떤 경우라도 돈이 들어가지 않으면 안 된다. 모든 시설 다 갖추고 다른 허가는 다 받았는데 소방허가가 안 나오면 허사가 된다. 이친구는 이런 점을 누구보다 잘 알았던 것이다. 소방허가를 받으려면 반드시 관시를 동원해야 한다는 사실을. 그러나 자식을 관리하는 데는 철저하게 실패를 한 것이다. 돈을 버는 데 열중하다보니 자식농사도 돈이면 다 되는 줄 알았다. 돈을 써서 성적이 안 좋은 아들을 최고의 학교로 보냈다. 중국의 학교는 시험을 보고 들어가는 방법과 돈으로 들어가는 방법이 있다.

중국에서는 되는 것도 없고 안 되는 것도 없다는 말이 있다. 이것이 그냥 하는 말이 아니다. 사회주의국가이면서 부분적인 면에서는 자본주의보다 강한 측면이 있다. 그래서 어떤 때는 중국이 이해가 가면서도 도무지 이해가 되지 않을 때도 있다. 중국을 제대로 안다는 것이 이렇게 어려운 일이다.

문제의 학생은 한국에서 적응을 잘했다. 한국의 친구들이 아주 친절하게 대해주고 선생님들은 각별하게 그를 이끌어주었다. 이학생에게 필요했던 것은 바로 이런 사랑과 관심이었다. 중국에서는 어느 누구도 자기에게 관심이 없었다. 최고의 학교에서는 성적이 늘 바닥이니 누구도 자기를 알아주지 않았다. 집에 오면 엄마와 아버지는 없었다. 자기의 고민을 말하고 싶어도 아버지가 얼마나 많은 돈을 들여 학교에 입학시켰는지 알고 있기에 말을 할 수가 없었다. 돈이면 다 되는 세상에서 돈으로 해결할 수 없는 문제가 생긴 것이다.

어쨌든 그학생은 한국에서 학교를 잘 다녔다. 그리고 방학이 되면 부모님이 기다리는 집으로 금의환향했다. 그러던 어느 날, 다시 친구에게서 창사로 와달라는 전화가 왔다. 달려가보니 남학생의 여자친구가 자기도 친구를 따라 한국에 가겠다는 것이었다. 아무리 양쪽 부모들이 말려도 소용이 없었다고 한다. 죽어도 따라가겠다고 하는 데는 방법이 없었다. 딸아이의 부모가 나와서 사정 이야기를 하며 나와 아내에게 저녁을 대접했다. 알고보니 그날 나에게 대접한 저녁식사비용이 무려 200만 원가량 되었다고 한다. 기가 막힌 일이었다.

중국의 부모들은 이렇게 자식 앞에서는 꼼짝을 못 한다. 자식을 위해서라면 우리가 상상하는 이상의 돈을 투자한다. 그 딸아이의 아버지는 부동산업자였다. 역시 개혁개방의 물결을 타고 일찍이 부동산개발에 손을 대어 떼돈을 번 사람이라 했다. 나보고 집 한 채 줄 테니 자기동네에 와서 살라고 했다. 중국부자들의 선심과 배포는 이렇듯 대단하다. 우리가 중국인과 관시를 맺을 때 괜한 자존심으로 돈 몇 푼 자랑하며 과시를 했다가는 망신당할 수 있다. 이 점을 늘 유념해야 한다.

그리고 다시 1년이 지난 어느 날, 두 학생은 한국을 떠나 미국으로 함께 유학을 간다는 소식이 왔다. 이 소식을 전하는 나의 중국친구는 이런 말을 했다. 중국에서 자식을 당할 부모는 아무도 없다고. 한국에도 그런 말이 있기는 하지만 중국인의 자식을 향한 무조건적인 보호와 투자는 너무 심하다. 이런 중국인에게 자식을 통한 관시는 최고의 방법이 된다. 어찌 안 그렇겠는가? 나 역시 두 학생을 통하여 다른 지방의 중국친구와 아주 돈독한 관시를 맺게 된 것이다. 물론 그후에 그사람들의 도움을 받았음은 두말할 것이 없다.

중국 관시는 저절로 생기지 않는다
먼저 투자하라

중국에서 문제가 발생하면 우선은 전략을 잘 짜야 한다.
문제의 성격을 확실히 파악한 다음, 그 문제를 관할하는 관청과
담당 핵심부서가 어딘지, 그 책임자는 누구인지를 알아야 한다.

어느 날 한국기업체 대표가 한인상회 사무국으로 나를 찾아와서 도움을 청했다. 도와달라는 내용은 이랬다. 그 기업은 중국에서 공장용 보일러를 제작하는 회사인데 아무래도 보일러를 제작하다 보면 자투리 철물이 많이 나온다고 한다. 쇠가 곧 그 회사의 주원료가 되는 셈이다. 아무리 자투리 쇠라고 해도 한 달 정도 모이면 엄청난 양이 된다. 이 쓰고 남은 쇠는 주변의 고물상에서 돈을 주고 사가는데, 고물상 입장에서는 이 회사에서 나오는 고정적인 철물이 아주 큰 이득이 되는 것이다. 그러나 대부분의 고물상은 약간은 좋지 않은 부류의

사람들이 운영하는 편이다. 더구나 이런 한국기업을 거래할 정도의 고물상은 고물상 중에서도 다소 흉악한 기질이 있는 사람들이다. 흉악한 사람들이 좋은 거래처를 맡는 법이다.

문제는 이 회사에서 고물을 가져가던 고물상이 언제부턴가 가져간 고물값을 안 준다는 것이었다. 당연히 돈을 달라고 했고 안 주면 더 이상 고물을 못 주겠다고 했다. 그러자 그 고물상 사람들이 한국사장을 협박하기 시작했다. 사장뿐만 아니라 직원들까지도 협박했다. 한국인사장은 밤마다 무서워서 잠이 안 온다는 것이었다. 받아야 할 돈은 약 1천만 원 정도로 그리 많은 금액은 아니었지만 지금 상황은 돈도 못 받고 앞으로 계속 공짜로 비싼 쇳덩이를 주어야 할 판이었다. 오죽 갑갑하면 힘도 없는 한인상회 사무실에 찾아왔을까?

물론 한국사장도 공장 인근의 파출소에 신고도 했고 여기저기 아는 사람들에게 부탁도 해보았다고 한다. 그런데 파출소의 담당직원은 고물상에게 늘 대접을 받아온 사람이다보니 움직일 리가 없었다. 아는 중국사람도 가능하면 남의 송사에 끼지 않으려는 중국인 특유의 성격으로 어느 누구도 적극 나서주질 않았다. 상대 고물상이 어떤 사람인지를 아는 것이었다. 그들 조직을 괜히 건드렸다간 나중에 무슨 화를 입을지 모르는 일이다.

결론적으로 이 한국사장은 평소에 관시를 맺어놓은 상태가 아니었다. 아무런 인맥이 없었다. 그저 열심히 일하면 되는 줄 알았던 것이다. 중국땅에서 기업을 운영하는 사람이 이렇게 답답한 처신을 했으니 막상 일이 터졌을 때 누구 하나 도와줄 사람이 없었던 것이다. 그리고는 하루아침에 막강한 관시를 만들어 써먹으려니 그게 제대로 작동이 안 되는 것이다.

나도 고민을 한참했다. 이일을 어떻게 풀어야 하나? 도무지 좋은 생각이 떠오르질 않았다. 마땅한 관시가 생각나지 않았다는 의미다. 그러던 참에 다음날 아침 예상도 못한 중국친구가 찾아왔다. 국가공안기관에 근무하는 친구였다. 나는 그래, 이친구가 적임자라는 생각을 했다. 그동안 2년 가까이 열심히 투자한(?) 이친구에게 부탁하면 가능할 수 있을 거란 생각이 들었다. 내가 말하는 투자는 이런 것이다.

이친구는 가끔 나를 찾아와 한국교민들의 동정을 물어보기도 하고, 한국과 북한 그리고 중국과의 다툼이나 문제가 언론에 보도되면 꼭 찾아와서 한국사람들은 이런 상황에서 어떻게 생각하느냐? 어떤 여론이 형성되느냐? 이런 질문을 하곤 했었다. 일종의 외국인동향 보고서를 만드는 것이었다. 나는 그 사실을 알면서도 아주 진지하게 답을 해주었고, 필요하면 여러 자료도 보내주었다. 덕분에 그친구는 자기업무를 아주 효율적으로 할 수 있었던 셈이었다.

게다가 나는 그친구가 올 때마다 반드시 내 책상서랍에 있는 선물을 주었다. 작든 크든 선물을 받는 사람은 기분이 좋아지는 법이다. 더구나 업무협조를 받는 사람이 선물까지 받아가니 얼마나 기분이 좋겠는가! 이래서 한국인들은 늘 서랍에 한국산 선물을 준비하는 것이 좋다. 언제 누가 불쑥 찾아올지 모르니까. 저절로 되는 관시란 없는 법이다.

중국에서 사업하는 사람들 차트렁크에는 항상 한 병에 수십 만원씩 하는 술과 고급담배가 서너 박스씩 있는 것을 본다. 그들은 언제 있을지 모르는 전투를 이렇게 대비하는 것이다. 전투하러 나간 사람이 무기가 없다면 어떻게 하겠는가. 중국에서의 전투는 항상 사전에 예고된 것만 있는 것이 아니다. 중국의 노련한 사업가들은 이 점을 잘 알고 있는 것이다.

나는 선물을 주면서 나의 중국친구가 그랬던 것처럼 이친구도 언젠가는 내게 필요한 관시가 될 거라는 생각을 했다. 관시는 이렇게 먼저 주는 것이 출발이 된다. 도움이 필요한 사람에게 밥이나 얻어먹고 갚을 줄 모르면서 나중에 도움을 요청하면 그 효능은 전혀 없는 법. 이것이 세상의 이치다.

다만, 국가의 고위공안요원들은 앞에 직접 나서서 개인의 문제를 해결하는 사람들이 아니다. 우리 문제가 그럴 정도로 중대한 문제도 아닌 것이다. 그래서 중국공무원들을 움직이게 하려면 일종의 명분을 주어야 한다. 평소에 아무리 친한 관계에 있는 공무원이라도 명분이 없는 일을 부탁할 수는 없다. 그것은 상대방을 무시하는 것이고 상대가 다름 아닌 공무원이라는 사실을 망각한 처사이기도 하다. 공무원들은 한국이나 중국이나 자존심으로 사는 사람들이다. 자존심 빼면 아무것도 없는 사람들에게 한국사람 하수인 역할을 하라면 안 된다. 이로써 관계가 끝장난다.

그래서 고안한 방법이 시정부 외사처에 한인상회 명의로 정식공문을 발송하고 그친구로 하여금 외사처와 협조하여 이 문제를 풀어달라는 것이었다. 더구나 외사처의 최고책임자는 나에 대한 인상이 아주 좋은 사람이었다. 왜 그런 좋은 인상을 갖고 있을까? 사연은 이렇다.

지난 연말 교민들이 주최한 송년모임에서 경품추첨 행사를 한 적 있었다. 여러 한국기업에서 후원한 상품이 많았다. 그 중에는 우리 한국의 대그룹에서 협찬한 전자레인지와 냉장고도 있었다. 그 모임에는 우리가 초청한 정부외사처의 주임과 처장이 참석해 있었다. 아주 즐겁고 보람있는 교류시간이 지나고 사회를 맡은 나는 드디어 경품행사를 진행했다. 물론 행사는 우리 한국교민을 대상으로 한 것이었지만 분위기가 꼭 그렇게 돌아가지는 않았다.

왜냐하면 우리가 초청한 중국정부의 간부들이 함께 어울려 밥을 먹는 자리에서 그 두 사람만 빼고 경품을 추첨할 수는 없었기 때문이었다. 어차피 경품은 누구나 한 명씩 타갈 수 있을 만큼 넉넉했다. 그런데 다른 사람은 좋은 경품을 잘도 뽑아가는데 외사처주임은 꽝이었다. 할 수 없이 주임에게 한 번의 기회를 더 주었으나 이번에도 꽝이었다. 다만, 주최측의 사회를 맡은 나는 추첨용지를 상대에게 주지 않고 먼저 볼 수가 있었다. 이때 나는 그사람이 뽑은 추첨표 내용을 즉흥적으로 바꾸어 전자레인지가 당첨되었다고 했다. 그리고 추첨용지는 구겨서 버리면 되는 것이었다. 그야말로 주최측의 농간(?)이었다.

외사처주임은 너무 기뻐했다. 그사람을 초청한 우리 교민들도 아주 좋아했다. 아무튼 그는 기쁜 마음으로 상품을 받아 돌아갈 수 있었다. 그냥 단순한 경품도 아닌 한국산 전자레인지를 타갔으니 얼마나 뿌듯했을까. 물론 그후에 주임은 나의 이런 배려를 알고 전화하여 아주 감사하다는 말을 했다. 이런 관시를 가진 외사처주임에게 한국기업의 애로를 부탁하는 것은 그리 어려운 일이 아니다. 당연히 그사람은 흔쾌히 협조를 했다. 더구나 고위공안부 직원이 뒤에서 공안을 동원하여 도와주는 일인 만큼 명분도 있고 힘도 있었다. 그후 며칠이 지나서 한국기업체 사장이 전화를 했다. 고물상주인이 1원도 안 틀리는 돈을 가져왔다고. 드디어 한 달 만에 모든 문제가 해결된 것이었다.

중국에서 문제가 발생하면 우선은 전략을 잘 짜야 한다. 일의 성격을 확실하게 파악한 다음, 그 문제를 관할하는 관청과 담당핵심 부서가 어딘지, 그 책임자는 누구인지를 알아야 한다. 사업의 운이란 이런 문제가 생겼을 경우, 마침 담당부서의 책임자와 내가 관시가 있을 때다. 운이 좋은 경우다. 그러나 중국은 사람이 많다. 그 많은 사람들과 관시를 맺고 살 수는 없다. 그렇다면 어떻게 우리 외국인은 관시를 만들어야 하나?

우선은 자기사업의 성격을 파악한 후에 사업과 연관된 관청과 거래처를 면밀하게 조사해야 한다. 회사 내의 모든 문제는 관련된 관공서와 거래업체에서 생겨나게 마련이다. 그리고 관리적 측면에서 범위를 조금씩 넓혀나가야 한다. 중국에서의 삶이 회사의 주요업무가 전부는 아니다. 직원이 갑자기 교통사고를 당할 수도 있고, 임대한 건물의 전기와 수도가 갑자기 끊길 수도 있는 법이다. 평소 자기회사가 입주해 있는 건물의 경비와 청소아줌마, 전기수리공과도 안면을 익히고 담배나 음료수라도 주는 것은 사소하지만 아주 요긴하게 써먹을 수 있는 관시가 된다. 미련한 사람들이 이런 주변 노동자들을 우습게 보다가 큰코다치는 법이다.

내가 아는 어떤 주재원은 시내 중심가에 위치한 큰 무역센터에서 근무했다. 물론 주재원대표였다. 무역센터라는 이름에 걸맞게 건물은 아주 웅장하고 어마한 가치가 있었다. 그러니 건물회사의 회장이 어떤 사람인지는 상상이 될 것이다. 그런 엄청난 사람에게 한국주재원 대표는 명절이 되면 직원을 시켜서 꼭 선물을 전하곤 했다. 어떤 때는 자기가 가져가기도 했다. 건물주는 이런 한국인이 참으로 고맙고 가상했다. 그러던 어느 날 건물주에게서 연락이 왔다. 반드시 인사를 하는 중국인의 습관이었다.

그는 한국대표에게 고맙다고 하면서, 내년부터 이 전체건물 중에서 마음에 드는 곳이 있으면 얼마든지 말하라는 것이었다. 당시에는 그 건물에 입주하려는 사람들이 하도 많아서 건물주가 멀쩡한 사무실을 다른 곳으로 옮기라면 군말없이 가야 할 형편이었다. 이런 긴박한(?) 상황에서 한국주재원 대표는 오히려 특권을 갖게 된 것이었다. 그럼 왜 이 주재원은 이렇게 돈 많은 건물주에게 선물을 챙겨주었던 걸까? 그는 이미 중국생활 10년 차가 된 노련한 주재원이었다. 중국어를 우리말처럼 구사할 줄 아는 사람이었다. 다시 말해서 중국과 중국인의 생리를 누구보다 잘 알고 있었던 것이다. 중국에서는 임대한 사람들이 언제든지 황당한 건물주 요구 때문에 쫓겨날 수도 있음을 진작에 알고 있던 것이다.

중국의 관시는 앞서 말한 대로 그냥 생기는 것이 아니다. 만들어야 한다. 관시를 만드는 데는 선투자가 필요하다. 작은 것이든 큰 것이든 내가 가진 일부를 먼저 상대에게 주어야 한다. 중국인들은 유별나게 남에게 신세를 지거나 선물을 받으면 갚아야 한다는 사고가 강하다. 반드시 갚는 것이 그들의 습성이고 문화다. 그래서 우리는 먼저 아무런 조건없이 주어야 한다. 주는 것을 모르는 사람에게 중국관시는 영원히 생길 수가 없다.

이사 온 후
먼저 집주인을 초대하라

중국땅에서 내가 먼저 주는 작은 친절과 지혜로운 처신은 큰 도움의 손길로
돌아올 수 있다. 이런 작은 관시를 만드는 데 실패하여 오늘도 수많은 외국인들이
중국의 사나운 집주인과 싸움을 하고 있다. 안타까운 일이다.

중국에 처음 나온 주재원들이 가장 골치아픈 일은 무엇일까? 아마도 자기가
살고 있는 아파트주인과의 문제일지 모른다. 중국의 아파트는 어디가 되었건
살다보면 하자가 발생한다. 겉으로는 멀쩡해도 살다보면 여기저기 엄청난 문
제가 발생한다.

회사에서 열심히 일하던 주재원은 빈번하게 회사로 걸려오는 전화를 받아야
한다. 물이 갑자기 안 나온다, 이웃집에는 전기가 들어오는데 우리는 나갔다,
싱크대 문짝이 갑자기 떨어져서 덜렁거린다, 옷장문이 망가졌다, 에어컨이 고

장이다, 아이들방 벽에 곰팡이가 피어난다. 생각보다 중국아파트는 허술한 구석이 많다. 이 모든 문제를 임대인인 우리가 다 자비를 들여서 고칠 수는 없다. 그러나 중국주인은 그리 만만한 사람들이 아니다. 아무리 전화해서 고장난 부분의 수리를 요청해도 들려오는 소리는 당신들이 알아서 고치라는 말뿐이다. 이미 임대료를 선불로 준 한국인 입장에서는 약이 오르고 화가 난다.

　당연히 "집주인이 고쳐주어야 하는 것 아니냐"는 상식적인 말을 서툰 중국말로 아무리 외쳐보았자 소용없다. 급기야는 살기 싫으면 다른 데로 이사를 가라는 주인 말에 기가 막혀서 말도 안 나온다. 주재원은 매일 이런 불평을 하는 아내의 잔소리에 짜증이 난다. 그렇다고 수돗물이 안 나오는 상황을 알면서도 회사에서 태평하게 모른 척할 수는 없는 노릇이다. 사람을 보내고 기사를 보내서 일단은 수리를 해야 한다. 이런 귀찮고 한심한 일이 한두 번이 아닌 것이다. 그러나 누구나 다 그럴까? 그렇지 않다.

　내가 아는 어떤 주재원은 이곳에서 근무를 잘 수행하고 다른 곳으로 발령을 받았다. 본사에서 평가하는 그사람의 업무능력은 최고였다. 어려운 일을 잘 마무리하고 더 막중한 임무를 부여받고 떠났다. 영전을 한 것이다. 그런데 이사람이 떠나기 전에 식당으로 중국인부부를 초청하여 맛있고 비싼 한국음식을 대접하고 있었다. 알고 보니 그 부부는 집주인이었다. 그동안 좋은 집에서 살게 해주어 감사했다는 의미로 초대한 것이었다. 그야말로 한국인과 집주인의 아쉬운 석별의 자리였다. 식사를 마치고 집주인은 자기가 계산을 해야 한다고 난리를 치고.

　나도 함께 동석하여 그주인과 한국인부부의 아름다운 만남의 자리를 지켜볼 수 있었다. 역시 개인의 능력은 괜히 생기는 것이 아니다. 자기가 살고 있는 집주인과 허구한 날 싸우는 사람, 이런 사람과는 근본이 다른 것이다. 중국에서의 관시가 무엇인지, 사소한 베풂이 얼마나 도움이 되는지 아는 사람이었다. 이사람은 몇 년 전 그집으로 이사온 후 얼마 안 있어 이미 집주인을 초대한 적이 있었다. 그리고 정성스레 한국음식을 대접했다고 한다. 가끔 안부전화도 하며 인사도 했고, 명절이 오면 작은 선물도 보냈다.

이런 관계를 유지하는 한국사람에게 집주인은 가끔 전화를 하며 물어보았다. 집에 혹시 문제가 없느냐? 문제가 발생하면 언제라도 즉시 연락해라, 바로 수리해주겠다. 더구나 이 주인은 세무서에 근무하는 아주 높은 사람이었다. 그러니 세무적인 문제가 회사에서 발생하면 언제든지 도움을 받을 수 있었다. 외국인이 중국에 와서 사는 동안 집주인과 식사하며 교제를 나누는 일이 어렵고 힘든 일도 아니다. 작은 선물을 보내는 일이 그리 힘든 일인가?

며칠 있다가 다시 두 부부가 식당에 왔다. 이번에는 집주인이 초대한 식사자리였다. 중국인은 이렇게 반드시 신세를 갚는 습성이 있다. 이 점을 거꾸로 생각해보라. 우리가 중국인에게 신세를 지고 안 갚는다면 상대는 과연 우리를 어떻게 생각할까? 이렇듯 중국땅에서 내가 먼저 주는 작은 친절과 지혜로운 처신은 아주 큰 도움의 손길로 돌아올 수 있다. 이런 작은 관시를 만드는 데 실패하여 오늘도 수많은 외국인들이 중국의 사나운 집주인과 싸움을 하고 있다. 안타까운 일이다. 왜냐하면 집주인과 싸워서 우리가 이득될 것은 아무것도 없기 때문이다. 그렇다고 당장 길거리로 나갈 것인가? 또 이사를 가야 하는가? 중국의 이 넓은 천지에서 내 마음에 꼭 드는 집을 구하는 것은 사막에서 바늘을 찾는 일과 마찬가지다.

문제가 발생하면 그때 집주인을 찾을 게 아니라, 이사 온 며칠 후 집주인을 한번 초대하라. 그리고 맛있는 한국김치를 한 포기 선물해주라. 그 동네 경비 아저씨들에게도 음료수를 먼저 주라. 아파트 관리사무실에도 한 번 찾아가서 인사하고 아이스크림과 음료수를 선물하라. 출입문을 지키며 차량을 통제하는 경비에게도 담배 한 갑 줘봐라. 그 다음부터는 아파트단지에서 어떤 문제가 발생해도 그사람들이 나서서 도와줄 것이다. 이런 일은 가능한 아내가 하는 것이 좋다. 그러면 회사에 나가서 열심히 일하는 남편에게 큰 힘이 될 것이다.

중국의 관시 아내의 도움이 필요하다

알다시피 처음 타국에 온 몇 개월은 그야말로 사람꼴이 말이 아니었다. 중국어를 할 줄 아나, 주변에 아는 사람이 있나, 고생도 이만저만한 생고생이 아니었다. 세 달 사이에 몸무게는 5킬로가 줄고, 일은 별로 진전이 없고, 저녁에 혼자 빈집에 들어오면 반겨주는 건 알아들을 수 없는 중국방송이 전부였다.

그러던 차에 드디어 이삿짐이 들어오고 가족들이 합류했다. 역시 아내와 자식들이 있어야 집은 모양이 나고 사람 사는 냄새가 나는 법이다. 아내가 해주는 밥을 먹고 줄었던 체중이 다시 정상으로 돌아왔다. 뭐니뭐니해도 한국인에게는 밥이 보약이다. 그렇게 안정을 찾고 나니 회사업무도 잘 돌아가기 시작했다. 중국파트너 회사에서는 연일 전화를 해서 밥을 먹자고 했다. 아내와 가족이 들어왔다는 소식을 듣고 중국측에서 식사를 초대하는 자리였다. 예상대로 중국측 대표는 아주 좋은 식당에서 기다리고 있었다. 한국측 대표인 주재원가족을 처음으로 초청한 만큼 식사수준과 음식종류가 엄청 다양했음은 물론이었다. 덕분에 가족들은 난생처음 중국음식을 제대로 맛볼 수 있었다.

그러나 문제는 대접을 받았으니 우리측에서 대접해야 하는 과제가 남아 있었던 것이다. 주재원으로선 초짜지만 이런 중국의 접대문화는 이미 알고 있었다. 하지만 많은 돈을 들여 접대하기에는 여러 문제가 있었다. 왜냐하면 한국인인 만큼 중국측에 한국음식을 대접하고 싶은데 여기에는 아직 그럴 만한 한국음식점이 없었다. 이럴 때 주재원부인의 진가가 드러나는 것이다.

그 부인은 두 말 없이 집으로 중국측 사람들을 초대하라고 했다. 그리고 1주일 동안 한국음식을 장만하기 시작했다. 초대받은 중국사람들은 정성스럽게 차려놓은 한국음식을 정말로 잘 먹었다. 엄청난 재산을 보유한 중국측 파트너는 이렇게 한국음식이 담백하면서도 맛있는 줄 몰랐다면서 연신 감탄했다. 마침내 혼자 와서 고군분투하던 주재원과 중국파트너가 아주 친밀한 관시를 형성하는 순간이었다.

이렇게 중국에서 주재원아내는 어느 순간 남편이 중국사람과 관시를 만드는 데 중요한 역할을 한다. 하지만 누구나 다 그런 것은 아니다. 실제로 중국에서 살아보니 주재원의 아내는 남부럽기 그지없는 사람들이다. 비록 환경이 다른 낯선 땅에서 살지만 한국생활과 비교하면 여러 면에서 좋은 점이 많다. 좋은 집과 차량 그리고 기사와 가정부, 필요하면 언제든지 달려오는 통역원이 있다. 한국에서는 상상도 할 수 없었던 필요충분조건이 갖추어지는 것이다. 얼마나 좋은가.

그러나 이런 모든 조건과 환경이 주는 만족감보다 더 좋은 점은 따로 있을지 모른다. 다름 아닌 정신적 해방이다. 한국의 시부모와 시누이, 친정부모와 어르신들의 숨막히는 압박과 구속에서 벗어났다는 해방감을 어떻게 말로 표현할 수 있겠는가. 오죽하면 중국의 어떤 국제학교에서 한국학생들에게 장래희망을 적어내라고 하니까 어느 초등학교 여학생이 '주재원부인'이라고 썼을까.

하지만 사람의 욕심은 끝이 없는 법. 말을 타면 종을 부리고 싶은 것이 인간의 욕망이다. 우리가 추구하고자 하는 편안함과 안락함은 끝이 없다. 그래서 교민사회에도 늘 불화가 있고 반목이 있고 원망이 있다. 대부분 시간과 물질과 여건이 좋은 아내들이 만드는 문제다. 물론 다 그런 것은 아니다. 열심히 사는 사람들도 많다.

중국사람이 관시를 만들 때 집으로 초대하는 경우는 아주 드물다. 한국인도 마찬가지다. 더구나 중국땅에서 음식재료도 마땅치 않은데 한국음식을 대접하기란 쉬운 일은 아니다. 그러나 주재원아내가 조금만 고생하면 남편의 관시는 날로 번창할 가능성이 높다. 중국인들은 상대가 집으로 초대를 하면 아주 좋아하면서도 조심스러워한다. 이런 초대에는 반드시 선물을 준비하고 예의를 갖추어 방문한다. 상대가 쉽지 않은 초대를 했다는 것을 알기 때문이다.

중국인들도 만약 상대를 자기집으로 초대한다면 그것은 상대를 아주 가까운 사람으로 인정한다는 뜻이다. 가족처럼 생각한다는 의미다. 그러니 한국인들의 아내가 조금 고생스럽더라도 남편의 친구를 집으로 초대한다면 남편과 그 중국인과의 관시는 제대로 맺어지는 것이다. 앞서 말한 주재원은 아내의 이런 수고와 협조 덕분에 중국측과 어려운 문제가 있었지만 무사히 해결해나갈 수 있었다.

한국인이 중국에 와서 남자 혼자의 힘으로 성공하기는 여간 어려운 일이 아니다. 반면에 아내들의 부주의한 행동과 비협조로 끝내 실패해서 돌아간 사람들도 많은 것이 사실이다. 교민사회에서 평판이 안 좋으면 득 될 것이 하나도 없다. 아무튼 아내들의 적극적인 협조와 노력은 남편의 좋은 관시를 위해서 아주 필요하다. 중요한 사항이다.

술과 담배가 관시의 전부는 아니다

관시는 내가 만들어가는 것이지 누가 거저 주는 것이 아니다.
누가 소개하고, 누가 대신 도와준 관시는 그 사람의 관시지 내 관시가 아니다.
언제까지 남의 관시를 동원할 것인가?

중국에서 술과 담배가 관시의 기본은 된다 해도 이것이 전부는 아니다. 그렇다면 술을 못 하는 사람은 관시를 맺지 못한단 말인가. 그런 것은 절대 아니다. 중국인들 가운데도 술을 못 하는 사람은 의외로 많다. 담배는 더 그렇다. 공무원인 경우 담배를 안 피우는 사람은 아주 많다. 술도 아주 적당히 한다. 사업을 하는 사람들과 공무원은 성향이 다르다. 아무에게나 술을 접대하고 선물을 주고 비싼 담배를 주는 것은 아니다. 상대를 잘 파악하고 해야 한다.

중국사람들은 술과 담배를 못 해도 마작은 아주 좋아한다. 어쩌면 술을 못 하는 사람들이 마작을 더 좋아한다고 해도 과언이 아니다. 또한 내가 사는 도시의 특성상 낚시를 좋아하는 사람이 많다. 곳곳에 널려 있는 호수는 술을 즐기지 않는 사람들의 취미생활터가 된다. 술을 못 하는 상대에게 나는 한국에서 낚시를 좋아했었다고 말하면 금방 얼굴에 생기를 띠며 응답할지 모른다. 자기와 같은 취미를 가진 사람과의 관시는 이래서 아주 쉽다.

중국에서 낚시를 같이하며 관시를 만드는 일은 여러 면에서 좋은 점이 많다. 중국의 낚시터는 반드시 음식점을 병행한다. 낚시터 옆에 아주 근사한 집을 지어놓고 숙박과 마작 그리고 음식점을 함께 운영한다. 중국인들은 가족과 함께 2~3일 정도의 연휴는 가까운 낚시터에서 보내는 경우가 많다. 우리가 가족들끼리 콘도를 얻어서 놀러가는 것과 비슷하다. 상대와 어느 정도 관계가 형성되면 낚시터를 함께 가는 것은 아주 좋은 기회다.

2박 3일 간의 오랜(?) 시간동안 중국인가족과 우리가족이 놀고 낚시하고 마작하며 즐거운 시간을 보내면 그후의 부탁이나 어려운 문제의 해결은 아주 용이하다. 우리도 김치를 비롯하여 한국음식을 준비하고 좋은 술까지 준비하여 가면 더 좋다. 우리 입장에서는 더욱 굳건한 관시를 맺기 위한 여행이다. 그러나 원래의 목적을 잊어서는 안 된다. 약점을 보인다든지, 불쾌한 인상을 주어서는 안 된다. 상대에게 깊은 인상을 심어주어야 한다. 이런 낚시터 초대의 기회는 쉽게 오는 일이 아니다.

출발하기 전 낚시에 관한 정보와 지식도 인터넷을 통해 알아보고, 중국의 재미난 고사 한 편 정도는 외우고 가야 한다. 중국지도부와는 가급적 정치에 관한 이야기는 안 하는 것이 좋다. 특히 공산당과 관련하여 민주사회의 장점을 부각하는 일은 절대 금해야 한다. 중국과 한국의 역사적인 배경을 곁들여 향후 우리는 더욱 돈독한 사이가 될 거라는 간단한 설명은 좋지만, 더 깊숙이 들어가서 현재 중국이 안고 있는 사회적 문제를 거론한다든지 대만과의 관계를 어설피 거론해서는 안 된다. 그러나 자기가 하고 있는 업무나 해당분야에 관한 해박한 지식을 자랑하는 것은 괜찮다. 상대에게 전문가적인 인상을 주는 것은 좋은 일이다. 아울러 중국인에 대한 애정과 사랑을 표현하고, 상대가 아직 중국은 이런 점이 부족하다고 하면, 한국도 예전에는 그랬다고 하며 시간이 흘러가면 그런 문제도 모두 개선될 거라는 답을 해주는 것이 좋다.

중국인에게 체면과 자존심을 빼면 아무것도 없다고 보아야 한다. 다만 지나친 칭찬보다는 객관적 사실을 예로 들어가면서 해야 한다. 받아들이는 사람도 멍청한(?) 사람이 아니다. 기분 좋게 가족간의 여행을 마치고 돌아오면 우리가족을 태워다준 상대편 중국인기사에게 약간의 수고비를 주는 것도 잊어서는 안 된다. 돈을 받지 않으면 담배라도 주는 것이 예의다. 중국회사의 대표를 모시는 기사를 그냥 단순하게 생각해서는 안 된다. 고위공무원이나 대기업의 운전기사는 그들의 심복이자 아주 영향력 있는 사람들이다. 중국인들은 알다시피 비밀이 많은 사람들이다. 이런 비밀을 잘 알고 충실하게 주인을 보좌하는 사람이 바로 그들의 운전기사다. 기사는 그사람의 가족인 동시에 가장 최측근이다. 중국고위층의 운전기사와 기업체총경리(대표이사)의 기사를 한국회사의 기사정도로 알고 함부로 했다가는 낭패를 볼 수 있다. 조심해야 한다.

그리고 다음날 통역인을 시켜 편지를 한 통 쓰게 한다. 물론 내가 쓴 글을 통역직원이 번역을 하면 된다. 대략 이런 내용이다.

> 어제와 그제는 모처럼 이방의 낯선 땅에서 우리가족 모두 당신 덕분에 처음으로 즐겁고 행복한 시간을 보냈다. 정말 감사하다. 사실 나는 당신을 그냥 좋은 사람정도로 알고 있었고, 나에게 늘 도움을 주는 고마운 사람으로 알았었다. 그런데 이번에 당신이 초대해준 여행에서 참으로 당신과 당신의 가족들은 내 인생에서 만난 귀한 친구라는 사실을 깨달았다. 나는 앞으로 업무협조를 떠나 당신을 영원히 나의 친구로 생각할 것이다. 세월이 흘러 우리가 모두 직장에서 퇴직하여 나는 한국에서, 당신은 중국의 고향집에서 노후를 보낼 것이지만 우리

는 그때도 좋은 친구가 될 것이다. 그래서 내가 중국에 올 때면 당신을 찾아가고 당신이 한국에 오면 나와 아내는 공항에서 설레는 마음으로 그리운 친구를 기다리고 있을 것이다.

이런 감동의 편지를 한 통 작성하며 작은 선물과 함께 보내면 된다. 이럴 때 선물은 가급적 중국차가 좋다. 중국인들은 아직도 나이가 든 사람일수록 차를 즐겨 마신다. 젊은이들의 커피선호 경향이 증가추세에 있기는 하나, 아직 그들은 누가 뭐래도 차맛을 가장 즐기는 사람들이다. 차에도 여러 종류가 있다. 아무 차나 준비하여 대접하면 안 된다. 선물용 차는 더 그렇다. 그러나 우리가 만나는 사람의 취향을 깊이 알 수는 없다. 어떻게 해야 하나?

이럴 경우 가장 쉬운 방법은 백화점에 가서 좋은 차를 사서 보내는 것일까? 그러면 중국인은 좋아할까? 아니다. 비싸게 파는 대형상점과 백화점 차는 투자한 돈에 비해서 그리 좋은 반응을 얻기가 힘들다. 왜냐하면 그런 데 전시된 차는 대개가 아주 오래된 것들이다. 또한 대량으로 납품된 것들이라 품질보다는 포장비가 더 비싼 경우가 많다. 중국인들의 과대포장술은 아주 대단하다. 속아서는 안 된다. 그래서 동네주변에 있는 아주 오래된 찻집을 알아두는 것이 좋다. 시간이 나면 저녁에 놀러가기도 하면서 찻집주인과 친구관계를 맺어둔다. 앞으로 중국사람을 상대로 관시를 맺는 데 있어 그 찻집주인은 좋은 조력자가 될 것이다. 중국인들은 아무리 자기가 먼 지방으로 출장을 간다 해도 자기가 마시던 차를 갖고 다닌다. 우리는 잘 알 수 없는 차맛을 이사람들은 잘 안다. 어릴 때부터 마시던 차를 갑자기 바꾸어 마시는 일은 좀처럼 드물다. 그래서 각 지방마다 해당지역 사람들이 좋아하는 차가 있다. 동네의 오래된 찻집주인은 이걸 잘 안다. 그친구와 상의하면 되는 것이다.

내 중국친구에 대한 간략한 정보를 주고 어떤 차를 선물하면 좋을지 물어보면 찻집주인은 정확하게 알아맞히는 능력이 있다. 찻집운영 20년 경력이 괜히 생긴 것은 아니다. 그지방 사람들의 차 마시는 성향과 특성을 잘 알려줄 것이다. 이렇게 선택된 차를 정성스럽게 포장하여 보내면 된다. 그러면 다음날 틀림없이 감동어린 전화가 올 것이다. 중국의 관시는 이렇게 하루하루의 정성과 배려 그리고 세심한 주의를 요하며 단단하게 구축되어가는 것이다. 중국사람이나 한국인이나 사람을 향한 감정은 같다. 정성을 다하고 따듯한 우정을 보태서 나를 감동시켜주는 사람에게 마음이 기우는 법이다. 친구관계와 관시는 표현은 달라도 같은 뜻이다. 이런 마무리의 관계는 적어도 중국땅에서 살아가는 한 변하지 않는 철옹성 같은 관시를 우리에게 줄 것이다. 다시 강조하지만 관시는 내가 만들어가는 것이지 누가 거저 주는 것이 아니다. 누가 소개하고, 누가 대신 도와준 관시는 그사람의 관시지 내 관시가 아니다. 언제까지 남의 관시를 동원할 것인가?

내가 살고 있는 도시를 공부하고
'코트라' 인맥을 활용하라

각 지방 도시에 관련된 갖가지 정보는 중요한 업무정보이기도 하다.
도시의 정책방향이 어떻게 흘러가는지, 새로 임명된 당서기가 내세우는
중요 정책이 무엇인지, 새로운 성장의 중점과제가 무엇인지 알아야 한다.
사업에서 정확한 시장의 파악능력은 곧 돈이고 성공과 실패의 핵심열쇠이다.
도움을 주려는 기관이 바로 코앞에 있는데 이걸 활용하지 않는다면 너무 미련한 짓이다.

중국은 아주 다양한 민족이 사는 곳이다. 비록 한족이 모든 분야에서 주류를
이루고 있지만 땅은 넓고 각 지방마다 문화는 다르다. 같은 한족이라도 지방마
다 풍습이 다르고 습관이 다르다. 그렇다고 우리가 이 넓은 중국의 문화와 습
관을 다 배울 수는 없다. 우선은 자기가 살며 일하는 지방의 특색과 특성 그리
고 역사적 배경을 공부하는 것은 중요하다. 모처럼 찾아온 한국인이 자기고장

에 대하여 깊은 역사적 지식을 갖고 있다면 상대중국인은 첫대면부터 나를 수준 높게 바라볼 것이다. 단순히 자기나라 땅에서 돈 벌려고 온 사람이 아니라는 첫인상은 나중에 두고두고 도움이 되는 항목이다.

그래서 한국을 떠날 때 중국관련 역사책과 몇 권의 책을 구비하는 것은 필수적이다. 삼국지를 한 번 더 통독하여 중국인과의 술자리에서 써먹는 것도 좋다. 아울러 우리는 자기가 살고 있는 도시에 대하여 꾸준히 공부하고 다양한 정보를 수집해야 한다. 한국회사의 대표나 주재원일 경우 조선족 통역이나 한국어가 능통한 직원의 활용은 이래서 중요하다. 통역하는 직원을 단순하게 통역으로만 활용해서는 안 된다. 예를 들어 통역원에게 매일 그 도시에서 발행되는 주요 신문의 중요내용을 정리해서 보고하게 한다든지, 자기업종과 관련된 정보를 반드시 스크랩하도록 하고 더 중요한 사항은 한국어로 번역시켜 핵심사항을 매일 보고받는 일은 중요하다.

때로는 지면에 나타난 시정부 주요고위층의 인사동정도 살펴보아야 한다. 그리고 우리회사가 상대하는 국영기업 또는 우리업무와 관련 있는 해당관청의 책임자가 어떤 인맥으로 움직이는지도 알아야 한다. 대기업의 경우 더욱 그렇다. 표면적으로는 어려운 일로 생각되겠지만 그렇지는 않다. 중국의 신문은 모두 정부에서 통제되는 매체. 당의 선전부에서 모든 기사내용을 허락받아야 한다. 그래서 신문은 정부의 정책방향과 그 도시의 중점과제가 무엇인지를 알수 있는 정보지가 된다. 중국어가 잘 안 된다고 무조건 이런 중요사항을 빼먹을 수는 없다. 언어는 어차피 시간이 가야 해결된다. 언제까지고 중국어가 능통해질 때까지 기다려서는 어느덧 한국으로 돌아가야 하는 시간이 온다.

내가 아는 중국친구는 보기드문 지식인이다. 나와 비슷한 연령인데 대학원에서 경영학석사를 마친 사람이다. 중국의 근대역사를 감안하면 당시로서는 상당히 공부를 많이 한 셈이다. 이런 사람은 일단 집안이 좋고 배경이 좋다. 무조건 그사람의 학력정도를 알아보기 위해서 조사하는 것은 아니다. 나이와 고향을 감안하여 상대의 학력을 대비해보면 대충 그사람의 배경과 아버지의 직위도 나오는 법. 한국이나 중국이나 어느 날 개천에서 최고의 대학에 입학하는 일은 아주 드문 일이다.

나는 이친구와 늘 연락을 한다. 명절 때면 그도 우리 가족을 자기집으로 초대하곤 한다. 서로 부담 없는 관계를 유지하는 것이다. 그러나 나는 이친구가 경영컨설팅에 관하여는 전문가라는 사실을 안다. 대학에서 기업체 대표들에게 관련분야를 강의하고 자문해준다는 것도 안다. 이런 친구를 늘 곁에 두는 것은 좋은 일이다. 특별히 사업적인 자문을 구할 때 요긴하다. 회사에서 세운 여러 사업항목과 전략을 들고 이친구에게 미리 자문을 구해보는 것이다. 한국인이 생각하는 시장개척 전략과 중국전문가가 생각하는 차이는 무엇일까? 중국전문가는 어떤 조언을 해줄까? 이것이 얼마나 중요한 사항인가.

그래서 여건이 허락된다면 가능한 한 자기업종과 관련이 있는 대학교수 한 명 정도는 친구로 만들어놓는 것이 좋다. 중국의 국립대학교수 정도가 되면 절대로 무시할 수 없는 위치다. 그사람의 제자와 스승 그리고 여러 업무적인 일로 맺은 정부기관 및 자기전공 분야와 관련된 기업체대표와의 관시는 보통이 넘는다고 보면 된다. 내가 만난 상대방의 학력이 아주 좋다면 그사람이 갖고 있는 배경도 좋다는 의미다. 중국에서는 더 그렇다.

중국은 당과 정부에서 미리 인재를 키우는 독특한 시스템이 있다. 공산당에 가입하는 일이 쉽지 않은 이유가 있는 것이다. 이렇게 어릴 때(대학교)부터 선택된 사람들은 당에서 일정단계를 거치며 인재를 양성시킨다. 학교를 졸업하고 지방의 부서기나 부주임으로 발령을 낸다. 그리고 능력을 검증하는 기초적인 단계를 거친다. 그런 후에 다시 당으로 복귀하여 교육을 받고 재차 실무에 투입된다. 이런 여러 단계를 통해서 중국의 지도자가 탄생한다. 현재의 중국고위 지도자와 지방정부의 책임자들도 모두 이런 일련의 과정에서 살아남은 사람들이다.

그래서 이런 종류의 사람들은 각별히 몸조심을 한다. 함부로 초대에 응하지도 않고 설사 관시가 동원된다 해도 함부로 일을 처리하지도 않는다. 아주 상대하기 어려운 사람들이다. 웬만해선 이런 사람들과는 우리측에 유리한 결론을 내기가 어렵다. 다른 방법을 찾아야 한다. 아무리 높고 친밀한 관시를 동원해도 상대는 우선 자기의 장래를 고려한다. 지도자가 되려는 야심에 걸림돌이 되는 것은 가차없이 쳐내는 사람들이 이들이다. 어설픈 모양새로 덤벼서는 안된다.

이와 같이 각 지방 도시에 관련된 갖가지 정보는 중요한 업무정보이기도 하다. 매일 꾸준하게 그 도시가 어떻게 움직이는지 함께 호흡하는 자세가 중요하다. 도시의 정책방향이 어떻게 흘러가는지, 새로 임명된 당서기가 내세우는 중요 정책이 무엇인지, 새로운 성장의 중점과제가 무엇인지 알아야 한다. 그렇게 거창한 것까지 알아야 되는가? 굳이 알고 싶지 않다면 몰라도 된다. 그러나 그 회사는 아무런 발전이 없을 것이다. 발전이 없는 회사는 도태되는 법이다. 중국에서 도태되는 외국회사가 어디 한두 개인가.

중국에 나온 사람들이 처음부터 관시를 만들 수는 없다. 시간이 흐르면서 만나는 사람들의 범위가 넓어져야 가능한 일이다. 그렇다고 마냥 업무를 미룰 수는 없다. 일을 해야 하고 열심히 뛰어야 한다. 어떤 상황에서든 최선을 다한다는 면에서 한국사람들을 이기는 민족은 없다. 한국인들은 참으로 이런 열정이 있고 최선을 다하는 용기가 있다. 타국에서 매번 느끼지만 한국인에 대한 자긍심을 저버릴 수가 없다. 한국사람들의 대단함, 탁월함은 가히 감동적이다. 한국민족의 우수성은 어느 면으로 보나 인정해야 한다는 생각이다.

나도 중국에 나오기 전에는 코트라KOTRA의 업무에 대하여 구체적으로 아는 바가 없었다. 그러나 실제로 해외시장을 개척하다보니 코트라의 존재는 아주 필요하고 중요하다는 생각이다. 다만 안타깝게도 많은 사람들이 코트라의 존재를 잘 모른다. 초기에 중국시장에 와서 이용할 수 있는 아주 좋은 정보원이고 도움을 줄 수 있는 파트너임에도 불구하고 우리는 코트라 조직을 잘 활용하지 못한다. 그래서는 안 된다. 만약 우리가 외국시장에 처음 왔다고 하면 코트라만큼 내게 유익한 정보를 주는 정부조직은 없다.

일찍 그 나라에 와서 사업의 터를 잡고 있는 친구나 몇몇 지인의 도움을 받을 수는 있다. 그러나 그것은 그 사람의 방식이고 그가 하는 사업과 연관된 인맥이지 내 인맥은 아니다. 언제까지 친구에게 의지할 수는 없다. 이런 면에서 우리는 코트라 인맥을 활용해야 한다. 국가에서 이렇게 별 인맥도 없이 해외시장을 개척하는 사람들을 위해서 만든 기관이 바로 코트라이다. 왜 이렇게 좋은 조직을 두고 혼자서 이리저리 헤매고 다니는가.

외국에 진출한 코트라센터에는 대개 오래 근무한 직원이 한두 명씩 있다. 이들은 최소한 10년 이상 근무하고 있는 베테랑으로 그 지역의 특성을 잘 아는 사람이다. 해당업종의 관련정보와 업체리스트를 이미 보유하고 있는 사람들이다. 개인사업자나 신규로 입주한 한국기업체가 언제 그런 막대한 정보를 수집할 수 있겠는가? 사업에서 정확한 시장 파악능력은 곧 돈이고 성공과 실패의 핵심열쇠이다. 이런 중요한 정보를 이미 갖추고 도움을 주려는 기관이 바로 코앞에 있는데 이걸 활용하지 않는다면 너무 미련한 짓이다.

새로 부임한 관장도 이렇게 오래 근무한 직원들의 도움을 받아야 한다. 코트라에 찾아가 이런 직원에게 자신의 시장개척 분야와 업종 그리고 연관된 사업을 잘 설명하고 도움을 받으면 된다. 밥도 사주고 음료수도 사주면서 친밀한 관계를 유지하며 해당도시의 근황과 상권 그리고 사람들의 특징과 구매성향을 파악하는 일이 얼마나 중요한가? 중국어는 안 되지만 코트라에는 한국말이 잘 통하는 직원들이 있고 우리가 요청하는 도움을 관장이 나서서 챙겨준다.

자주 찾아가서 관장과 밥도 먹고 직원들과 대화도 하며 정보를 듣고 부탁을 해야 한다. 거래업체가 잘 상대하려 하지 않으면 이 역시 코트라조직을 이용하면 쉽게 해결된다. 코트라는 대부분 해당하는 시정부와 지방정부의 상무국이나 상무청과 업무적 유대관계를 갖고 일을 한다. 상무국이 어떤 곳인가? 웬만한 기업체는 상무청에서 직원이 전화 한 통 하면 모두 협조를 해야 한다. 중국의 정부조직은 그럴 만한 힘이 있는 곳이다. 코트라에 부탁하면 이런 일은 얼마든지 가능하다. 한국기업이 중국에서 성공하기 위하여 불철주야 일을 하는데 왜 한국 정부조직인 코트라에서 도움을 안 주겠는가? 중국의 정부기관인 상무청에 외국인이 아무 때나 들어갈 수 있는가? 코트라를 십분 활용하라.

중국의 시장개척
관시만으로는 절대 안 된다

너무 많은 시간과 노력을 오직 관시로 풀려는 데 허비하고 말았다.
그런 후회를 하며 다시 시작하려 했을 때는 이미 다른 중국기업들이
그 시장을 선점한 뒤였다. 방법이 없었다.

　중국에 살면서 많은 한국기업들이 들어와 성공하고 실패하는 모습을 보아왔
다. 언젠가 한번은 한국의 모 정부기관에서 해외에 진출한 기업의 성공사례를
수집한다기에 나도 그 기회를 이용하여 주변의 몇몇 한국기업에 대해 조사를
해본 적 있다. 그리고 마침 운이 좋게도 그때 우리지역의 한국기업체를 모델로
응모하여 대상을 받았다. 이런 성공과 실패 사례를 연구하고 분석하는 것은 중
국에 나와 있는 주재원이나 기업체대표들에게는 아주 좋은 일이다. 실패한 기
업은 왜 실패했는지 성공한 기업은 어떤 방식으로 성공했는지 객관적으로 살

펴보는 일은 본인에게 많은 도움이 된다. 그런 의미에서 한국정부기관의 그런 성공과 실패를 담아 자료화하는 작업은 좋은 아이디어라고 생각한다.

한 예로, 어느 한국기업은 순전히 중국고위층과의 관시만으로 이지역에 진출했다. 다른 곳에서 이미 공장을 가동하며 중국고위층과의 관시효과를 경험하고 있었기에 아무런 의심없이 이곳으로 진출할 수 있었다. 엄청난 돈을 투자하여 공장을 짓고 직원을 모집하고 성대한 개업식도 열었다. 그러나 공장을 가동해야 하는 주문물량이 들어오질 않았다. 관시에 문제가 생긴 것이었다. 부랴부랴 문제된 중국관시를 점검하고 다시 새로운 관시를 추가하며 갖은 노력을 했지만 한 번 틀어진 관시는 잘 가동되질 않았다.

이상하게도 관시로 사업을 하던 사람들은 문제가 생기면 오로지 관시로 풀려는 경향이 있다. 관시가 전부가 아님을 알면서도 습관적으로 그렇게 몰고간다. 이유는 간단하다. 관시로 하면 단기간에 해결이 가능하고 기타 중국시장에 관한 여러 복잡하고 어려운 문제를 쉽게 비켜갈 수 있다는 점을 알기 때문이다. 그러나 과연 그럴까? 결코 다 그런 것은 아니다. 중국의 관시를 잘못 알고 있다는 뜻이다. 중국의 관시가 아무리 좋다고 해도 정부의 정책방향을 바꿀 정도는 안 된다. 누가 무슨 힘으로 그런 엄청난 일을 할 수 있을까? 불가능한 일이다.

한국기업이 중국의 국내시장을 독점하기 위해서 왔다면 지방정부 측에서는 한 번쯤 숙고하고 고려해야 하는 것은 당연한 일이다. 중국의 당과 정부의 대표적인 표어가 무엇인가? 당과 인민을 위한 정부에서 인민들이 제기하는 민원에는 아무런 답도 주지 않고 외국기업에게 독점권을 줄 수도 없는 노릇이다. 당연한 일이다. 마침내 그 회사는 몇 년에 걸친 노력에도 불구하고 문을 닫아야 했다. 아무리 더 좋고 높은 관시를 이용해도 이미 확정된 정부시책을 바꿀 수는 없었다. 다만, 만약의 경우를 대비하여 사전에 이곳의 업계현황과 상권의 분석 그리고 자기들 스스로 개척할 수 있는 시장개척의 가능성을 검토하고 들어왔다면 문을 닫아야 할 상황까지는 가지 않았을 것이다. 많은 시간과 노력을 오로지 관시로 풀려는 데 허비하고 만 것이었다. 그런 후회를 하며 다시 시작하려고 했을 때는 이미 다른 중국기업들이 그 시장을 선점한 뒤였다. 방법이 없었다.

다음달에는, 다시 그 다음달에는 풀릴 것이라 생각하고 일하지 않는 노동자들에게 매월 급여를 주는 것도 몇 개월이지 몇 년을 그렇게 끌고 갈 수는 없는 일이다. 중국에서 한 번 꼬인 일이 쉽게 풀리는 일은 거의 없다고 봐야 한다. 그래서 중국에서는 시작은 쉬운데 마무리가 어렵다는 것이다. 맞는 말이다. 환자의 병이 오래될수록 병색은 깊어가는 법이다. 중국에서 이런 중병이 든 기업이 중국인의 도움과 중국정부의 협조로 기적적으로 일어선 예는 없다고 봐야 한다. 관시가 전부는 아닌 것이다. 관시는 기업이 정상적으로 발전할 때 요소요소에 필요한 주요 역할을 하는 것이지, 근본적인 문제가 발생한 기업에 축복처럼 하늘이 내리는 단비가 아닌 것이다. 명심해야 한다.

이래서 한국인들이 처음 중국에 와서 주의해서 들어야 하는 말이 관시에 관한 말이다. 아마 겪어보면 알겠지만 우리를 만난 중국인 중에서 관시가 안 좋다는 사람은 한 명도 없을 것이다. 술 한잔 하고 이야기를 나누다보면 상대 중국인의 관시는 실로 대단하다. 정부요직과 각 관청에 걸쳐서 그의 손이 안 닿는 곳은 없을 정도이다. 그러나 사실 이런 사람의 관시는 별 볼일 없는 경우가 대부분이다. 상대인 중국인의 관시는 나를 위해서 만든 것이 아니다. 자기의 관시다. 그 사람이 정부의 정책을 위반하면서 나와의 우정을 위해 자기의 관시를 동원해줄까? 말도 안 되는 이야기다.

그러나 한국인들은 상대의 관시를 절대적으로 믿는다. 도와주겠다는 약속을 철석같이 믿는 경향이 있다. 자기가 스스로 만든 관시가 아닌 이상, 그런 사람들의 관시는 그냥 참고로 하면 된다. 기업 본연의 임무인 부단한 기술개발과 끊임없는 시장개척은 그 어떤 관시보다 우선순위에 있어야 한다. 나무줄기가 튼튼해야 아름다운 꽃도 피고 달고 맛있는 열매도 열리는 법이다. 관시는 이런 열매를 맺는 데 가끔 공급하는 영양분이고 필요할 때 뿌려주는 물과 같은 것이다. 나무를 근본적으로 잘 키우고 다듬는 일은 다름 아닌 우리의 땀이고 노력이다. 더구나 중국에서의 성공은 더 많은 한국인의 땀과 노력을 요구할지 모른다. 그래서 관시를 믿고 사업을 하는 것은 위험천만한 일이다.

성공한 기업은 무엇이 다른가?

위에서 언급한 성공한 한국기업은 규모가 크지 않은 중소기업이다. 어떻게 그 기업은 중국땅에 와서 성공할 수가 있었을까? 결론은 중국에 보낸 현지 대표에게 본사에서 전적인 신뢰와 믿음을 주었기 때문이다. 아주 중요한 성공요인이다. 아마도 그것이 중국에 진출한 한국기업의 초기단계에서 성패를 좌우하는 결정적 요인이라고 보면 된다. 중요한 요인이기에 반드시 지켜져야 할 사항이다. 어떤 경우를 막론하고 중국땅에서 실패하고 돌아간 기업의 경우, 그 원인은 대부분 이 신뢰의 원칙이 지켜지지 않았다고 보면 된다. 대기업과는 다르게 중소기업인 경우, 특별히 현지에 주재하는 책임자를 보냈을 때 이런 상호간의 신뢰와 믿음은 아주 중요하다. 대기업도 예외는 아닐 것이다. 그래서 어떤 사람을 보내느냐가 동시에 중요하다. 믿고 맡겼다가 망가진 경우도 보았기 때문이다.

아무튼 중국에 파견된 한국기업의 주재원과 대표들이 가장 곤혹스러워하는 문제는 우선 본사에서 중국의 시스템과 문화를 잘 이해하지 못한다는 것이다. 한국식 일처리방식을 중국에 나와 있는 직원에게 요구해서는 안 된다. 그러나 더 중요한 것은 일이 잘 안 될 때, 왜 안 되는지를 이해하려는 본사의 태도다. 아무리 파견된 주재원이 설명을 하고 이해를 구해도 한국본사의 임원이나 대표가 이해를 못 한다면 파견나온 주재원은 아주 고달픈 중국생활을 해야 한다. 안타까운 현실이고 지금도 그런 고민을 붙잡고 고개를 숙이며 살아가는 주재원이 의외로 많다.

주재원 입장에서는 중국측이 말하는 여러 요구와 일하는 방식이 이해가 된다. 중국에 와서 직접 겪어보며 일을 해보니 이해할 수가 있는 것이다. 그래서 때로는 양보해야 하고 때로는 한 발 물러서야 하는 법이다. 왜 중국파트너가 저런 요구를 하는지도 나름 알게 된다. 그래서 다시 합의점을 찾으려면 예상했던 시간보다 좀 더 흘러야 한다는 것도 안다. 기다리고 인내하는 과정 없이 조바심내며 중국인을 상대하면 그만큼 불리해진다는 것. 그러나 본사에서는 매일 닦달을 해댄다. 어쩌란 것인지, 여기가 한국인가? 중국에서 한국본사 뜻대로 일이 되면 얼마나 좋겠는가. 그러나 그런 법은 중국에 없다. 결국 조급한 사람이 지는 법이다. 많은 면에서 손해를 안고 가야 한다. 참고 기다리면서 자기 회사의 주재원을 믿고 신뢰했다면 입지 않을 손해를 본 것이다.

성공한 기업의 임원은 이런 말을 했다. 한국을 떠날 때 사장이 자기를 불러서 이렇게 말했다고 한다. "지금부터 중국법인은 자네가 알아서 해라. 어떤 보고도 나에게 하지 마라. 사람을 채용하든 해고하든, 공장의 생산방식을 어떻게 바꾸든지 자네 방식대로 해라. 심지어 회사를 팔고 어디로 도망을 쳐도 할 수 없는 일이다. 회사를 말아먹든지 다시 세우든지 모든 사항은 당신 마음대로, 당신 방식대로 해라." 요점은 이런 이야기였다. 이런 말을 들은 임원은 도대체 무슨 생각을 하겠나? 회사대표가 보여준 무한한 신뢰 앞에서 감동이 되는 것이다. 이런 신뢰와 믿음을 주며 무엇보다 모든 권한을 위임해준 회사를 위해서 그가 할 수 있는 일은 죽어라 노력하여 반드시 현지법인을 성공시켜야 한다는 일념뿐이리라. 다른 그 무엇이 필요하겠는가.

아울러 한국본사 부서에는 사장이 특별지시를 내렸다. 중국현지 법인에서 그 어떤 사항을 요구하더라도 1년 동안은 별도의 내 결제없이 무조건 도와주라. 도와주지 않는 부서장은 바로 퇴사다. 이런 명령이 내려진 것이었다. 그런 신뢰를 받은 주재원은 참으로 중국에 와서 열심히 일을 했다. 저녁에 집에 돌아오면 새벽 2~3시까지 중국의 노동법과 세무관련법을 공부해야 했다. 200여 명의 중국노동자를 거느리려면 중국의 노동법을 공부해야 하는 것은 당연하다고 생각했다. 또한 원재료가 들어왔다 나가는 과정을 이해하려면 관세법을 공부해야 했고, 중국에서 외국기업이 내야 하는 세금은 어떤 방식으로 지불하는지도 공부해야 했다.

점심시간에는 빨리 밥을 먹고 근로자들 몰래 그네들 숙소에 가서 화장실을 청소했다. 한국군대에서 배운 화장실청소의 노하우를 십분발휘하여 윤이 나도록 변기와 세면대를 닦았다. 왜 그랬을까? 그사람은 중국에서의 관시를 우선 자기회사의 중국직원들과 해야겠다고 생각했기 때문이었다. 중국관시의 출발이 어디서부터 시작되는지를 이해할 줄 아는 사람이었다. 더구나 제조업체인 경우, 중국근로자들은 한국인 사장에게 유별난 관심을 갖는다. 과연 저사람은 우리가 열심히 일하면 그에 따른 보상을 주는 사람인지 살피는 것이다.

중국인들은 처음부터 쉽게 남에게 접근하는 법이 없다. 이리 보고 저리 보고 다시 시간을 갖고 천천히 상대를 살펴본다. 관시를 맺는 것도 이런 시간이 필요하다. 명함주고 술 한잔 했다고 상대가 마음을 여는 것은 절대 아니다. 중국인들의 과시적인 호의를 오해해서는 안 된다. 아마도 상대는 적어도 1년은 나를 관찰할지도 모른다. 이 한국인은 믿을 만한 사람인지, 어떤 사람인지, 향후 계속 사업을 같이해도 될 만한 사람인지, 회사는 재무상태가 좋은지, 인간성은 어떤 사람인지, 충분한 검토의 과정을 통해서 상대 중국인은 조금씩 문을 여는 것이다. 기다려야 한다.

아무튼 한국회사 사장이 열심히 노력한 덕분에 6개월이 지나면서 공장 근로자들이 조금씩 마음의 문을 열기 시작했다. 처음에는 이런 사장의 태도를 보며 도무지 그들이 사장의 행동을 믿질 않았다고 한다. 왜 회사대표가 우리 기숙사의 화장실 청소를 하는 건지, 웃기는 사람이다!

이런 중국직원들의 태도가 사장의 말없는 행동과 꾸준한 일관성에 마음을 열기 시작했다. 아, 저사장은 쇼가 아니다! 이런 진정성이 드디어 그들 마음에 스며들기 시작한 것이었다.

그래서 어느 날 한국사장은 직원회의에서 말을 했다. 자기 숙소의 화장실을 깨끗하게 청소할 줄 모르는 사람이 어떻게 첨단정밀 제품을 만들 수 있겠는가? 어떻게 공장의 생산현장이 깔끔하게 정리정돈이 되겠는가? 앞으로 기숙사 정리가 안 된 직원들은 내보내겠다. 대신에 나를 믿고 따라주는 사람에게는 반드시 응분의 보상을 하겠다. 나를 믿어줄 사람들은 내일부터 직접 청소하고 정리했으면 좋겠다. 이런 취지로 연설을 한 것이다. 당연히 생산현장은 한층 더 깔끔해졌고 그에 따라 생산성도 올라갔음은 물론이다. 그리고 직원들에게는 실적에 따라 충분히 보상해주었다. 마침내 중국직원들과의 관시가 제대로 형성된 것이었다. 회사는 중국법인의 괄목한 성장으로 흑자로 돌아섰고 일본에서 방문한 거래처 관계자들은 놀라움을 감추지 못했다. 어떤 다른 중국 거래처보다 생산현장이 잘 정돈되어 있었고, 생산성도 높았으며 불량률도 거의 제로에 가까울 정도였기 때문이다.

한국주재원은 자기에게 주어진 전권을 갖고 그야말로 열심히 자기 방식대로 일을 했던 것이다. 중국현지에서 느껴보는 여러 문제를 보완하고 보충하여 어떻게 하는 것이 좀 더 효과적인지를 알았다. 이런 모든 일에 일일이 간섭하는 자가 없었기에 자신이 옳다고 생각하는 방식으로 꾸준히 밀고나갈 수 있었다. 어찌되었건, 최종목표는 가능한 한 빠른 시일 내에 회사를 흑자로 돌려놓는 일이었다. 그 목표를 모르고 중국에 온 주재원이나 대표는 없을 것이다. 그러나 대개의 한국본사는 매일 주재원을 들볶아댄다. 중국인과 관시를 맺기 위해서 단돈 30만 원을 지출하려 해도 본사의 승인을 받아야 한다. 이래서는 곤란하다. 그런데 사업이 망해서 한국으로 철수하는 회사는 대개 이런 사정이 있다. 그냥 넘길 일이 아니다.

조금 웃기는 이야기지만 중국 주재원들이 중국에서의 업무보다 한국본사로부터의 지시와 요구사항을 더 힘들게 생각한다는 것을 본사에서는 알까? 오늘도 주재원들은 보다 창의적이고 효율적인 업무보다는 본사에서 내려온 잡무에 시달리고 있을지도 모른다. 자기들의 인사고과를 책임진 한국본사의 명령이 중국업무보다 더 중요하기 때문이다. 중국에 진출하여 성공하는 것이 이렇게 어려운 일이다. 중국에 진출하고도 현지법인에 발전이 없는 것은 모두 그 원인이 있는 법이다. 그래서 중국으로 나온 주재원들은 중국인과의 관시를 만들기 전에 한국본사와의 관시를 잘 만들어야 한다. 아주 중요한 이야기다. 내가 아는 한 사람은 역대 어느 주재원보다 더 열심히 일하고 더 많은 성과를 냈음에도 불구하고 임기를 채우지 못하고 사표를 써야 했다. 왜 그런 일이 있었을까?

주재원이 한국본사 임원과 소통이 잘 안 되었기 때문이다. 중국을 모르는 한국임원과 관시가 좋지 않았다는 의미다. 그래서 주재원들은 한국본사와의 관시도 중요하다. 아무리 열심히 일하고 성과를 내도 어느 날부터 본사에서 협조가 잘 안 되면 일을 할 수가 없게 된다. 중국의 관시도 중요하지만 한국본사와의 관시는 필수항목이라 할 수 있다.

관시를 동원해도 인내와 끈기가 필요하다

관시라고 해서 아무데나 사용하는 것이 아니다. 사건은 다른 것도 아닌
밀수사건이다. 어떤 공무원이 밀수와 관련된 일에 나서려 하겠는가?
아무도 나설 사람이 없다고 봐야 한다. 당서기 아니라 시장이 친구라 해도
이런 일에는 절대 개입하지 않는 것이 중국공무원들의 생리이다.

어느 날 출장갔다가 일주일 만에 집에 돌아와보니 아내가 이런 말을 했다. 이
곳 한인교회에 새로 부임한 목사님 이삿짐이 위해威海 세관에서 두 달 넘도록
통관이 안 되어 아주 곤란한 처지에 놓여 있다는 내용이었다. 자세한 사정이야
기를 들어보니 이삿짐을 운송하는 회사에서 화장품을 이삿짐과 함께 몰래 수
입하다가 걸렸다는 것이다. 간단히 말해 화장품 밀수건으로 함께 들어온 이삿
짐까지 조사를 받는 중이었다.

한국이나 중국이나 밀수는 중대한 범죄행위에 속한다. 더구나 중국은 각종

밀수행위로 많은 문제가 발생하는 나라다. 특히 이삿짐이 도착한 산동성山東省 위해威海 항은 한국물건이 하루에 한 번은 들어오는 곳이기도 하다. 한국과 지리적으로 가까운 곳이라 아주 오래전부터 인천과 위해 사이에는 배편이 있었다.

이런 사정을 듣고 교회를 다니는 사람으로서 가만히 있을 수도 없는지라 목사님을 만나 그간의 이야기를 들으니 사정이 참으로 딱하게 느껴졌다. 컨테이너 한 개에 세 사람의 이삿짐이 함께 들어왔는데 그 중간에 화장품을 끼어넣었던 것이다. 물론 화장품을 밀수한 한국인은 이미 도망친 후였다. 이로 인해 세 사람의 교민은 아무런 죄도 없이 무작정 이삿짐의 통관을 기다려야 하는 처지였다. 마침 그 중 한 사람은 외교관 신분이라 먼저 통관이 허락되었지만 나머지 두 사람의 짐은 아무런 대책없이 시간만 흐르길 기다려야 하는 형편이었다.

가장 큰 문제는 중국에서 통관을 대행하는 업체가 이 문제를 해결할 능력이 없다는 것이었다. 내 판단은 그랬지만 한국의 이삿짐 운송회사에서는 계속 통관대행 회사관계자의 말을 믿는 것 같았다. 중국을 모르고 더구나 이런 문제를 어떻게 풀어야 하는지에 대한 경험이 전혀 없는 사람들이었다. 한심한 생각도 들었지만 조금만 기다려 달라는 말을 믿고 있는 목사님이 안쓰럽기도 했다.

그뒤로 다시 한 달 가량 지났지만 결과는 제자리에서 맴도는 듯했다. 벌써 4개월이 지난 것이다. 그렇다고 요청하지 않은 일에 함부로 나설 수도 없는 노릇. 게다가 그냥 나선다고 될 일도 아니었다. 하지만 명색이 교회에 다니는 사람으로서 담임목사의 이삿짐 사건을 무심히 쳐다만 볼 수도 없는 일이었다. 몇 번을 한국에 전화해서 물어봐도 한국회사 측의 대답은 똑같았다. 이삿짐이 세관에 묶인 채 4개월이 지나도록 아무런 대책도 없이 통관대행 회사의 조선족 아줌마 말만 믿고 있는 듯했다.

하는 수 없이 통관대행사에 전화해서 그쪽 이야기를 들어보니 요구하는 사항이 어처구니없었다. 얘기인즉, 목사님이 다니는 학교에서 현재 압류중인 이삿짐이 자기학교에 다니는 학생의 것임을 입증하는 증빙서를 발급받으라는 것이었다. 그러면서 아마도 거의 받기 힘들 것이라고 덧붙였다. 이게 무슨 말인가! 받기 힘들 것으로 예상되는 서류를 화주 측에게 요구하는 대행사의 말은 무엇이고, 이말을 듣고 우리가 그서류를 해주길 기다리고 있는 운송회사는 대체 무슨 생각으로 이문제를 해결하려는 것인지 도무지 이해가 가질 않았다.

운송회사 대표에게 전화하여 중국으로 들어오라고 했다. 그사람은 마지못해 들어왔다. 이번에는 더 어려운 서류를 들고 작성해달라고 요구했다. 자기가 주는 것이 아니라 통관대행사에서 이렇게 해달라고 했단다. 당연히 학교당국에서는 증명서를 해줄 수 없다는 대답이 왔다. 당연한 결과였다. 세상의 어느 중국대학에서 그 많은 유학생들의 짐을 어떻게 일일이 확인하여 자기대학 학생들 것이라고 증명해줄 수가 있겠는가? 우리가 말도 안 되는 요구를 한 것이었다.

중국관련 이삿짐운송을 전문으로 하는 한국회사의 실정이 이러했다. 이삿짐을 위탁받아서 배에 실어주면 중국현지에 있는 통관대행사가 알아서 해주던 방식 외에는 아는 것이 하나도 없었다. 그러다 이런 문제가 발생한 것이었다. 한국회사가 중국에 관시가 있나? 중국문제를 한 번이라도 풀어보기를 했나? 답답한 노릇이었다. 그저 조선족직원이 잘 해주기를 기다리고 있을 뿐이었다. 그러나 밀수와 연관된 사건을 어찌 일개 통관대행사 직원의 힘으로 해결할 수 있겠는가.

솔직히 통관대행사 대표라고 해야 중국에서는 별 힘도 없는 사람들이다. 더구나 밀수문제를 관장하는 밀수조사과는 아무나 들어가서 담당과장을 만날 수 있는 곳이 아니다. 대행사직원이 만날 엄두도 못 내는 사람들이다. 그러나 대행사는 아무것도 모르는 한국회사 대표에게 문제를 해결할 능력이 없다는 말은 안 하고 자꾸 되지도 않는 말을 해대고 있었다. 누가 더 한심한지는 모르겠다. 비슷하다고 보면 될 것이다.

문제가 많이 꼬여 있었다. 이런 문제를 단순히 관시를 이용하여 해결하려 한다면 잘못된 생각이다. 관시라고 해서 아무데나 사용하는 것이 아니다. 사건은 다른 것도 아닌 밀수사건이다. 어떤 공무원이 밀수와 관련된 일에 나서려 하겠는가? 아무도 나설 사람이 없다고 봐야 한다. 당서기 아니라 시장이 친구라 해도 이런 일에는 절대 개입하지 않는 것이 중국공무원들의 생리이다.

결국 한국의 운송회사사장은 이문제를 통관대행사에서는 해결할 수 없음을 깨닫고 내게 부탁을 했다. 해결이 안 된다는 것을 깨닫는 데 다시 한 달이 걸린 셈이다. 추가비용을 들이기 싫었던 것이다. 환자의 병을 방치하고 수술 안 하고 낫기를 맥 놓고 기다린 것과 같았다. 한국사람들이 중국에 들어와서 잘 빠지는 함정이 이런 경우에 있다.

잘 알지도 못하는 문제를 놓고 아는 척하다가 망하는 경우다. 초기판단을 냉정하게 해야 하는데 자꾸 문제를 확대시키는 것이다. 노름판에서 잃어버린 돈이 아까워 미련을 갖다가 끝내 전재산을 날리는 경우와 비슷하다. 작은 병이 나중에는 중병이 되는 것. 간단한 수술이 대수술로 바뀌는 것은 당연하다. 차라리 모르면 처음부터 전문가에게 자문을 구했어야 했는데 아무것도 모르면서 오로지 대행사여직원 말만 믿고 있었으니 문제가 더 커져버린 경우였다.

문제의 핵심은 이러했다. 우선은 학교에서 증명서를 받아야 하고, 이곳 세관에서 우리 이삿짐이 와도 된다는 허가서를 받아야 했다. 이어서 그 서류를 갖고 위해 세관의 밀수조사국에 가서 해명을 하고 무혐의처분을 받아야 통관이 되는 일이었다. 이런 일을 어떻게 조선족 통관대행 직원이 해결한단 말인가! 나 또한 아무리 생각해도 별로 뾰족한 방법이 없어 보였다. 그렇다고 마냥 손 놓고 있을 수도 없는 일. 일단은 문제를 두 방향으로 나누어 추진하기로 했다. 우선 이곳의 문제는 교민담당 영사를 만나 사정이야기를 했다. 중국학교와 세관은 정부소속이었다. 중국의 국가기관과 단체는 같은 정부기관의 협조요구가 있으면 공식적으로 응해주는 경향이 있다는 것을 알고 있었기 때문이다.

예를 들어 아는 친구를 동원해서 정부기관에 부탁을 해도 해당기관에서는 그친구가 속한 기관의 협조공문을 형식적이나마 보내달라고 한다. 그 말은 부탁을 들어주겠다는 뜻이다. 다행히 영사관을 통한 공문은 학교당국에 어느 정도 효력이 있었다. 한국유학생을 계속 유치해야 하는 학교입장에서도 영사관 공문과 한국유학생 문제를 나 몰라라 할 수는 없었을 것이다. 그래서 우리는 명분을 주었고 학교는 이에 응답을 했다.

되는 것도 없고 안 되는 것도 없는 곳이 중국이다. 어제는 안 되다가 오늘은 되는 일이 중국에는 많다. 그러나 왜 어제 안 되던 일이 오늘 되었는지를 잘 알아야 한다. 그사람들을 조금이라도 움직일 수 있는 방법이 무엇인지를 알아야 한다는 뜻이다. 어제 안 되던 일이 오늘 저절로 된 것은 아니다. 관시가 이럴 때 필요한 것이다. 학교문제가 해결되었으니 이제는 이곳 세관문제를 풀어야 했다. 그렇다고 세관에 아무런 관시도 없이 그냥 들어가 허가를 받을 수는 없었다. 백 번을 찾아가도 안 되는 일이다. 세관문제는 가능한 한 관세사를 통해야 한다. 그렇다고 아무 관세사나 되는 일이 아니다. 특별히 세관과 관시가 좋은 관세사를 찾아야 한다.

마침 우리 영사관직원들의 이삿짐을 전문으로 처리해주는 관세사가 있었다. 이래서 이곳 문제는 가까스로 해결되었다. 그러나 위해세관의 밀수조사과 문제를 해결할 방법이 여전히 없었다. 아무튼 나는 '위해'로 갔다. 호랑이를 잡으려면 호랑이굴로 가야 한다. 어쨌든 현장에 가보아야 최소한 현재의 사태가 어떻게 돌아가는지 알 수 있는 법이다. 그러나 무턱대고 갈 수는 없는 노릇. 어떤 관시가 되었건 일단은 실마리를 찾을 수 있는 관시를 동원해야 했다. 그러다 해외운송을 전문으로 하는 선배 한 분이 생각났다. 전화를 해보니 자기도 청도青島에 출장 중이라 하면서 일단은 청도로 오라고 했다. 어차피 위해를 가려면 청도를 거쳐야 했다. 청도에 가서 만나보니 선배가 잘 아는 한국관세사가 위해에 있다고 했다. 캄캄한 동굴에서 성냥을 찾은 기분이 들었다.

위해에 가서 소개받은 관세사를 만나서 의논한 결과, 마침 자기가 아는 사람이 세관의 물류를 전문으로 하는 국영회사 사람이라고 했다. 중국에서 민간회사와 국영회사의 차이는 매우 크다. 더구나 그 회사는 세관과 긴밀하게 협조를 해야 하는 회사였다. 때로는 세관에서 그 회사에 물류문제를 부탁해야 한다고 했다. 지금 상황에서는 최선의 관시를 찾은 것이다. 또한 그 중국친구는 내가 사는 곳에서 대학을 졸업한 사람이라 처음 만날 때부터 친숙하게 다가갈 수 있었다. 그러나 관시를 찾았다고 일이 다 해결되는 것은 아니다. 밀수조사과에 명분을 주어야 한다. 두 가지 명분이 필요했다. 학교에서 학생물건이라는 증명과 다른 공식적인 명분이었다. 학교의 증명서는 준비가 된 상태였으나 다른 한가지가 부족했다. 그래서 궁리한 것이 우리 영사관에서 위해 시정부 외사처에 정식으로 공문을 보내고, 외사처에서는 다시 외국인 관련사항을 명분으로 세관에 협조공문을 보내는 방법이었다. 그러나 위해 외사처에서 공문을 받았다고 해도 적극적으로 움직일지는 아직 모르는 일이었다.

위해시 정부관계자를 찾아서 미리 부탁을 해야 한다. 다시 관시를 찾아야 한다는 뜻이다. 여러 생각 끝에 위해에서 사업을 하던 후배가 생각났다. 한국에 출장 중인 후배에게 전화하니 시정부에 아는 사람이 있다고 했다. 덕분에 시정부에서는 아주 협조적으로 대해주었다. 그리고 긍정적인 말을 해주었다. 왜냐하면 아무리 세관이라도 외국인의 물건을 계속 압류상태로 둘 수는 없다는 것이었다. 그말은 무혐의가 증명되면 세관에서도 즉시 이삿짐을 주어야 한다는 뜻이었다. 우리에게도 나름 법률적인 방어막이 생긴 셈이다.

그때부터 양쪽의 관시가 움직이기 시작했다. 서류와 명분을 갖고 양쪽에서 조심스럽게 접근하는 방법이었다. 이럴 때 가장 조심해야 하는 것이 조급함이다. 중국에서는 조급하면 지는 것이고 망하는 것이다. 관시를 동원했다고 해도 절대로 서두르면 안 된다. 일을 맡긴 친구에게 부담을 주어서도 안 된다. 그친구는 중국사람이고 우리는 한국인이다. 중국인들은 그들 나름의 접근방법이 있고 당사자와 만나서 표현하는 방법이 우리와는 다르다. 하지만 그건 우리가 알 바도 아니고 알려고 해서도 안 된다. 그래서 인내와 끈기가 필요한 것이다. 무턱대고 기다리는 것이 인내가 아니고 끈기가 아니다. 관시를 동원했으면 조용히 참고 기다리는 인내가 필요하다는 의미다.

내가 급하다고 해서 자꾸 재촉한다던지 상황을 자꾸 급박하게 몰아가면 상대는 물러날 가능성이 있다. 중국인의 특성상 누구에게 재촉을 받고 부담을 안으며 남을 도와주려 하지 않는다. 우리가 동원한 관시를 편하게 해주어야 한다. 비록 속은 까맣게 타들어가지만. 중국인들은 자기가 필요할 경우 먼저 전화를 한다. 반대로 필요하지 않는 일에는 절대 먼저 연락하지 않는다. 기다리다가 그쪽에서 연락이 오면 그사람은 관심이 있다는 표시를 한 것이다. 시작은 그때부터 하는 것이다.

한국의 기업체들이 중국을 방문할 경우 많은 환영객이 나오는 것은 한국인을 대우하려는 차원도 아니고 손님에 대한 예의 때문도 아니다. 자기들이 필요하기 때문에 나오는 것이다. 그러나 상담을 마치고 자기들이 필요없다는 판단이 들면 공항에 배웅나오지 않는다. 이미 끝난 것이다. 이럴 때 한국인들은 매우 서운해한다. 대접이 소홀하다고 생각한다. 이는 아직 중국인을 모르기 때문이다. 어쨌든 피말리는 1주일이 흘러갔다. 밀수조사과장은 여간 깐깐한 사람이 아니었다. 원칙이 강한 사람이었다. 술과 담배도 안 했다. 들어보니 집안도 아주 부유하다고 했다. 돈이 안 통한다는 뜻이다. 그런 사람에게는 명분과 의리를 통한 관시를 해야 한다. 우리는 그런 방법을 택하여 진행했다. 결과는 좋게 나왔다. 중국친구의 개인적 친분관계와 국영 물류회사와의 관계 그리고 시정부의 협조요청이 밀수조사과장을 움직였다. 내가 이제는 마음놓고 집으로 돌아가도 되겠냐고 물어보니, 흔쾌히 돌아가라고 했다. 마침내 참고 기다리던 관시가 성공을 거두는 순간이었다.

다음날 좋은 차를 준비해서 다시 세관을 찾아갔다. 중국에서는 반드시 내가 동원한 관시를 잘 마무리해야 한다. 이걸 못하면 그 관시는 그것으로 끝이 난다. 오뉴월 곁불도 쬐다가 돌아서면 서운한 법이다. 아무리 친구의 부탁으로 명분을 앞세워 사건을 종결했다고는 하나 담당공무원은 서운한 법이다. 그런 마음을 달래주고 와야 한다. 일이 다 끝난 것이 아니기 때문이다. 실무적인 일을 처리하는 과정에서 담당과장이 협조를 안 하고 계속 미루면 또 골치가 아파지는 법이다. 물론 도와준 중국친구의 체면도 고려해야 한다.

역시 과장은 막무가내로 내가 주는 차를 받지 않으려 했지만 결국은 받았다. 그리고 다시 태도가 변하는 것을 보았다. 여기저기 전화를 하며 빨리 통관절차를 처리하라고 했다. 충분히 협조하겠다는 자기의 뜻을 보여준 것이다. 대체로 이렇게 까다로운 사람들이 한 번 우호적으로 돌아서면 아주 적극적이 된다. 한국사람들이 매우 위험하게 생각하는 것 중 하나가 중국을 너무 쉽게 본다는 것이다. 중국인을 너무 쉽게 본다는 뜻이기도 하다. 화장품밀수를 해서 큰돈을 벌겠다는 생각이 바로 이런 관점에서 출발했을지도 모른다. 걸리면 돈 몇 푼 쥐어주고 해결하면 될 거라 생각했을 것이다. 그로 인해 아무 죄도 없는 다른 교민이 이삿짐도 없이 6개월을 타국에서 살아야 했다.

자기가 아는 관시를 동원하면 화장품밀수 정도는 다 해결될 것이라 생각했을 것이다. 자기의 중국친구가 큰소리치는 것을 너무 쉽게 믿었던 것이다. 중국의 국가기관을 너무 우습게 본 것이다. 설사 중국친구가 그렇게 말했다 해도 더 냉정하게 판단하고 결정했어야 했다. 이 모든 것이 중국을 너무 쉽게 생각했기 때문이다. 중국은 그렇게 쉬운 동네가 결코 아니다.

멀고도 험한 중국의 내수시장 공략

한국인들은 모든 것을 하루아침에 다 끝내려는 성급함이 있다.
최소한 중국시장을 개척하러 왔으면 기본적인 개념은 갖고 와야 한다.
중국의 거래시스템이 어떻게 돌아가는지,
중국인과의 상담에서는 어떤 점에 유의해야 하며 절대로 한 번에
모든 상담이 이루어지지 않는다는 것을 알고 와야 한다.

최근 들어 많은 한국인들이 시장개척이라는 명목으로 중국에 들어온다. 당
연히 중국은 우리가 계속해서 개척해야 하는 시장이다. 중국은 이제 세계의
공장이 아니라 세계의 시장이 된 지 오래다. 각국의 모든 사업가들이 지구상
에 남은 최대시장인 중국을 공략하러 온다. 우리 한국인들도 이 대열에서 멈
출 수가 없다. 다만 중국개척의 방법을 좀 더 중국을 아는 차원에서 찾았으면
한다.

오래전에 한국지방의 어느 도에서 시장개척차 이곳에 단체로 온 적이 있었다. 대표단을 인솔한 사람이 내게 메일을 보내 여러 중국업체를 만나 상담할 수 있게 해달라고 요청해왔다. "인솔 인원이 몇 명이냐"고 물어보니 약 10여 명이 된다고 했다. 상담일정은 단 하루였다. 하루 시간으로 충분한 상담이 이루어지기는 힘들다고 해도 이미 정해진 스케줄이라 어쩔 수 없다고 했다. 시장을 개척하러 오는 것인지 행사를 치르러 오는 것인지 이해가 되지 않았다. 물론 대부분의 경우 이런 종류의 시장개척은 거의 효과가 없다고 봐야 한다. 지방도시에서 경비를 보조해주고 중국시장 개척이라는 거창한 명분을 갖고 오는 것은 좋은데 사실은 아무런 소득이 없다는 뜻이다.

할 수 없이 관시를 동원했다. 내가 아는 학생의 아버지가 이곳 국가급 경제개발구의 당서기였다. 그러나 무턱대고 회사를 소개해달라고 해서는 곤란했다. 상대는 국가경제개발구를 책임진 고위층이었다. 이미 언급한 바와 같이 이런 사람에게는 명분을 주어야 한다. 한국의 시장개척단이 당신네 개발구역에 특별히 관심이 있어 투자조사차 온다는 나름의 명분이 있어야 한다. 상대에게 그럴 듯한 업적과 홍보건수를, 쉽게 말해서 좋은 기회라는 느낌을 주어야 한다. 정부 측에서는 예상대로 좋은 반응이 왔다. 직원들을 시켜서 기업체를 알아보고 상담일정을 잡고 우리가 아무리 애를 써도 만날 수 없는 엄청나게 큰 백화점 사장과 대형 쇼핑몰의 대표도 만나게 해주었다. 사실 이런 일은 개인에게 좀처럼 찾아오지 않는 기회다.

한국의 개인사업자가 롯데백화점 사장을 아무 때나 만날 수 있겠는가? 중국 시정부 산하기관의 당서기 정도 되는 사람이 부탁을 했으니까 가능한 일이었다. 그 사장들은 회사직원들도 1년에 한 번 얼굴 보기 힘든 사람들이었다. 더구나 우리 한국기업체들의 주품목은 식품과 화장품류였다. 대형마트와 상점에 납품할 수 있는 좋은 기회가 된 셈이다. 그러나 이런 기회를 활용하는 데는 시간과 인내와 꾸준한 관시가 이어져야 한다. 알다시피 한국인들은 모든 것을 하루아침에 다 끝내려는 성급함이 있다. 전적으로 나쁘다는 의미는 아니다. 그러나 최소한 중국시장을 개척하러 왔으면 기본적인 개념은 갖고 와야 한다. 중국의 거래시스템이 어떻게 돌아가는지, 중국인과의 상담에서는 어떤 점에 유의해야 하며, 절대로 한 번에 모든 상담이 이루어지지 않는다는 것을 알고 와야 한다.

또한 상대가 관심을 보이면 다음날이라도 다시 찾아가서 계속 상담을 해야 한다. 식사도 하고 담당실무자와 이런저런 이야기도 해야 한다. 의외로 중국사람들은 아주 꼼꼼한 구석이 있다. 우리에게는 거의 상식적인 내용도 이사람들은 두세 번 검토하고 확인한다. 이렇게 맺은 관시를 한국에 돌아가서도 계속 관리를 해야 한다. 그런데 한국에서 온 사람들은 이번 기회에 무슨 엄청난 주문이라도 받을 생각으로 온 것처럼 기대에 들떠 있는 듯했다. 그리고 예상대로 상담이 하루라는 짧은 일정에 끝나자 불만을 쏟아냈다. 대접이 소홀했느니, 성과가 없었다느니. 참으로 어이가 없기도 하고 한편으로는 우리의 중국시장 개척은 한참 멀었다는 생각도 들었다.

어느 중국인이 내게 이런 말을 했다. 한국사람들은 중국에 물건 팔려고 왔으면서 왜 아침에 왔다가 저녁이면 다른 곳으로 가느냐? 이해가 안 간다는 것이었다. 상담하고 다음날 회사에서 검토하여 다시 만나고 싶어도 그들은 늘 일정이 바빠서 떠나야 된다고 했다는 것이다. 그래서 다시는 한국사람이 상담하자고 하면 안 나간다고. 도대체 물건을 갖고 상담을 하러 먼 중국땅까지 온 사람들이 뭐가 그렇게 바빠서 오늘 왔다가 내일 아침에 가느냐는 의미였다. 중국사람들 입장에서는 도무지 이해하기 힘든 행동이기 때문이다. 믿을 수가 없다는 뜻이다.

중국시장이, 중국사람들이 이 정도로 단순한 사람들인가? 이런 식의 시장개척은 아무리 좋은 관시를 갖고 좋은 업체를 소개하고 시장을 알선해주어도 소용이 없다. 괜한 시간과 돈만 낭비하는 일이다. 나 또한 이후부터는 이런 시장

개척에는 절대로 나의 관시를 동원하지 않기로 했다. 소용 없는 일을 할 수는 없기 때문이다. 중국에서 성공한 기업들도 알고 보면 중국 내수시장에서 성공한 경우는 극히 드물다. 대부분이 임가공수출이나 한국 외의 다른 나라로의 수출인 경우가 많다. 성공의 의미는 현지공장을 무사히 잘 짓고 제대로 관리하여 생산성을 높이고 인건비를 절감하여 순이익을 냈다는 의미다.

여기에도 그렇게 성공한 기업들이 있다. 그러나 여태껏 중국 내수시장은 난공불락이다. 한국대표의 고민은 어떻게 하면 중국 내수시장에 진입할 수 있을까? 이런 것이다. 그들은 나름대로 중국에서 잔뼈가 굵은 중국통들이다. 그래도 아직 중국 내수시장에는 접근조차 못하고 있다. 중국이 서울에서 부산가는 것처럼 각 지방이 가까운 것도 아니고, 그래서 웬만한 돈을 투자해서는 공략하기 힘들다는 것을 잘 안다. 그렇기 때문에 두렵고 힘이 드는 것이다. 관시가 아무 데나 다 있는 것도 아니다. 아이템이 좋고 제품이 아무리 좋다고 해도 중국인들은 자기가 모르는 제품이나 사용해본 적 없는 상품에는 섣불리 손을 대지 않는다. 또한 이미 검증된 브랜드가 아니면 잘 믿으려 하질 않는다.

중국, 이 넓은 땅에서 자사제품을 브랜드화하려면 얼마나 시간이 걸릴 것이며 홍보비용은 얼마나 들겠는지 생각해보길 바란다. 아울러 중국의 상권은 이 동네 향이 다르고 2시간 버스타고 가는 동네의 성격이 다르다. 한국의 주ZOO라는 커피체인점이 있다. 아마 한국에서는 이미 사업을 접은 것으로 안다. 그런데 여기 중국인이 그 브랜드를 사와서 대박을 터트리고 있다. 남들이 다 관심도 없는 대형마트의 창고를 임대하여 커피점을 오픈한 것이다. 실내인테리어를 동물모양의 그림으로 해놓으니 어린이를 데리고 마트에 왔던 아줌마들이 애들 성화에 다 들어가야 한다. 어느 한국인은 이 커피점이 실내공사를 할 때 이런 말을 했다. 이 커피점은 절대로 안 될 거야.

그러나 그곳에서 1시간 거리에 다시 커피점을 오픈했는데 그집은 잘 되고 있을까? 아니다. 잘 안 되고 있다. 한국의 모 대그룹이 운영하던 북경의 백화점도

문을 닫았다는 소식을 들었다. 유명브랜드라고 아무 상권에서나 힘을 쓰는 것은 아니다. 난다 긴다 하는 중국인들도 이렇게 자기들 내수시장을 보는 안목이 다를 수가 있다. 중국의 내수시장 공략, 결코 쉬운 일이 아니다. 시간과 인내심을 갖고 꾸준하게 중국을 공부하며 가야 하는 먼 길이다. 그러나 언제나 가능성은 있는 길이다.

중국법에 능한 변호사와 관시를 맺어두라

중국은 최근 들어 외국인회사와의 노무문제로 골머리를 앓고 있다.
하지만 한국기업의 경우 의외로 노무문제를 제대로 알고 있는 경우가 드물다.
일이 터져야 책을 뒤지고 전문가를 찾느라 난리가 난다.

언젠가 이곳에 들어와 있던 어느 회사에서 전화가 왔다. 목소리가 아주 다급했다. 뛰어가보니 뜻하지 않은 사고가 터진 것이다. 사고의 내용은 이랬다. 지난 주말 회사직원들끼리 오랜만에 골프장엘 갔는데 우리직원이 친 골프공에 여자캐디가 맞은 것이다. 그녀는 머리에 날아오는 공을 맞고 즉시 병원으로 실려 가게 되었다. 대형사고가 터진 것이었다. 이 회사사람들도 중국에서 2~3년 생활한 경험이 있어 중국인들의 심술과 악착같은 보상심리를 이미 경험한 바가 있다. 당연 걱정이 태산 같았다. 과연 이 문제를 어떻게 처리해야 하나? 회사업무를 보다가 사고를 당했다면 당연히 회사차원에서 공적으로 처리하면 되

겠지만 이런 경우는 사고를 낸 본인이 모든 책임을 져야 한다. 더구나 누구에게 함부로 말을 해서도 안 되는 일이었다.

회사측에서는 나에게 혹시 골프장에 아는 사람이나 공안친구가 있느냐고 물었다. 중국생활에서는 관시를 동원하는 것이 필수적이라는 것정도는 그들도 알고 있었다. 그러나 과연 이런 상황에서 관시를 동원해야 할까? 아니다. 관시라고 아무 때나 동원하는 것은 아니다. 문제의 성격과 사고의 내용을 잘 판단해야 한다. 특히 이렇게 사람이 다치는 사고가 나면 관시를 동원해서 상대방을 막무가내로 압박해서는 안 된다.

중국도 엄연히 법이 있는 나라고 경찰과 모든 기관은 중국인민을 위한 정부기관이지 외국인을 보호하려고 만든 곳이 아니다. 늘 이 점을 생각해야 한다. 우리 한국사람들이 끝내 착각하는 점이 바로 이것이다. 자기친구가 고위층에 있거나 권력기관에 있다 해도 중국인과 한국인이 싸워야 하는 문제가 발생하면 그들은 바로 자국민 편에 선다. 당연한 일인데도 우리는 그친구들이 우리를 위해 편들어주길 기대한다. 그리고 나중에 가서야 큰 실망을 한다. 잘못된 실망이다. 절대로 그런 기대는 이루어지지 않는다고 봐야 한다.

골프장사고 같은 경우도 마찬가지다. 골프장에 아는 친구가 높은 위치에 있다 한들 그친구가 자기식구나 다름없는 캐디에게 무슨 말을 해줄 수 있겠는가? 우리 앞에서는 자기가 잘 수습해보겠다고 하지만 속으로는 그게 아니다. 어쩌면 보상을 더 많이 받아내야 한다는 말을 캐디에게 할지도 모른다. 중국인을 믿으면 안 된다. 결국 나는 변호사친구를 부르기로 했다. 관시가 있는 친구보다는 법률전문가에게 상담하는 것이 좋겠다는 판단이 섰기 때문이다. 평소 잘 알던 변호사는 즉시 달려와 우리 이야기를 듣더니 걱정하지 말라고 했다. 왜냐하면 골프장의 모든 안전사고의 책임은 원칙적으로 골프장 측에 있다는 관련 법조항을 변호사는 잘 알고 있기 때문이었다. 일단은 안심이 되는 말이었다. 단순히 우리에게 위로가 되는 말이 아니라 법적 근거가 있는 법률전문가의 말이었다.

문제는 변호사 말대로 잘 처리가 되었다. 우리는 도의적 차원에서 병원에 있는 환자부모에게 일정액의 위로금을 전해주었다. 캐디의 부모들은 감사한 마음으로 위로금을 받아야 했다. 이미 우리측 변호사가 그쪽 사람들에게 법률적으로 우리 잘못은 아무것도 없다는 말을 했기 때문이다. 중국은 사회주의국가다. 국가가 정한 법과 규정을 보통 백성들은 모두 별 이견 없이 받아들인다. 그렇다고 아무나 가서 그런 이야기를 했다면 그 사람들이 믿었을까? 그건 아니다. 변호사가 했기 때문에 믿은 것이다. 골프장 측에서도 변호사가 법적 근거를 갖고 이야기하자 아무 말이 없었다. 한국이나 중국이나 변호사가 그냥 돈받는 것이 아니다.

그러나 대부분의 한국기업은 이런 전문가의 도움을 사고가 터진 후에야 부랴부랴 찾는 경향이 있다. 대그룹을 제외한 중소기업의 경우 일반적으로 법률전문가를 고문으로 위촉하는 경우는 아주 드물다. 그렇다고 변호사와 관시를 만들어놓는 것도 아니다. 어쩌란 말인가? 알다시피 중국은 최근 들어서 외국인 회사와의 노무문제로 골머리를 앓고 있다. 하지만 한국기업의 경우 의외로 노무문제를 제대로 알고 있는 경우가 드물다. 일이 터져야 책을 뒤지고 전문가를 찾느라 난리가 난다.

평소 알고 있던 한국의 어떤 기업이 업종을 전환하기 위해 우선은 공장근로자들을 정리하기로 한 적이 있었다. 그때 나는 몇 번을 강조하며 반드시 변호사에게 이 건을 위임하여 처리하는 것이 좋겠다는 조언을 해주었다. 왜냐하면 중국근로자들이 자기가 몇 년 다니던 회사가 문을 닫는다고 순순히 물러설 사람들이 아니기 때문이었다. 또한 근로자들의 특성상 회사측과 아무리 도장을 찍고 합의를 했어도 반드시 나중에 이의를 제기하는 경우가 많기 때문이었다. 거의 그렇다고 보면 된다.

하지만 회사는 비싼 변호사 비용을 들일 마음이 없었다. 정식절차에 따라 근로계약을 해지하면 아무 탈이 없을 줄 알았던 것이다. 중국에 정식절차가 어디 있단 말인가. 얼마 후 회사에서 다시 전화가 왔다. 다 끝났는데 몇 사람이 계속 협박을 하더라는 것이다. 변호사를 소개해달라고 했다. 예상했던 일이었다. 아직도 중국사람을 모르고 있었다는 이야기다. 반면에 어느 대기업의 주재원은 아주 현명하게 문제의 직원을 정리했다. 그는 다름 아닌 차량운전기사였는데 가끔 사고를 치는 친구였다. 마음 같아서는 바로 해고를 하고 싶었지만 참았다. 회사근무 경력이 10년이 넘는 운전기사를 한두 번의 실수 때문에 해고할 경우 반드시 문제가 생길 거라는 사실을 알고 있었기 때문이다. 중국에서의 오랜 경험이 이래서 중요하다.

예상(?)대로 운전기사는 두 번째 사고를 쳤다. 그러나 이번에도 속으로 화를 삭혔다. 거의 해고를 각오했던 운전기사는 미안하고 고마운 마음이 들었다. 다른 직원들 보기에도 체면이 서지 않았다. 그러다 얼마 후 그는 또 사고를 치고 말았다. 본인도 더 이상 할 말이 없었다. 마침내 주재원은 기사를 향해 나도 더 이상은 어쩔 수 없다고 했다. 해고를 한다는 뜻이었다. 그리고 즉시 아는 변호사에게 전화하여 운전기사의 해고 및 기타 퇴직금과 위로금 문제를 위임했다.

우리가 생각하기에는 그까짓 운전기사 해고하는데 무슨 변호사까지 동원하느냐고 할지 모른다. 그러나 그 결정은 아주 잘한 것이다. 운전기사가 누군가? 나의 사생활을 가장 잘 알면서 동시에 회사의 웬만한 비밀까지 거의 꿰고 있는 사람 중 하나다. 나도 모르게 자기가 야간에 손님을 마중하러 나갔던 시간과 어쩌다 밤늦게 나를 집으로 태워다준 시간을 수첩에 일일이 기록하여 모두 시간외 수당을 달라고 하면 어떻게 할 것인가? 운전기사를 잘못 해고해서 노동부와 법원에 가야 했던 주재원이 어디 중국땅에 한둘인가. 그러나 이 주재원은 그동안의 중국경험을 통해 일방적인 해고는 반드시 보복을 당한다는 것을 알았다. 더구나 그 운전기사는 주변의 건달패거리들과 아주 친하다는 사실을 알고 있었다. 해고당한 후에 무슨 일을 벌일지 모르는 일이다. 이럴 때는 법적 근거에 의해 법률전문가가 나서서 처리하는 것이 좋다. 그리고 조금 더 위로금을 주는 것이다. 어쨌든 한국회사에서 10년이 넘도록 일한 직원이다. 감정만으로 중국인을 대하면 안 된다. 중국과 중국인을 너무 쉽게 봐서는 안 된다는 뜻이다.

이렇게 중국의 일은 상황과 문제에 따라 어떤 관시를 써야 하고 그 관시를 어떻게 운용해야 하는지가 중요하다. 관시라고 다 되는 것도 아니고, 아무 관시나 다 사용해서도 안 된다. 아울러 외국에 나와 있는 우리기업과 교민들은 중국법에 아직은 익숙하지 못한 실정이다. 당연하다. 이럴 때일수록 변호사 한 명 정도와는 관시를 맺어놓는 것이 좋다. 아예 고문변호사를 두고 회사의 여러 일을 처리할 때 서두르지 말고 자문을 구해보는 것도 좋다. 적은 돈을 아끼려다 나중에 감당 못하는 돈을 잃어버릴 수가 있다. 한국이나 중국이나 사고와 문제는 늘 미연에 방지하는 것이 좋다.

'큰 관시'와 '작은 관시'

나 혼자만 생각하는 큰 관시를 자랑해서는 안 된다.
문제가 터졌을 때 실제로 동원이 안 되는 큰 관시는 아무 소용이 없는 법이다.
실전에서 써먹을 수 있는 관시가 사실은 큰 관시이다.

지금까지 내가 말한 관시는 어쩌면 중국고위층과 잘 아는 사람들에게는 아주 사소하고 일상적인, 그야말로 별 볼일 없는 우스운 관시로 보일 수도 있다. 아주 근접하기 어려운 고위층 또는 성장省長이나 시장 정도의 관시를 가진 사람들에게는 별 것도 아닌 관시로 여겨질 수도 있다. 그러나 그들이 말하는 고위층과의 관시가 과연 얼마나 실제적이고 정말로 우리가 필요한 때 적절히 효력을 발휘할 수 있을까? 결론은 불가능한 이야기라고 말하고 싶다. 솔직히 중국에 살면서 우리가 알고 있는 높은 사람과의 관시가 아무에게나 가능한 일인가. 설사 아는 사이라 해도 그 정도 위치에 있는 사람들이 우리를 위해 발벗고

나서서 도움을 줄까? 나는 아니라고 본다. 그들은 이미 국가정책을 수립하고 운영하는 직책에 있는 사람들이다. 늘 몸조심해야 하고 구설수에 휘말려서는 안 되는 사람들이다.

시장은 성장이 되고 싶고 성장은 당서기가 되고 싶은 것이 벼슬을 하는 사람들의 욕심이다. 당과 인민을 위하는 사회주의국가에서 시장과 당서기가 외국사람 부탁받아서 민원이나 처리하는 사람들이 아니다. 그들의 주요임무는 중국인민에게 봉사하는 것이다. 물론 대그룹 차원에서 엄청난 투자를 한다든지, 아니면 한중 양국이 합작하는 프로젝트 같은 일에는 서로 만나서 의논하고 도움을 받을 수는 있다. 그래서 나는 중국에서 만나는 사람들 중 높고 커다란 관시를 자랑하는 사람은 잘 믿질 않는다. 거의 사실이 아니라고 보면 된다.

중국에서 우리 한국인에게 필요한 관시는 실전관시다. 생활에서 필요한 그러나 아주 중요한 관시가 필요하다. 회사업무를 하면서 아주 요긴하게 사용할 수 있는 관시가 필요하다. 아파트경비와 친하게 지내고 회사의 수위아저씨와 관계가 좋고 중국직원들과 사이좋은 사람들은 이미 중국관시의 기본을 만들어 놓은 것이다. 이들은 그런 기본적인 관시를 바탕으로 조금씩 스스로 관시를 만들어나갈 줄 아는 사람들이다.

어제 저녁에 부시장, 상무청장과 술 한잔 했다는 것을 아주 큰 관시로 생각하고 세무서직원과의 만남과 소방서직원과의 저녁식사 자리를 대수롭게 생각한다면 그것은 작은 관시도 없고 큰 관시도 없는 사람이다. 높은 사람을 만나서 술 한잔 할 수는 있다. 그들과 친분을 쌓아서 손해될 일은 없다. 그러나 그런 사람들은 여간해서 외국사람들과 친밀한 관시를 맺으려 하지 않는다. 또한 하루 아침에 되는 일도 아니다. 그런 관시를 믿고 중국에 투자했다가 망해서 돌아간 사람들을 많이 보았다. 이래서 나 혼자만 생각하는 큰 관시를 자랑해서는 안 된다. 문제가 터졌을 때 실제로 동원이 안 되는 큰 관시는 아무 소용이 없다. 실전에서 써먹을 수 있는 관시가 사실은 큰 관시인 것이다. 우리에게 아주 중요한 중국실전 관시의 원리다.

다시 말하자면 중국에서 개인이 또는 주재원대표가 중국의 고위층과 관시를 맺는 일은 불가능하다고 봐야 한다. 아주 큰 세계적인 기업의 대표라면 모를까, 대부분의 경우는 될 일이 아니다. 언젠가 내가 살고 있는 도시에서 우리나라 총영사관이 처음으로 개최하는 개천절 기념행사가 각국의 총영사 및 내외 귀빈이 초청된 가운데 열린 적 있었다. 이때 나도 참석하여 행사 과정을 지켜볼 수 있었다. 그런데 그 행사에는 내가 살고 있는 도시의 성장 내지 부성장은 고사하고 부시장도 오질 않았다. 시장을 대신해서 그의 비서실장이 참석하고 있었다. 그사람이 중국측에서 보낸 최고위층이었던 셈이다.

이를 통해 중국고위층이 한국의 행사를 어떤 시각으로 보는지 미루어 짐작할 수 있었다. 우리는 흔히 중국에 와서 살면서 중국사람이 우리 한국사람들에 대한 인지도가 높으리라 착각하여 생각하는 경향이 있다. 일종의 자부심일 수도 있다. 우리보다 못사는 나라의 국민과 고위층을 대하는 자세가 아주 거만하고 교만하다면 지나친 표현일까. 그러나 우리가 생각하는 중국의 지도자와 고위층 그리고 중국의 상위그룹 부자들은 사실 한국과 한국인 알기를 그리 대단하게 여기지 않는다. 대단하기는커녕 대수롭지 않게 본다는 표현이 맞을 것이다.

중국의 고위층은 비록 지방정부의 부시장과 청장이라고 해도 그들의 인식과 업무의 성격은 한국의 기업대표가 생각하는 차원이 아니다. 우리나라 총영사관에서 초청하는 행사참석 요청도 대수롭지 않게 여기는 사람들이 일개 주재원대표와 무슨 친구가 되고 친밀한 관시를 만든단 말인가? 그들은 당과 인민을 위한 국가정책을 이끌어 나가는 사람들이다. 어떤 경우에도 중국인민들의 안위와 안전 그리고 국가이익 앞에 있는 사람들이다. 그사람들과 몇 번에 걸쳐 술자리를 가졌다고 해서 설사 그 자리에서 호형호제 관계를 맺었다고 해서 무슨 대단한 관시를 맺은 양 착각해서는 안 된다.

그렇다면 중국부자들과의 관시는 어떨까? 결론적으로 이것도 아주 실현불가능하다고 봐야 한다. 중국의 부자들은 정말로 우리의 상상을 초월하는 소비생활을 한다. 우리는 쉽게 그들에게 접근할 수도 없다. 그사람들이 뭐가 아쉬워서 우리와 친구가 되겠는가? 언젠가 중국친구를 따라 가까운 지방도시로 상가임대를 알아보러 간 적이 있다. 나와 함께 간 중국친구는 프랑스에서 유학한 엘리트청년인데 포도주를 수입하여 도매하는 사업을 하는 친구다. 이친구는 나를 태우고 가다가 잠시 들를 곳이 있다면서 차를 세우더니 전화를 한 통 했다. 그리고 잠시 후 어떤 사람이 차를 타고 오더니 둘이서 아주 짧게 대화를 마치고 내 친구가 자기 차 트렁크에서 나무로 포장된 12개짜리 포도주 한 박스를 꺼내 그사람에게 주는 것이었다. 나중에 다시 달리는 차안에서 들어보니 그 포도주 한 병 값이 우리 돈으로 3백20만 원이라고 했다. 한 박스면 대략 4천만 원 정도가 된다.

이런 포도주를 마시는 사람들이 북경과 상해에만 있는 것이 아니다. 내가 중국친구와 함께 간 도시는 아주 작은 시골동네였다. 이런 지방의 작은 도시에 사는 부자들도 한 병에 3백만 원짜리 포도주를 마신다. 그렇다면 제대로 된 부자들의 삶은 어떻겠는가?

일전에 어느 중국잡지를 보니 내가 사는 도시에서 부자들이 잘 드나드는 음식점이 소개되어 있었다. 정확하게 그곳이 어딘지는 모르겠으나 보통 3~4인 기준으로 4만 원 정도 한다고 했다. 중국돈 4만 원이면 어림잡아 800만 원이다. 이런 사람들이 우리와 왜 관시를 맺고 싶어하겠는가? 중국의 부자파트너를 만났으면 그냥 속으로 그런가 하면서 실속을 챙기면 된다. 그들 역시 같은 생각으로 우리를 상대하고 있을 것이다. 공연히 좀 더 친밀한 형제(?) 같은 관시를 만들어서 더 큰 이익을 보겠다는 생각은 애당초 가능한 일이 아니다.

중국주재원 관시는 아스피린 같은 것이다

제대로 된 관시는 "왜 그럴까?"가 아니고 저사람이 나에게 요구하는 것이
무엇인지 정확히 아는 것이 중요하다. 그래서 우리는 중국땅에서
'조조'와 친구가 되고 '제갈공명'의 지혜를 가져야 한다.

중국주재원들의 삶은 고달프다. 좀 더 정확하게 표현하자면 그들의 일상생
활이 고달픈 게 아니라 지구상에서 가장 상대하기 어려운 중국사람들과 같이
일하는 것이 고달픈 것이다. 예측 불가능한 상대를 늘 주시하고 파악하고 그에
맞는 전략을 짜야 하는 것은 분명 힘들고 고달픈 일이다.

나는 주변과 이웃에 사는 많은 주재원들의 삶을 오랫동안 보아왔다. 늘 피로
한 얼굴에 지쳐 있는 경우가 대부분이다. 누구를 붙잡고 대화를 해보아도 얼굴
표정이 밝은 사람이 없다. 더구나 2~3년차 주재원들은 중국을 무서워하기도
한다. 자기가 맡고 있는 일이 과연 제대로 될 수 있을까, 이에 대한 회의도 있
다. 당연한 일이다. 처음 들어온 중국땅이 지난 1년간은 그리 어렵지 않아 보였

지만 1년이 지나고 대략 2년 정도 흐르면 어느덧 자기가 밀림 한가운데 와 있음을 깨닫기 때문이다. 그나마 이런 사실을 아는 주재원들은 다행이다.

흔히 우리는 처음 중국에 온 주재원이 바쁘고 활기 있게 움직이며 주변사람들에게 밝은 모습으로 자랑하듯 이야기하는 모습을 보면 그 시기가 '주재원의 황금기'라고 말하곤 한다. 그러나 그 황금기는 대개 1년이 채 안 되어 끝이 난다. 왜 그 1년차가 황금기인가? 결론적으로 처음 1년은 아무것도 모르기 때문이다. 상대방인 중국거래처나 파트너도 처음 온 주재원에게 소위 작전(?)을 걸지 않는다. 중국말은 어설프거나 거의 전무하고 앞뒤 가리지 못하고 이리저리 천방지축 날뛰는 사람에게 무슨 말을 하겠는가? 중국인 특유의 성격으로 그들은 새로 온 신입주재원을 관찰한다. 성격이 어떤지, 실력은 있는지, 본사의 직급은 어떤지, 가족관계는 어떻고 친구관계는 어떤지를 잘 살펴보는 것이다. 이렇게 주재원이 뭘 모르고 중국생활에 적응하며 발에 땀이 나도록 헤매는 동안 상대중국인은 이미 그(파트너)에 대한 웬만한 정보를 다 파악하고 있는 것이다. 이때 합작이나 투자방식으로 들어온 한국회사의 주재원대표는 한동안 투자를 집행하는 갑방의 권리와 특권을 1년간 마음껏 누릴 수 있는 행복한 상황도 맞이하게 된다.

중국인들이 갑방을 대하는 태도는 정말로 눈물겹도록 감동적이다. 모든 세심한 배려와 생활상의 곤란한 문제도 중방의 전폭적인 지원과 아낌없는 성원 덕분에 아주 신속하고 민첩하게 처리된다. 누가 중국사람들을 느리다고 했는가? 이토록 친절하고 인간성 좋은 사람들을 "왜 중국놈들은 믿을 수 없다"고 했는지 도무지 이해가 가질 않는다. 그러나 그렇게 달콤한 주재원 생활은 안타깝게도 금방 흘러간다. 1년이라는 중국생활이 그리 긴 시간이 아니다. 원래 아무런 시련과 고통 없는 시간은 꿈같이 흘러가는 법이다.

거듭 말하지만 주재원에게 이런 달콤한 밀월여행이 마냥 주어지는 것은 아니다. 투자가 다 이루어지고 공장이 거의 완성되어 본격적으로 일을 시작한다던지, 아니면 대충 가족들의 생활과 아이들의 학교문제 그리고 비자와 주변교통 상황을 파악하고 중방측과의 몇 번의 아름다운 건배가 끝난 뒤 주말에는 여기저기 가까운 곳에 여행도 다녀보며 나름대로 자신감(?)이 충만해 있을 때 시련의 골고다 언덕이 찾아온다. 아름다운 호수와 융단 같은 잔디에서 놀던 소풍이 끝나고 전투를 하러 숲과 정글 속으로 들어가야 하는 시간이 온 것이다. 전투가 무엇인가? 총 한 방에 죽는 것이 전투 아닌가?

어느 날부터 주재원 표정은 일그러져 있고 아무리 웃으려고 애를 써도 마음속에 담겨진 고통과 중국인이 주는 아픔 때문에 도저히 그 표정이 밝아지질 않는다. 사업이 시작되거나 공장이 본격적으로 가동되면 왜 그리도 이해할 수 없는 문제들이 한꺼번에 쏟아져나오는지. 꿈같이 흘러간 1년의 세월과는 너무나 차이가 난다. 이런 동네가 중국이고 이런 문제를 제대로 해결하지 못하는 사람들이 중국인이란 말인가? 통탄의 한숨이 나오기 시작한다. 그러나 이미 그가 지닌 무기는 기껏해야 옆에 둔 조선족통역인 달랑 한 명일 경우가 많다. 함께 잘해보자고 그렇게 밤낮으로 수없이 목청 높여 건배를 외치던 인간들은 어느새 적군이 되어 호시탐탐 돈이나 뜯어먹으려고 한다.

본사에 보고했던 야심찬 연간계획서는 이런 상황이 지속되면서 실현 불가능한 것이 되고 만다. 어찌 한숨이 안 나온단 말인가? 그래서 어느 날 고개를 푹 숙이고 다니는 주재원 모습을 보면 "아, 저사람이 드디어 1년차가 끝났구나." 하는 생각을 한다. 중국어는 여전히 허우적대고 눈빛은 충혈되어 있으며 자신감은 오간 데 없다. 중국을 너무 쉽게 보았던 거다. 주재원생활에 너무 많은 꿈과 이상을 싣고 왔던 것이다. 아주 잘못된 것은 아니지만 그렇다고 중국과 중국인을 너무 쉽게 본 것은 잘한 것이 아니다.

주재원들의 업무는 일정의 한계와 주어진 사업의 특성과 성격에 맞게 한정되어 있다. 개인사업자도 그런 면에서는 같다. 우리가 중국에서 중국인과 관시를 맺는다고 해서 자신의 사업과 업무범위를 뛰어넘어 무수한 중국인과 관계를 맺을 수는 없다. 주재원들도 마찬가지다. 일정한 조직이 있으면 잡다한 업무와 간단한 일은 조직 내에서 처리된다. 공장 같은 대단위 사업장도 그에 따른 조직을 갖추면 기본적인 업무는 돌아간다고 봐야 한다.

사실 주재원들을 괴롭히는 것은 이런 기본적인 시스템에 있는 것이 아니다. 그 이상의 것에 있다. 그것이 무엇인가? 당연히 수익을 내는 일이고 수익을 창출했다는 결과물을 한국본사에 보란 듯 제출하기 위한 일이다. 아주 당연한 것이지만 중국에서의 수익이 그리 만만한 일이 아니기 때문에 주재원 삶이 고달픈 것이다. 즐겁고 신났던 지난 1년의 중국생활이 몹시도 그립지만 그 영광스럽던 시절은 다시 돌아오지 않는다. 그래서 초창기 중국에 와서 고생만 하다가 정글의 낙오자가 되어 간신히 몸만 들고 한국으로 가는 주재원이 허다하다. 사실은 고생으로 치면 초창기에 중국에 와서 터를 닦은 사람이 제일 많이 고생을 한 셈이지만 결과가 좋지 않은 마당에 고생 운운하며 한국본사에다 좋은 보직을 달라고 할 수는 없다. 승진은 언감생심이다. 냉정하게 말해서 초창기 중국에 온 주재원들 중 90퍼센트는 이렇게 다 깨져서 고국에 돌아왔다고 보면 된다. 아주 운이 좋아야 본전치기하는 곳이 중국이다.

어쩌면 초기 주재원으로 나온 사람들은 3~4년 동안 마음고생 몸고생 하며 사업의 기초만 닦다가 간다고 봐야 한다. 중국에서 단기간에 수익을 내는 건 그처럼 어려운 일이다. 고생하며 일구어놓은 것은 알지만 본사입장에서는 하는 수 없는 일이다. 하지만 한국으로 발령을 받은 주재원은 이제야 조금 중국시장과 중국의 관시를 알 것만 같다. 조금만 더 시간이 주어진다면 그토록 바라던 흑자경영이 될 것만 같은데, 한국에서는 빨리 짐을 싸라 하고 후임자는 이미 결정이 나서 대기상태다. 아마도 이런 상황에서 중국현지에서 퇴사를 하고 아예 개인사업을 하는 사람들도 꽤 있을 것이다. 한국에 들어가봐야 승진이 되나 앞날의 보장이 있나?

중국땅에서의 성공이 어렵다고 하는 의미는 바로 이런 것에 있다. 중국직원들을 닦달한다고 되는 일도 아니고 중방측에 인간적으로 읍소한다고 되는 일도 아니기 때문이다. 아무리 호소를 하고 설득해도 바위처럼 꿈쩍도 않는 중국 사람 앞에서, 아무리 효율과 신속함을 강조해도 여전히 느림보로 걸어가는 중국직원들 앞에서 주재원들의 한숨은 깊어갈 수밖에 없다. 정신을 차려야 한다. 그러나 중국도 사람 사는 땅이다. 결국 하늘은 스스로 돕는 자를 돌보는 법이다. 피나는 노력과 치밀한 전략을 세워야 한다. 중국에 처음 왔을 때부터 정신을 바짝 차려야 한다. 그래서 중국주재원들에게는 처음 1년차 준비가 아주 중요하다.

앞서 말했지만 중국인과의 관시는 우리 몸에 빗대어 말하면 신체가 조금 이상할 때 먹는 아스피린 같은 것이다. 감기가 아주 심하게 들면 중국병원에서는 가능한 한 엉덩이에 맞는 주사를 처방하지 않는다. 대부분의 의사는 링거주사를 처방한다. 지방마다 다를 수는 있다. 아무튼 감기가 들어 병원엘 가도 링거를 맞는 데 최소 3시간 이상 간다. 몸의 증세에 따라 어떤 경우에는 약 한 번 처방으로 끝이 나지만 이렇듯 때로는 3~4시간 링거를 맞아야 할 때도 있다.

중국의 관시는 이런 속성과 같다. 주변 사람들과 관시를 잘해 놓으면 업무에 문제가 생겼을 때 쉽게 해결이 가능하다. 앞서 말했듯 한 알의 약이 되는 관시가 있고 때로는 링거역할을 해주는 관시도 있다. 비록 3시간 이상의 고통스런 주사를 맞는다 해도 병이 깊어지는 것보다는 낫지 않은가? 아스피린과 링거 같은 중국의 관시! 어느 것 하나 중요하지 않은 것이 없다.

다만, 그것이 대수술을 요하는 중병마저 감히 치료할 수 있다고 생각해서는 곤란하다. 중병이 들어 수술이 필요할 지경이라면 만 가지 관시가 필요없다. 수술대에 올라가야 하는 사람은 바로 본인이고 막대한 수술비용과 치료비도 고스란히 본인이 부담해야 한다. 한국회사가 치러야 하는 실패의 대가도 마찬가지다. 관시가 만병통치약이 아니라는 뜻이다. 무엇보다 먼저 기본적으로 자기몸을 튼튼히 해야 한다. 기본적인 시스템이 안정되고 잘 돌아가야 감기가 걸려도 극복이 된다.

그래서 주재원들의 관시는 앞과 뒤가 분명해야 한다. 무엇이 최고 중요한 관시이고 무엇이 덜 중요한 관시인지를 알아야 한다. 처음 중국으로 부임할 때 이런 원리를 알고 와야 한다. 모든 것이 다 그렇지만 사전 준비없이 타국 땅에 와서 벼락같이 성공한 예는 역사상 하나도 없다. 중국은 정글 같은 곳이다. 낮에는 그럭저럭 움직이는 듯해도 밤에는 수많은 사람들이 서로의 이익을 위해 관시맺기에 여념없는 곳이 중국이다. 아무 병에나 아스피린을 쓰면 안 된다. 내 몸의 상태를 먼저 알고 상대의 상태도 잘 알아야 한다. 그래서 필요할 때마다 적당한 약을 써야 하는 것이 관시원리다. 우선은 상대, 중국을 알아야 한다. 지피지기면 백전불패라는 중국고사가 괜히 나온 말이 아니다.

직원들이 단순하고 게으르게 보여도 그들과의 관시는 중요하고, 중방측과의 피나는 노력의 관시도 중요하다. 당장 아프다고 바로 수술실로 갈 수는 없기 때문이다. 굳이 결론이라고 할 수는 없겠지만 중국에서의 관시는 상대방의 의도를 미리 알아내는 데 있다고 봐야 한다. 상대가 왜 저럴까? 왜 중국직원들이 저럴까? 왜 중국의 관련기관은 저럴까? 이렇게 머리를 싸매고 고민한다면 그 사람의 관시는 아직 덜 여문 것이다. "왜 그럴까?"가 아니고 저사람이 나에게 요구하는 것이 무엇인지 아는 것이 제대로 된 관시다. 그래서 우리는 중국땅에서 '조조'와 친구가 되고 '제갈공명'의 지혜를 가져야 한다.

먼저 상대의 의중을 알고 전략을 짜는 일은 그리 어려운 것이 아니다. 조금만 밀고 당기다 협상하면 안 될 일도 없다. 그러기 위해서는 평소에 상대와 업무가 아닌 중국 특유의 관시를 맺어야 하고 그 관시를 계속 갈고 닦아야 한다. 어쩌면 그것이 주요업무일 수도 있다. 그 정도가 되어야 중국짬밥이 웬만큼 쌓이는 것이다. 모쪼록 지금도 중국의 험난한 정글과 황량한 벌판에서 전투를 치르고 있는 중국주재원들의 건투와 승리를 빈다. 주재원들이여 힘을 내라.

좋은 관시의 지름길, 중국어를 공부하고 중국인 속성부터 파악하라

중국에 와서 느낀 점은 성공한 기업의 대표일수록 초창기에
중국어를 열심히 배운다는 점이다. 그러나 실패한 사람일수록 중국어를
뒷전으로 미루는 습성이 있다. 중국사람들은 중국말을 잘하는
외국인을 아주 인상 깊게 본다. 대단하게 평가한다는 뜻이다.
중국어가 유창한 사람에게는 함부로 대하지 않는다.

많은 한국사람들이 중국어 앞에서 일찍 포기하는 모습을 본다. 관시를 맺고
싶고 중국친구와 어울려 교제도 하고 싶은데 항상 문제가 되는 것이 이 어려운
중국어다. 이웃집 중국친구가 친근하게 대해주어도 중국말이 안 되니 말을 할
수가 없다. 만약에 그 이웃집 남자가 시정부 공상국장이라고 한다면 한국사람
은 얼마나 좋은 기회를 놓치고 있는 것인가? 그렇다고 통역인을 주말과 휴일까
지 집으로 데려올 수는 없다.

그래서 중국에 왔으면 어떤 경우를 막론하고 중국어는 반드시 배워야 한다. 최소한 직원과 의사소통이 될 정도는 되어야 한다. 직원이 보고하는 내용의 핵심은 알아야 한다. 한국의 어느 주재원은 나이 50중반에 중국으로 왔다. 중국어를 할 줄 아는 것은 "니하오마?" 즉 "안녕하세요?"가 전부였다. 그런데 3개월 정도 지나서 만나보니 기본중국어를 아주 잘했다. 운전기사에게 물어보니 사무실에 늘 통역인을 옆에 두고 근무시간 틈틈이 중국어를 공부한다고 했다. 자기들도 무척 감동을 받았다고 했다. 시간을 별도로 낼 수 없는 상황이라 무조건 틈만 나면 5분이라도 통역인에게 중국어를 배우는 것이었다.

중국에 와서 느낀 점은 성공한 기업의 대표일수록 초창기에 중국어를 열심히 배운다는 점이다. 그러나 실패한 사람일수록 중국어를 뒷전으로 미루는 습성이 있다. 바빠 죽겠는데 언제 중국어공부를 하느냐가 그들의 명분이라면 명분이다. 무엇이 우선인지 잘 모르는 사람들이다. 중국에 와서 가장 중요한 것을 회사업무로 생각하기 때문이다. 그 사람 입장에서는 틀린 말이 아니지만 맞는 말도 아니다. 어느 날부터 자기가 바보취급을 당하고 있다는 사실도 모른다. 회사대표가 중국말을 모르는데 직원들이 어떻게 정확한 보고를 하겠는가.

중국사람들은 중국말을 잘하는 외국인을 아주 인상 깊게 본다. 대단하게 평가한다는 뜻이다. 중국어가 유창한 사람에게는 함부로 대하지 않는다. 중국사람들 자신도 중국어가 매우 어렵다는 것을 잘 안다. 오죽하면 중국인들이 죽기 전에 다 배우지 못하고 가는 것이 자기나라 말이라고 하지 않는가. 이런 어려운 중국어를 유창하게 하는 외국인을 어찌 존경(?)하지 않겠는가.

중국인들은 아주 속이 깊다. 그래서 가까운 사이일수록 은밀한 이야기를 한다. 때로는 둘이 앉아 아주 비밀스런 이야기도 해야 한다. 둘의 관계가 밀접하다는 의미다. 그런데 중국어가 안 되면 이런 접근이 안 된다. 통역인을 옆에 두고 금전이 오가거나 비싼 선물을 주는 것을 그들은 꺼려한다. 아주 부담스러워한다. 당연한 현상이다.

이런 상황이 되면 상대는 조금씩 거리를 둔다. 형식적인 관계 그 이상도 아니고 이하도 안 되는 것이다. 관시는 이렇게 형식적인 관계에서 나오는 것이 아니다. 좀 더 가까워야 하고 좀 더 친밀한 관계가 되어야 동원되는 것이다. 그런데 한국사람들은 중국에 오자마자 한국TV를 못 보면 죽는 줄 안다. 아내들은 연속극도 계속 봐야 한다. 아이들도 자기들이 좋아하는 프로그램을 봐야 한다. 온 가족이 중국에서 한국방송을 보는 재미에 빠진다. 그나마 집에 돌아와 공부를 할 수 있는 귀한 시간이 이렇게 흘러간다.

중국어 공부는 1주일에 한 번 선생님 데려다가 한두 시간 배우면 되는 것으로 안다. 중국의 관시가 저절로 찾아오는 것이 아닌 것처럼 중국어도 세월에 비례해서 저절로 되는 것이 아니다. 그래서 중국생활 5년동안 간단한 회화도 못하는 사람이 부지기수다. 너무 잘 하려다보니 그런 현상이 생길 수도 있다. 그러나 한국인 특유의 완벽주의가 중국어를 공부하고 사용하는 데는 아무런 도움이 안 된다. 외국인이 중국인 앞에서 자기 나름대로 열심히 중국어를 하면 그들도 다 알아듣는다. 오히려 그런 모습에서 상대인 우리를 더 좋아한다. 최소한 중국에서 생활하는 데 불편함은 없을 정도의 중국어를 구사해야 한다. 아파트 관리실에서 전기요금 통지서를 가져왔는데 도대체 이게 뭐냐고 하면 문제가 있다.

중국어는 반드시 넘어가야 할 산이고, 어차피 중국어가 안 되면 되는 일이 하나도 없다고 생각해야 한다. 아예 처음부터 그렇게 마음먹고 다부지게 덤벼야 한다. 3년 정도는 한국방송 모두 끄고 중국방송을 보아야 한다. 중국말이 힘들고 잘 안 되면 듣는 연습이라도 해야 한다. 더 좋고 더 튼튼한 중국관시를 원한다면 중국어는 필수적인 동시에 불가피한 요소라는 점을 명심해야 한다.

중국인의 보편적 속성부터 파악하라

중국에서 관시를 만드는 일은 아주 중요하다. 관시로 시작해서 관시로 끝난다는 중국사회에서 우리는 당연히 좋은 관시를 만들어야 한다. 물론 앞에서 말한 대로 관시가 전부는 아니다. 그래서도 안 된다. 그러나 어떤 경우가 되었건 중국사업에서 관시는 필수적이라 할 수 있다. 그런데 우리가 유의할 점은 관시라고 무턱대고 만들면 되는 것이 아님을 알아야 한다. 먼저 중국인의 속성과 실제 그들의 내면을 공부하는 것이 좋다는 뜻이다.

처음 만난 중국사람의 속을 알 수는 없다. 그러나 중국인들이 가지고 있는 공통적인 속성과 내면의 기질은 있을 것이다. 그들의 사고방식과 행동 그리고 치밀한 중국인의 성격을 미리 생각하면서 관시를 맺는 것은 중요하다. 내가 관시를 맺은 사람이 어느 순간에 나를 이용할 수도 있고, 그들 모두가 좋은 사람이라는 보장은 없기 때문이다. 누군가의 소개로 아니면 공적인 만남을 통해 관시를 맺은 상태이지 '좋은 중국친구'를 만난 것은 아니다.

내 나라 내 땅인 한국에서도 사업적인 관계에서 좋은 친구 한 명을 만나는 일이 얼마나 어려운데 낯선 타국의 밀림 같은 전쟁터에서 좋은 중국인친구를 만나는 것은 하늘의 뜻이 허락되어야 가능한 일이다. 그래서 중국인 속성을 먼저 이해하는 것은, 쉽게 말해서 구구단을 외우고 곱하기 수학문제로 들어가야 하는 것이지 구구단도 외우지 못하고 곱하기 문제 먼저 풀려고 덤비는 것은 아니라는 의미다.

내가 아는 중국사람은 성性이 펑彭씨인데 나이 40대 중반의 전형적인 장사꾼이자 머리가 아주 비상한 사람이다. 이사람뿐만 아니라 중국의 사업가들은 보편적으로 돈을 버는 방면에서는 일단 머리가 아주 좋다. 학력은 초등학교 졸업이 전부이나 일찍이 군대생활을 한 덕분에 신문기사는 대충 이해하는 정도다. 나는 이사람을 '뽈록이'라고 한다. 왜냐하면 크지도 않은 몸에 배만 뽈록하게 튀어나왔기 때문이다. 얼굴은 크고 두꺼우며 배가 불쑥 나온 형상은 여지없이 옛날의 우리 동화책에 나오던 비단장수 왕서방 이미지라고 보면 된다.

펑은 자기집 근처의 신축호텔을 눈여겨보다가 완공되자 호텔관계자에게 접근하여 호텔에서 지은 주변상가 건물을 임대하게 된다. 당장은 외지고 한가한 곳이지만 2~3년만 지나면 틀림없이 활성화된다는 확신이 있었기 때문이다. 중국인들은 이렇게 장기적 안목에서 투자를 잘 한다. 그리고 임대를 빨리 놔야 하는 외국계 호텔측과 기가 막힌 거래를 한다. 그것은 다름아닌 여러 개의 상가를 한꺼번에 임대하는 대신 임대료를 아주 낮게 그리고 장기적으로 유리하게 책정하는 방식이다.

이런 그의 전략에는 나름대로의 계획이 있었기 때문이다. 어차피 한 개의 상가를 임대해서 혼자 장사를 해봐야 전체적인 상가활성화에는 소용이 없는 일. 여러 개를 임대하여 동시에 오픈하면 다른 사람들도 틀림없이 입주할 거라는 예상을 한 것이었다. 중국사람들은 가능한 한 자기가 먼저 모험을 하려 들지 않는 속성이 있다. 어떤 경우이건 돌다리를 두드리며 간다. 그러나 한적한 곳에서 자기가 총대를 메고 영업손실을 감수하면서 직접 장사를 할 필요는 없다는 것이 그의 기본적인 생각이었다. 겨우 초등학교를 졸업한 중국인이라도 이렇게 상업적인 측면에서는 뛰어난 재주를 지니고 있다고 봐야 한다.

그래서 고안한 것이 한국식당을 유치하는 일이었다. 어리숙한 한국놈 한 명을 잡아서 우선 장사터를 닦게 한 후에 1년 정도의 시간이 지나 영업이 활성화되면 자기가 운영한다는 목표였다. 말이야 자기의 목표일지는 몰라도 한국사람 한 명을 희생양으로 삼는 계획이었다. 여기에 한국인인 내가 걸려든 것이었다. 내가 재수가 없어 걸려든 것은 아니다. 외람되지만 내가 멍청하고 바보 같아서 걸려든 것도 아니다. 중국인의 속성을 몰랐기 때문에 점점 깊이 빠져들어간 것이다.

펑씨는 우선 한국인을 찾기 위해 인근의 조선족이 운영하는 한국식당을 자주 갔다. 그리고 마침내 한국말을 하는 사람을 만나서 한국식당을 하고 싶은데 같이 할 사람을 소개해달라고 부탁했다. 계획대로 펑씨는 나를 만나 아주 각별한 예의를 갖추며 중국인 특유의 작업(?)을 시작했다. 요약하자면 "모든 투자는 내가 하겠다. 너는 영업만 해라. 그리고 이익은 반씩 나누자. 이사비용과 아파트임대료 일체를 모두 대주겠다" 이런 내용이었다.

　내 입장에서는 굳이 정색하며 마다할 제안은 아니었다. 마침 아내도 한국식당을 하고 싶었지만 경험이 없던 터라 어쩌면 그의 제안은 아주 행운(?)에 가까운 기회였다. 우선은 언뜻 생각해도 내가 손해날 일은 없었다. 투자를 안 하는 사람이 손해날 일이 무엇이 있겠는가? 식당할 장소에 가보니 아직은 외진 구석이라는 느낌도 있었지만 호텔이 성황리에 잘되는 듯했다. 호텔에 오는 손님과 한국사람들만 와도 손익분기는 될 듯싶었다. 어차피 투자도 안 하고 경험삼아 하는데 부담될 일도 없었다. 더구나 아파트임대료를 내주겠다고 약속했기에 우리부부가 생활비로 나가는 돈도 많지 않았다. 밥은 식당에서 먹고 잠은 그가 제공한 집에서 잔다면 다른 특별한 비용이 발생할 부분은 없었다. 중국인을 향한 단순한 생각이 어리석은 판단으로 변하는 순간이었다.

　나와 펑씨는 이런 상호신뢰(?)를 바탕으로 아주 빠르게 합의를 보고 일을 추진하기로 했다. 일단 결정이 되면 빠르게 움직이는 속성은 한국인이지 중국인은 아니다. 우리는 시작이 반이지만 중국사람들은 모든 일이 마무리가 되어야 그때부터 진짜가 시작된다. 그러니까 펑씨는 시작도 안 했는데 나는 벌써 반을 달려온 셈이었다. 역시 중국에서는 급하면 무조건 진다고 보면 된다. 참고로 중국사람들은 계약서에 관한 책임의식이 아주 희박하다. 우리는 보통 계약서에 날인하면 그것을 반드시 지켜야 된다고 생각하지만 이사람들의 관념은 다르다. 아무리 10장, 100장 계약을 해도 소용이 없다. 중국사람들의 계약서를 대하는 방식은 아주 단순하다. 자기에게 불리하면 언제든지 깨트리는 것이 그들의 계약서라고 보면 된다. 계약을 안 지킨다고 우리가 아무리 떠들어봐야 결국은 우리가 양보해야 하는 중국의 현실을 그들은 이미 다 알고 있기 때문이다.

　중국의 오랜 상거래관습이 계약서보다는 서로의 관시와 신의를 통해서 형성되어온 전통도 그 하나의 원인일 수도 있겠다. 어쨌든 중국사회는 법보다 지도

자의 말이 우선인 나라다. 그래서 우리는 중국인과의 계약서를 최종적인 마무리라고 믿으면 절대 안 된다. 나와 펑씨의 계약도 어느 날 휴지조각이 되는 현실이 되고 말았다. 펑씨는 계약서라는 것에 아무런 의미도 책임감도 없었다. 대부분이 그렇다고 보면 된다. 외국인이 어쩔 건가. 언제 법원가고, 언제 소송하고, 언제 승소해서 몇 푼의 배상을 언제 받는단 말인가. 그러나 우리가 계약을 어기면 문제가 된다. 웃기는 현실이지만 사실이 그렇다.

아무튼 나는 먼저 식당과 가까운 곳으로 이사를 했다. 펑씨가 소개한 아파트는 그런대로 괜찮았다. 기본적인 가구와 냉장고가 없었지만 그건 큰 문제가 아니라고 생각했다. 어차피 상대방이 임대료를 책임지고 제공해주는 집인데 한국인의 성격상 동업자에게 까다롭게 할 필요는 없는 노릇이었다. 미리 말하지만 이런 한국인의 장점인 인간적인 배려와 상대방을 존중하는 예의(?)는 중국 땅에서 대부분 배신감을 잉태하는 경우가 많다. 그후 펑씨는 자기의 작전대로 식당의 인테리어공사를 차일피일 미루기 시작했다. 한 달이면 된다는 공사는 한 달 반이 지나도록 시작도 안 하고 아파트임대료는 우선 나 보고 지불하라고 했다. 그런 후에 계속 공사를 재촉하는 나에게 자기 형이 지금 교도소에 잡혀가서 집안이 어수선하다는 핑계를 댔다. 참으로 묘하게 사람을 잡는 방법이었다. 한국인의 특성상 상대방 집안에 아주 안 좋은 일이 발생했다고 하면 예의상 일단은 참아주는 것이 도리다. 어쩔 수 없는 일이었다.

그리고 다시 한 달이 더 갔다. 인테리어공사는 이제 겨우 바닥을 깐 상황이었다. 목수는 1주일에 한 번 나오는 둥 마는 둥 도대체 작업의 진전이라고는 전혀 없었다. 나를 지치게 하려는 펑씨의 치밀한 작전이었다. 애시당초 그는 많이 투자할 돈도 없었고 그럴 마음도 없었다. 그사람의 입장에서는 장사가 잘 될지도 모르는 상황이었고, 만약에 내가 못하겠다고 자빠지면 자기는 한국식당을 할 처지도 형편도 안 되기 때문이었다. 이미 시간은 3개월을 지나고 있었다. 나는 식당준비 때문에 학교강의도 한 학기 쉰 상태였다. 더 이상은 참고 기다리는 데도 한계가 있었다. 이럴 쯤에 펑씨는 드디어 2단계 작전을 펼치기 시작했다. 나머지는 내가 투자해서 아예 도급방식으로 맡아서 다 운영하라는 제의였다. 이 또한 표면상으로는 결코 손해날 제안이 아니었다. 이사람을 믿다가는 어느 세월에 식당을 개업할지 모르는 마당에 차라리 속 편하게 내가 직접 나서서 인테리어 마무리를 후딱 하고 빨리 개업하는 것이 낫다는 어리석은(?)은 생각도 들었다.

결국 나는 그가 쳐놓은 그물에 한쪽 발이 빠진 것이었다. 식당은 시작되었지만 그다음 그의 작전은 영업집조(營業執照, 영업허가증)를 안 해주는 일이었다. 영업집조가 있어야 세금영수증을 발급해줄 것이 아닌가? 중국사람들은 보통 회사돈으로 밥을 먹는다. 개인이 1인당 몇만 원씩 하는 한국요리를 사먹을 수는 없다. 당연히 나는 영수증 때문에 많은 애로가 생겼다. 그런데 왜 그는 이렇게 영수증발급을 꺼리는 것이었을까? 쉽게 말해서 그는 자기이름이 어떤 경우에도 세무서에 등재되는 것이 싫었던 것이다. 그리고 내가 만의 하나 세금영수증을 터무니없이 발급하거나 그것을 남에게 팔았을 경우 자기에게 엄청난 불이익이 돌아오는 것을 의심했던 것이다. 물론 내 입장에서는 말도 안 되는 이야기고 소설 같은 내용이라고 해도 중국사람들은 그렇지 않다. 만의 하나를 반드시 의심하고 짚고 넘어가는 사람들이고, 그 만의 하나가 해결되지 않으면 결코 합의를 해주는 사람들이 아니다. 오죽하면 하늘이 무너질까봐 걱정했다는 중국의 고사가 있을까.

아무튼 나는 열심히 했지만 내가 펑씨에게 주어야 하는 임대료방식의 도급비용은 비쌌고 외진 골목이라 손님들은 우리식당이 아무리 맛이 있어도 몰라서 못 오는 경우가 허다했다. 그러나 무수한 시간을 투자하며 노력하고 애를 썼다. 중국인 펑씨는 아주 흐뭇한 표정으로 남몰래 식당을 관찰하며 영업이 잘 되느지를 살펴보고 있었다. 마침내 나의 각고의 순진한(?) 노력 끝에 장사가 잘 되기 시작한 1년쯤 되는 어느 날, 펑씨는 드디어 본색을 드러냈다. 말도 안 되는 이유를 들어가며 식당을 자기가 해야 한다는 주장을 했다. 어느 틈에 우리 주방 사람들까지 모두 포섭한 상태였다. 조선족 주방장도 중국사람이지 한국 사람이 아니었다. 물론 나는 그동안 쌓아온 관시를 동원해 그와 길고 지루한 싸움을 벌여야 했다. 변호사친구, 공안친구, 고위급친구, 공무원친구를 다 동 원하고 법정에도 가야 했다. 그러나 앞에서 언급했듯 중국인과의 관시는 아스 피린이나 링거 같은 역할을 할 뿐이지 결정적인 순간에는 모두 중국편이 된다 는 속성이 있다.

국가와 인민을 위한 중국의 모든 공무원들은 명백한 자국인의 위법행위 앞 에서도 결코 외국인의 손을 들어주지 않는다. 평소에 그토록 정성을 다해 키워 놓은 관시도 수술을 해야 할 때는 다 외면하고 돌아서는 것이다. 나 홀로 수술 실에 가야 한다는 뜻이다. 이래서 우리는 중국관시의 종결이 무엇인지를 알아 야 한다. 따라서 관시만 믿고 사업하면 망가진다는 말이 생긴 것이다.

어쩌면 위에서 겪은 나의 패전이야기는 우리 한국기업의 중국진출이나 실패 의 과정과 그 맥락이 같다고 보면 된다. 공장을 하는 사업가나 작은 규모의 장 사꾼이나 중국사람들의 접근방식은 대략 이런 식으로 진행된다. 극진한 접대 와 세심한 배려, 아주 낮은 자세의 고개숙임 그리고 역시 아주 좋은 조건의 합 작 내지는 투자조건과 밤마다 거창한 연회를 열어서 결코 배신하지 않을 것 같 은 우정과 신의를 다 보여주며 접근해서 일단 상대가 그물에 걸려드는 순간에 는 아주 천천히 작업을 하는 특성이 있다. 조금씩 뜨거워지는 물에서 우리는 죽어가는 줄도 모르고 버티고 있다고 봐야 한다. 중국사람들이 먼저 투자를 제 의하고 아주 좋은 조건을 제시하고 그래서 우리기업들은 나름대로 심사숙고해 서 중국으로 진출한 경우가 많을 것이다. 초기의 그들이 제시한 조건과 여러 계약내용만 보면 아무런 하자가 없다. 중국사람들이 이 정도로 무섭다는 뜻이 다. 우리가 1~2년 앞을 보면 이사람들은 5~10년 앞을 보며 간다.

나는 깨끗이 식당을 포기하고 말았다. 더 이상 안 되는 싸움을 해야 소용없는 노릇이었다. 그리고 많은 것을 잃었지만 한편으로 많은 것을 얻기도 했다. 어차피 중국에 와서 한 번은 치러야 할 전투였고 예상대로 지는 게임을 해야 했다. 결론적으로 중국의 전쟁터는 작은 식당을 하건 큰 기업을 하건 속성은 같다. 관시가 제 아무리 좋아도 중국사람들이 우리를 바라보는 목적은 상호협력이 아니다. 그래서 세상에는 공짜가 없는 법이다. 중국측에서 아무리 좋은 조건을 제시해도 그걸 믿으면 안 된다. 그 사람들이 왜 그렇게 좋은 조건을 제시할까. 잠시 이용하자는 전략이라고 보면 된다. 우리 돈을 이용해서 터를 닦고 잘 닦은 터를 자기들이 써먹자는 의도라고 보면 된다. 아마도 이런 피해사례는 중국땅에 너무나 많아 열거하기조차 힘들 것이다. 초창기 중국땅에 와서 고생만 하다가 쫓겨난 기업과 교민들은 많다. 새롭게 진출하는 많은 기업과 사람들에게는 중요하고 기본적인 '중국인에 대한 이해'가 되리라 생각한다.

다시 강조하지만 중국인과 관시를 맺기 전에 중국인에 대한 이해와 그들의 보편적 속성을 먼저 알아두는 것이 중요하다. 그런 후에 중국인과 관시를 맺는다면 한국인이 중국에서 맺은 관시가 어떤 성격인지 알게 될 것이다. 중국에서 정말로 공짜는 없다. 어떤 경우에도 우리에게 먼저 접근해오는 '아주 좋은 조건'은 무조건 피해야 한다. 세상에는 나에게 일방적으로 유리한 조건의 사업제안은 없다는 평범한 진리를 늘 가슴에 두고 살아야 한다. 더구나 여기는 그물이 촘촘하게 쳐 있는 중국땅이다. 그물을 피해야 잡혀 먹히지 않을 것 아닌가? 우리가 중국땅에서 만들어놓은 좋은 관시 덕분에 행운이 찾아오고 아주 좋은 사업거래가 형성되는 일은 없다. 관시는 관시일 뿐이다.

중국인 아줌마가 내게 원했던 '관시'

중국아줌마가 내게 원하는 관시는 분명한 목적이 있었다.
거의 1년의 시간을 두고 아줌마는 차근차근 멍청한(?) 한국인과의
관시를 이용하여 목적을 달성할 수 있었다.

　한국인들과 다른 외국인들이 중국에서 대화하다 보면 서로 공감하는 말이 있는데 그것은 바로 '중국사람들은 다 똑같다'는 말이다. 여기에는 여러 의미가 있을 수 있겠으나 앞에서 말했듯 중국인들은 일종의 보편적인 기질과 속성이 있다는 뜻이다. 우리가 중국땅에서 살아가면서 중국인을 안 만나고 살 수는 없다. 불가능한 이야기다. 중국인과 상대하려고 중국에 왔기 때문이다. 그래서 어쩔 수 없이 만나는 중국사람에게 상처도 받고 실망도 한다. 사람사는 세상에서 늘 존재하는 일이다. 그러나 중국사람이라고 해서 모두 나쁜 사람만 있는 것은 아니다. 좋은 사람들도 아주 많다. 인격적으로 훌륭한 학자와 인품이 좋

은 사업가 그리고 순진하고 마음이 어린애 같은 어른들도 많다.

한국사람들이 중국에 와서 사람을 사귀면서 먼저 느끼는 점이 의외로 순수하다는 점일 수도 있다. 틀린 이야기는 아니다. 아직도 지방도시에 사는 대부분의 사람들은 때묻지 않은 순수함을 지니고 있다. 한국사람이라고 하면 신기한 눈으로 바라보며 "어쩌면 한국사람이 그토록 중국말을 잘 하느냐"고 감탄도 한다. 그래봐야 한국인이 사용한 말은 '안녕하시냐'는 말과 '이 물건은 얼마냐'고 물어본 것이 전부다. 하지만 그런 인간적인 순수함과 그들의 보편적인 기질과는 차원이 다르다고 봐야 한다. 그래서 우리는 중국의 지방도시에 살고 있는 사람들을 상대할 때 별로 긴장하지 않는 경향이 있다.

그사람들의 촌스런 구석과 세련되지 않은 매너 그리고 대화에서 느껴지는 순수함 속에서 우리가 예상 못하는 고단수의 지략과 상술이 전개되리라고는 상상이 안 되기 때문이다. 그러나 중국인들은 시골사람이나 도시사람이나 장사에 관한 한 고도의 머리와 타고난 기질을 지닌 사람들이라고 생각해야 한다. 더구나 중국인들이 한국인에게 먼저 접근해서 친구가 되겠다고 하면 그 접근에는 반드시 목적이 있게 마련이다. 당연한 말이다.

어느 날엔가 어떤 중국인아줌마가 우리식당으로 나를 찾아왔다. 알고보니 예전부터 우리식당에 자주 오던 청년의 엄마라고 했다. 그청년은 한때 한국에서 유학을 했던 사람인데 생각만큼 한국어를 할 줄 몰랐다. 한국에 유학한 사람이 한국말을 아주 조금밖에 못하면 그사람은 일단 중국대학에 들어갈 실력이 안 되어 한국으로 도피성 유학을 갔거나 부모가 돈이 많거나 둘 중 하나인 경우가 많다. 마찬가지로 중국에서 유학한 한국청년이 중국어가 잘 안 되는 사람이라면 입장은 비슷하다고 봐야 한다. 영문과를 나온 대학졸업생이 영어를 할 줄 모른다고 하면 어떤 생각이 들까? 마찬가지 원리다. 아무튼 이 중국아줌마는 자동차 부품공장을 하는 사람인데 한국음식을 무척 좋아한다고 했다. 한국사람이 내 나라 음식을 좋아한다고 하는 중국사람에게 굳이 애를 쓰면서 나쁜 인상을 가질 필요는 없을 것이다. 나 또한 이 여자의 이런 접근에 일단은 다가가야 했다.

그리고 얼마 뒤 다시 찾아온 아줌마는 그 이후에도 수시로 찾아와 나와 관시를 맺으려 노력하는 듯했다. 선물을 사오고 몇 번이나 자기가 사는 도시에 놀러오라는 친절이 넘치는 권유를 했다. 마침 그 아줌마가 사는 곳에는 내가 평소에 가보고 싶었던 우당산武當山이 있었다. 중국에서 도교道敎가 발생한 근원지가 우당산이었다. 고속열차를 타고 3시간 반이면 달려갈 수 있었기에 나는 가족과 주변의 친구들을 데리고 모처럼 가을이 깊어가는 날에 우당산 여행을 감행하기로 했다. 중국아줌마가 그토록 나와의 관시를 바탕으로 초청하는데 기회라면 기회라고 생각했다. 주말을 이용해서 1박 2일 여행을 다녀온다고 해서 중국아줌마에게 큰 민폐를 끼칠 일도 아니었다. 우리돈 내고 우리가 자고 먹으면 되는 일이었다.

그러나 중국아줌마의 친절은 내가 보기에도 지나칠 정도로 감동을 주기에 충분했다. 최고급 호텔을 미리 예약해놓고 자기친구들을 대동하여 떡 벌어진 잔칫상을 준비하며 우리를 성심성의껏 대접해주었다. 이튿날 우당산을 올라가서 내려올 때까지 모든 경비를 자기가 부담해주었다. 물론 중국경험이 있는 나로서는 이런 지나친 친절은 뭔가 있다는 느낌이 오지 않을 수 없었지만 일단은 베풀어주는 접대를 마냥 의심의 눈으로 바라볼 수는 없는 노릇이었다. 그리고 다시 아줌마는 한 달에 한 번 정도로 우리식당엘 왔다. 받았으면 다시 돌려주는 것이 중국사람들의 방식인 만큼 나도 맛있는 한국음식을 대접했다. 그리고 자기가 소개하는 자동차부품 관련회사의 중역들과도 관시를 맺을 수 있었다. 이런 탐색의 시간이 6개월 정도 흘러갔다. 중국아줌마는 드디어 나에게 자기동네에다 함께 한국음식점을 만들자는 제안을 해왔다. 구체적인 접근이 시작된 것이었다. 어쨌든 한국사람 입장에서 중국사람이 한국식당을 한다고 하면 거절할 필요는 없는 일이다. 한국음식을 모르는 중국사람이 을이 되고 내가 갑이 될 수 있기 때문이다.

나는 결코 손해가 안 나는 철저한 갑의 입장에서 그사람의 제의를 수용하기로 했다. 그여자는 한동안 망설이다가 나의 제안을 모두 받아들였다. 그래서 나는 최종확인을 위해서 내 딸과 우리 주방장을 그곳으로 보내 위치와 여러 조사할 항목을 점검하라고 시켰다. 오랜 경험이 있는 주방장이 보는 눈과 내가 보는 안목은 다를 수가 있고 더구나 여러 식자재의 조달상황은 식당운영에 아주 중요하기 때문이었다. 하지만 이런 나의 합리적이고 철저한 행동에 오히려 문제가 있었다. 다름 아니라 아줌마는 자기동네로 내려온 우리주방장을 속칭 매수를 한 것이었다. 내가 느끼는 그들의 사람을 당기는 기술은 대단하다. 우리가 상상할 수 없는 소위 '뻥'을 치는 데 아주 능숙하다.

엄청난 규모의 식당과 엄청난 규모의 투자 그리고 주방장이 바라는 모든 것을 뛰어넘는 조건을 제시하며 그의 마음을 일거에 흔들어버린 것이다. 누구나 그렇듯 봉급을 받는 월급쟁이들의 꿈은 자기를 알아주는 사람에게 스카우트라는 것을 당했을 때 아주 기분이 들뜨고 좋은 법이다. 더구나 상상도 못한 급여와 기타조건을 제시하면 한 번쯤 흔들리는 것이 사람의 생리다. 나이가 젊은 주방장도 예외는 아니었다. 허구한 날 한국놈(?) 쳐다보다가는 어느 천 년에 집 한 칸 장만할까. 의리와 인간적인 정이 도대체 무슨 소용이 있단 말인가. 중국인의 속성상 이런 결심은 아주 신속하게 진행된다고 보면 된다. 약간의 갈등도 다소의 주저함도 없이 결심이 섰다면 틀린 말일까? 비단 중국사람들뿐일까? 그렇지만은 않을 것이다. 인간의 속성은 일정 부분에서 공통점이 있다. 우리주방장이 행운인지 불행인지 모르는 이런 사태를 만난 것이다. 그사람이 나빠서도 아니고 좋아서도 아니다. 그런 상황이 주어진 것뿐이다. 그 상황에서 주방장은 여느 사람처럼 세상의 부귀영화(?)를 택했을 뿐이다.

결과적으로 이런 주방장의 현지출장이라는 나의 선의는 중국아줌마에게는 더없이 좋은 기회가 되었던 것이다. 나중에 알고 보니 주방장은 예상보다 더 빠르고 민첩하게 이미 출장지에서 중국아줌마와 모든 이야기가 끝났던 것이다. 중국사람들은 다 똑같다는 말이 괜히 나온 것이 아니다. 그후 주방장의 역할은 간단했다. 내 식당에서 일은 하고 있었지만 마음은 그곳에 가 있었다. 하루 종일 전화를 붙잡고 중국아줌마와의 식당준비에 바쁜 세월을 보냈다. 나와 동업을 하자던 한국식당은 중국아줌마와 우리주방장과의 의기투합의 형태로 벌써 인테리어공사가 진행되고 있었다. 그리고 여러 주방기구들이 주방장의 전화지시에 의해 구매되고 있는 중이었다.

더 웃기는 이야기는 중국아줌마가 우리주방장과 아줌마까지 데려간 상황에서 내게 자기식당의 영업을 맡아 동업을 하자는 제의를 해왔다는 것이다. 지분을 준다는 뜻이었다. 알다시피 중국사람들이 지분을 주겠다는 의미는 잠시동안 너를 써먹은 후에 버리겠다는 뜻과 같다. 우리는 여러 중국인을 만나며 산다. 지난번에 만난 사람은 나를 실망시켰지만 이번에 만난 사람은 지난번과 달리 보일 수도 있다. 학식도 있고 모든 행동과 말에 품위도 있다. 예절이나 여러 생각하는 것이 다른 중국인과는 사뭇 다를 수도 있다. 그사람은 과연 다를까?

중국아줌마가 나를 자주 찾아오고 자기동네로 데려가서 극진한 접대를 했다고 해도 멀쩡한 식당주방장을 이런 식으로 데려갈 것이라고는 생각할 수 없을 것이다. 이것이 보통사람들의 상식이다. 하지만 그 아줌마가 내게 원했던 관시는 분명한 목적이 있었다. 거의 1년의 시간을 두고 아줌마는 차근차근 멍청한 (?) 한국인과의 관시를 이용하여 목적을 달성할 수 있었다.

중국아줌마가 나쁜 사람이었을까? 주방장이 나쁜 사람이었을까? 아니다. 그사람은 중국사람으로서 자기가 할 수 있는 일을 한 것뿐이다. 한국인을 이용해서 한국식당을 하려고 전략을 세우고 천천히 시간을 갖고 나와 관시를 맺은 것이다. 그사람 입장에서는 내게 다소 미안은 하겠지만 큰 잘못이 없다. 왜냐하면 중국에서는 그런 일이 아주 흔하디 흔하기 때문이다. 마침내 나와 중국아줌마의 관시는 역시 한국인의 패배로 끝나고 말았다. 이래서 중국인이 먼저 접근해오는 관시를 마냥 반겨서는 안 된다. 반기기는커녕 늘 조심해야 한다. 가급적이면 나와 상관없는 사람이 접근해오는 일에는 발을 딛지 않는 것이 상책이다.

중국인들의 친구관계

먼저 중국을 제대로 아는 자세와 중국인을 제대로 파악하는 것이 우선이다.
그러나 문제는 또 있다. 이런 중국인들의 방식과 문화가
각 지방마다 모두 조금씩 다르다는 것이다. 그래서 지역전문가가 필요하고
해당지역에 대한 연구가 필요하다.

언젠가 내가 살고 있는 도시에서 약 3시간 거리에 있는 형주荊州라는 곳에 다
녀온 적이 있다. 형주는 『삼국지』에 등장하는 유명한 곳이고 더군다나 형주성城
을 관우關羽 장군이 만들었다는 사실이 알려지면서 한국인들에게도 꽤나 인기
가 있는 곳이다. 그러나 가는 당일부터 다음날까지 비가 많이 오는 바람에 안
타깝게도 가보고 싶었던 고성古城은 보지도 못하고 돌아왔다. 더구나 잘 아는
중국 조선족친구가 그곳에서 한국음식점을 개업해서 그행사에 참석하느라 시
간이 촉박하기도 했다.

형주는 생각보다 작은 도시로 도심인구가 55만 정도이고 예로부터 중부 내륙지방의 면화綿花의 주요 생산단지다. 그래서인지 차를 타고 가면서 밖을 내다보니 면화밭이 많이 보였다. 같이 동행한 중국친구의 사전연락으로 형주에 사는 다른 친구들이 마중을 나오고 식당을 예약해놓는 등, 중국친구들의 따뜻한 배려와 안내 덕분에 이틀 밤을 그곳에서 즐겁게 보낼 수 있었다.

내 중국친구는 돈이 비교적 많은 편인데도 차를 몰고 다니는 것을 싫어한다. 차를 운전하다 보면 걷기가 싫어지고 그러다 보면 체중이 계속 늘어나 건강이 안 좋아진다고 생각한다. 확실히 중국인은 겉모습만으로는 평가하기 아주 어렵다는 것을 다시 한 번 느꼈다. 돈이 많다고 겉모습이 화려하거나 그런 것은 절대 아니다. 지방도시일수록 돈 많은 사람들의 자기관리는 철저하다. 그들은 절대로 있는 척을 하지 않는다. 집안에 현금을 수억씩 쌓아놓은 사람도 아주 평범한 복장으로 다닌다. 건강을 위해서 자전거를 타거나 걸어다닌다. 조금 심하게 표현하자면 '무서운 사람들'이다.

중국인들의 일명 '관시'는 매우 중요하다. 친구나 동료끼리 맺고 있는 서로의 인간관계를 아주 중요하게 생각한다. 우리와는 그 깊이와 성격이 다르다. 나는 이번 여행길에서 그런 중국인들의 인간관계의 단면을 아주 인상 깊게 볼 수 있었다. 중국인들은 친구가 멀리서 오면 식사부터 숙소 그리고 안마 등의 모든 편의를 현지의 친구들이 베푼다. 이런 것이 일종의 관례인 듯하다. 단돈 10원을 쓸 일이 없다. 물론 서로가 상호 그럴 만한 신세를 지기도 하고 받기도 했을 것이다. 그러나 이들의 손님접대는 아주 유별나고 사려 깊고 친절하다.

자기친구의 체면을 생각해서 그가 데려온 나에게 베푸는 친절과 배려는 감동스러울 정도였다. 한마디로 말해서 친구가 찾아오면 자기의 모든 시간과 물질을 동원하여 정성스럽게 대접한다. 이러면서 서로에게 신뢰를 주고 깊은 의리를 쌓아가는 것인지도 모른다. 이런 관계가 어느 날 정말 상대의 도움이 필요할 때에는 유감없이 발휘된다. 발벗고 도와준다는 의미다.

그래서 돈이 없는 일반인들은 아무리 좋은 '관시'를 맺으려 해도 안 된다. 경제적인 여유가 있어야 그런 관시도 생기는 것이다. 중국도 이제는 옛날과 달리 그런 경향이 많다. 물질적인 풍요가 가져다준 현상이다. 그럼에도 불구하고 중국인들은 옛날에 같이 근무했던 동료를 결코 외면하지 않는 좋은 문화가 있다. 아무리 지위가 높다 하여도 옛날에 함께 고생한 동지가 비록 허름한 모습으로 찾아오더라도 반갑게 맞이하며 도움을 준다. 다만 그러한 행위는 찾아온 동지를 위해서가 아니라 자기인격을 주변에 알리는 성격에 가깝다. 이렇게 함으로써 주변사람들에게 자기의 우정과 의리가 이 정도로 건재하다는 것을 보여주기도 하고 자신의 인품이 남다르다는 것을 과시하기도 한다. 아무튼 지역원로와 옛친구를 절대 무시하지 않는 사회적 문화가 중국에는 있다.

다만 보통의 일반적인 관시에서는 자기가 상대하는 사람도 그럴 만한 능력이 있어야 한다. 어느 날 상대가 아무런 효용가치가 없다고 판단되면 그런 끈끈한 유대관계는 사라진다. 철저하게 주고받는 방식이다. 특별히 공무원의 경우 아무리 힘이 좋던 사람도 일단 현직에서 옷을 벗으면 바로 그 가치는 끝난다. 중국말로 하자면 '완러完了!' 끝났다는 뜻이다.

이렇게 중국인들의 인간관계를 형성하는 주요원인 중 하나는 중국의 넓은 땅덩어리가 한몫한다. 중국은 세계적인 인구를 자랑하는 엄청 큰 나라이다. 제아무리 난다 긴다 해도 이 넓은 땅을 어찌 알 것이며 자기지역을 벗어난 곳의 사정을 모두 알 수도 없는 노릇이다. 그런 이유로 여러 지역에 아는 사람이나 친구들을 많이 가지고 있다는 것은 엄청난 자산이고 힘이 된다. 그래서 내 지역에 한번 다니러오는 사람에게 지극정성을 다한다. 언젠가는 이사람이 필요할 것이라는 생각 때문이다. 치밀한 계산에 의해 그사람에 대한 대접의 수위도 달라지는 것이다.

첫날에는 호텔을 잡아주던 현지 중국친구가 이튿날에는 자기집으로 데리고 갔다. 나야 당연히 호텔이 편하지만 하는 수 없이 따라가야 했다. 이것이 예의

이다. 중국인은 웬만한 사이가 아니면 자기집에 손님을 재우지 않는다. 내 친구와 그 중국인 사이의 관시가 보통이 넘는다는 것을 보여주는 일이었다. 그러면서 밤새 나를 한번 관찰해보는 것이다. 눈여겨본다는 뜻이다. 서서히 파악을 하며 나에 대한 앞으로의 상대(관시) 수위를 평가한다.

　중국인들은 이런 그들만의 방법을 동원하여 상대를 일차로 평가한다. 그리고 이사람이 과연 장래에 나에게 얼마만큼의 효용가치가 있을 것인가 저울질하며 장고長考를 한다. 이렇게 여러 차례에 걸쳐 확인하는 과정 속에서 그들은 비로소 자기마음과 사업에 관해 구체적인 제시를 한다. 그러나 그것 또한 본격적인 것은 아니다. 다시 시작해야 하는 관문이 아직도 많이 있다. 이런 문화와 인간관계의 특성이 존재하는 것이 중국이고 중국인이다. 중국에 달려와서 바로 사업계획서 제출하고 계약하여 일을 진행한다는 계획은 애당초 잘못된 방식이다. 백 번이면 백 번 다 망가질 수 있는 방식이 바로 중국과 중국인을 모르고 덤비는 일이다. '천천히'라는 뜻의 '만만디慢慢的'는 단순히 느리다는 의미가 결코 아니다. 오히려 철저하다는 의미에 가깝다.

　먼저 중국을 제대로 아는 자세와 중국인을 제대로 파악하는 것이 우선이다. 그러나 문제는 또 있다. 이런 중국인들의 방식과 문화가 각지방마다 모두 조금씩 다르다는 것이다. 그래서 지역전문가가 필요하고 해당지역에 대한 연구가 필요하다. 넓은 중국대륙을 향한 열정이 우리를 늘 들뜨게 만든다. 그러나 성공의 문은 그리 쉽게 열리지 않는다. 준비와 점검이라는 사전작업이 필요하다.

중국인의 접대문화

사업을 잘하고 성공한 중국인들은 거의가 음식접대의 명수名手라 해도
과언이 아니다. 비록 차려입은 옷은 세련된 양복이 아니고
조금은 누추해보여도 하나같이 음식접대만큼은 참으로 잘하는 사람들이다.
보통선수가 아니다.

　중국에 와서 하세월이 지나갔다. 생각해보니 처음 1년은 얼떨결에 지난 듯하
고 그 다음 2년차에는 비로소 중국어의 필요성을 절감하고 3년차에는 제법 중
국을 안다는 교만으로 아는 척하고 4년차에는 아, 중국을 좀 더 깊이 공부해야
하는구나! 이런 생각을 해보고 5년차 이후부터는 정말로 나는 중국에 대하여
아무것도 모른다는 자책감이 밀려왔다. 중국은 그만큼 알면 알수록 모르는 것
이 더 많이 생기는 나라다. 먹고살기 바쁘다보니 중국공부는 늘 뒷전이다. 어
찌 이 큰 대륙을 웬만한 정도의 세월과 경력으로 알 수 있으랴.

알다시피 중국인은 먹는 것에 유별나게 관심이 많다. 어쩌면 당연한 거다. 먹는 것에 관심이 없는 사람과 민족은 이 지구상에 없다. 생존이고 본능이기 때문이다. 그러나 중국인의 먹는 사랑과 음식문화는 땅이 넓은 만큼이나 유별나고 다채롭고 재미있다. 어떤 이는 "중국인은 맨날 먹고 마시는 것이 전부인 듯하다. 일은 도대체 언제 하는지 모르겠다"고 말한다. 글쎄, 맞는다면 표면적으로는 맞는 말일 수도 있으나 다른 어떤 사람은 이렇게 대답한다. "중국에서 먹는 일이 얼마나 중요한데." 그렇다. 중국사업은 먹는 것으로 출발해서 먹는 것으로 진행된다. 심하게 과장된 표현이 아니다. 먹고 마시는 것이 사업이고 인간관계이기 때문이다. 밥을 굶어(?)가며 열심히 일을 하는 한국사람들에게는 다소 이해가 안 가는 측면도 있을 것이다.

중국인이 사람을 초대할 때 보면 초대받는 사람의 등급을 대충 알 수 있다. 차량을 대기시켜 고급음식점으로 안내하고 그야말로 맛있고 고급스런 음식이 나오면 그사람은 1등급 손님이다. 이런 손님에게는 식사 후에 아주 좋은 선물도 주어진다. 보통의 손님정도라면 말 그대로 보통의 음식점으로 초대된다. 음식도 그 식당의 중저가가 등장한다. 그런데 어느 날 중국친구가 밥을 먹자고 하면서 보통사람들이 드나드는 곳으로 안내하면 초대받은 사람의 효용가치는 거의 없다고 봐야 한다. '별 볼일이 없는 놈'으로 전락했다는 뜻이다. 나도 이런 높고 낮음의 부침浮沈을 많이 겪어보았다.

처음과 중간과 나중의 음식초대 수준을 잘 보고 상대방의 의중과 나에 대한 가치판단의 정도를 잘 판단해야 하는 것이 중국의 비즈니스다. 농자차이農家菜나 간단하게 먹자고 하는 사람에게 무슨 큰 사업상의 도움이나 협력을 바라서는 안 된다. 이미 상대는 나를 우습게 보고 있는 중이다. 더 이상 만나지 않는 편이 좋다. 중국인의 접대는 비단 좋은 음식에 국한되는 것만이 아니다. 얼마나 상대방을 잘 배려하고 사람을 감동시키는지 모른다. 확실히 한국의 접대문화와는 차이가 난다. 한국의 사업적인 만남은 내용을 더 중시하는 경향이 있다. 실무자가 먼저 상대회사를 파악하고 자체토의를 하고 심사하고 설혹 중간에 점심 한 끼라도 먹자는 제의는 실례가 되고 불법(?)이 된다. 그후에 최종결정이 나면 비로소 형식적이나마 식사를 대접하고 대접받는다. 그런 내용 중심의 사업과 객관적이고 냉정한 상대평가가 오늘날 한국의 가계와 기업에 엄청난 부채를 초래했는지는 잘 모르겠다.

내가 아는 어느 중국인은 사람은 좋은데 접대를 잘 못해 인심을 못 얻는 경우다. 점심을 먹자고 청해놓고는 모처럼 시간을 내서 찾아간 사람에게 쓰레기가 난무한 골목의 허름한 식당으로 데리고 간다. 아니, 내가 먼저 밥을 먹자고 했나? 자기가 밥먹자고 하고서 이런 곳으로 데리고 가면 일단은 기분이 영 그렇다. 아무리 친한 사이라 해도 이건 예의가 아니다. 다음부터는 그사람이 제아무리 좋은 곳에서 밥을 먹자고 해도 갈 마음이 없어진다. 밥 사고 욕먹는 경우가 이런 것이다.

그런데 다른 어떤 사람은 저렴한 곳에서 편하게 밥을 먹어도 꼭 내가 좋아하는 만두집으로 데리고 간다. 내가 만두를 좋아해서 이곳으로 정했다고 한다. 값은 싸고 음식점은 허름해도 상대방의 배려에 감사한 마음이 든다. 비싸고 좋은 음식만이 배려와 접대의 전부는 아니다. 중국인에게 한국사람들이 웬만하면 당하는 것이 어쩌면 그들의 접대문화에 쉽게 감동을 받기 때문은 아닐까? 이런 생각을 개인적으로 해본 적이 많다. 제대로 된 중국인의 접대를 받아본 사람은 아마 나와 같은 생각을 할지도 모른다. 처음부터 끝까지 정말로 사람의 마음과 입맛을 충족시켜주는 접대를 받고 어찌 그사람의 제의를 거절할 수 있단 말인가. 더구나 한국사람처럼 대접받는 것을 좋아하는 사람들이 또 있을까.

내가 중국에 살며 경험해본 바로는 진짜로 한국사람들은 대접받기를 좋아하는 것 같다. 만나는 한국인 한 사람 한 사람에게 결코 소홀해서는 안 된다. 약간이라도 자기자신이 대접을 못 받았다는 생각을 하면 바로 다음부터는 어떤 모임에도 참석하지 않는다. 대단한 자만심이다. 문제는 이렇게 대접받기를 좋아하는 사람이 왜 남들에게는 대접을 못하냐는 것이다. 받기를 좋아하고 주기를 꺼려한다면 중국에서의 관시는 물 건너갔다고 봐야 한다.

흔히 한국인들은 예의바르고 정이 많다고 한다. 그러나 예의와 정은 사업에 있어서 필요조건은 되지만 충분조건은 안 된다. 사업상대를 한 방에 정신 못 차리게 하고 마음에 진정으로 감동을 주는 필살의 그 무언가가 비즈니스 세계에서는 있어야 한다. 정신없이 받아먹은 사람이 지는 것이다. 감동을 준 사람이 이기는 원리다. 어쩌면 접대를 하며 상대인 우리를 감동시키는 방법은 실무적인 사업협상보다 더 치밀한 사업전략일 수도 있다. 중국인이 왜 우리를 그렇게 감동시키고 접대를 잘 하나? 우리가 인격적으로 훌륭하고 예의가 밝아서가 아니다. 한국이 중국보다 더 잘살기 때문이라고 생각하면 오산도 무척 큰 오산이다.

중국인은 먼저 상대를 접대할 때 약 1주일 전에 사전약속을 정한다. 그리고 음식점을 선택하고 만찬을 같이할 사람을 고른다. 차량의 배치부터 마무리까지 담당을 정하고 손님을 맞이하는 순간부터 마중하고 다시 귀가차량을 운전하는 운전자까지 교육을 시킨다. 실무자는 먼저 음식점에 도착하여 예약된 방을 점검하고 주차장과 화장실 등의 위치를 파악한다. 지배인을 불러서 오늘 누가 오고, 그래서 종업원은 가능한 한 경력이 있는 사람으로 배치하고 음식은 신선한 것으로 달라고 특별히 주문한다. 술자리에서는 설사 초대한 사람이 술을 못 하더라도 옆자리에 선수(?)를 배치하여 거들게 하고, 다시 우측에는 '손님담당'을 배치하여 그의 일거수일투족을 관찰하며 음식과 술을 권하고 따라준다.

한국손님이 좋아하는 중국음식을 연구하여 주문하는 것은 당연한 일이다. 어쩌다 손님이 밖으로 나가면 중국담당(?)은 손님이 혹시 무슨 불편이 있나 하고 반드시 뒤따라 나와서 안내를 한다. 한 치의 빈틈도, 소홀함도 없다. 손님이 담배를 피운다면 무슨 종류인지, 바이주白酒는 마시는지, 포도주紅酒를 좋아하는지, 술을 못하는 사람인지를 알아보고 최고급으로 준비한다. 같이 배석한 사람들이 순번으로 다가와 최대의 경의를 표하며 한잔 술을 권하고 이따금 좋은 음식에 대한 설명도 하며 마시는 술이 아무리 고급이라도 절대 술이 모자라지 않게 배려한다. 돌아오는 차량까지 나와서 문을 열어주고 차가 멀리 사라질 때까지 배웅한다. 차량 운전자는 손님의 자택위치를 미리 파악하여 술에 취해서 잠든 사람에게 주소가 어디냐고 귀찮게 물어보는 실례를 범하지 않는다. 우리는 이런 감동어린 대접을 중국인손님에게 해본 적이 있는가.

감동은 차치하고 접대받는 자리에서 실수를 한 적은 없을까? 식사가 다 나오기도 전에 밥을 달라 하고 젓가락을 그릇 위에 올려놓기도 하고 물고기를 훌렁 뒤집어먹기도 하고 중국음식은 기름이 너무 많다는 등, 어쩌고저쩌고 한 적은 없을까? 모르면 실수를 한다고 하지만 중국땅에 접대받으러 온 사람이 아니라 전투를 위해서 왔다면 이건 좀 곤란하다. 물론 중국문화를 몰라서 저지른 실수지만 상대에게 중국에 대해서 아직 한참 모른다는 약점을 보여준 것은 사실이다. 모르는 만큼 당해야 하고 수업료를 내야 하는 곳이 중국이다. 참고로 중국인이 초대한 식사자리에서 밥부터 먼저 달라고 하는 것은 "당신이 시킨 음식이 별로 마음에 안 드니 밥이나 먼저 달라"고 하는 뜻으로 받아들이기 때문에 특별히 조심해야 한다. 밥과 음식이 같이 나오는 한국과는 문화가 다르다.

물론 중국인 누구나 이런 식의 접대를 할 줄 아는 것은 아니다. 역시 사업을 크게 하는 사람, 고위공직자, 대기업체가 이런 접대를 한다. 접대실력이 상대의 신분과 규모와 비례한다. 이것도 실력이다. 사업을 잘하고 성공한 중국인들은 거의가 음식접대의 명수名手라 해도 과언이 아니다. 비록 차려입은 옷은 세련된 양복이 아니고 조금은 누추해 보여도 하나같이 음식접대만큼은 참으로 잘하는 사람들이다. 보통선수가 아니다. 성공할 만도 하다는 생각을 갖게 해준다.

중국인들 통큰 것은 누구나 아는 사실이지만 실제로 한 끼 대접에 중국돈 1만 위안(약 180만 원) 정도를 지불하는 모습을 보면 나도 모르게 자신이 초라하게 느껴진다. 아, 내가 이사람에게 이토록 잘 대접을 받았단 말인가! 그렇다고 상대가 교만하거나 거만하여 얻어먹고 기분이 나쁜 것이 아니다. 감동마저 준 접대에 무슨 소린가. 우스갯말로 한국중소기업 주재원들의 스트레스 중 하나가 접대비결산이라 한다. 한국돈으로 환산하면 한 갑에 3만 원 내지 2만 원 하는 담뱃값을 한국본사의 재무팀에서 이해할 수 있겠는가. 간단히 점심 한 번 먹었는데 무슨 50만 원(중국돈으로 약 3천 위안)이나 하나? 점심에 무슨 술을 이리 많이 먹었나? 이렇게 대낮에 술을 먹고도 이사람들은 회사에서 안 잘리나? 이런 식으로 중국을 모르는 본사직원이 따지고 덤비면 할 말이 없는 거다. 중국에서 한국돈 10만 원 정도면 실컷 먹고 대접할 수 있지 않겠나 하는 사람들이 있다면 중국을 몰라도 한참 모르는 사람들이다. 오히려 한국보다 접대비용이 더 들어간다면 틀린 말일까? 아니다. 중국의 접대비용은 아주 많이 들어간다.

언젠가 나를 저녁에 초대한 중국인은 같은 시간에 세 개의 방을 오가며 접대를 하고 있었다. 그러나 나는 그사람이 늘 옆에 있는 듯했고, 그의 부재를 전혀 눈치채지 못하고 너무나 잘 먹고 잘 놀았다. 접대의 달인達人을 만난 듯했다. 반면에 어쩌다 한국식당에서 중국인을 접대하는 한국인을 본다. 식당에 찾아온 한국인은 자기의 대단한 위세를 과시하려는 듯 먼저 주인부터 찾고 난리를 친다. 그러면서 메뉴판을 중국인에게 들이댄다. "당신 뭐 먹을래?" 중국인이 한국음식을 알 리가 없다. 살짝 입가에 미소가 흐르는 한국인의 머릿속에는 "네놈이 한국음식을 먹어나 봤나?" 이런 아주 위험하고 야무진 생각도 스친다. 그런 다음에 한국사람들끼리 이것저것 자기들이 좋아하는 음식을 잔뜩 시키고 "왜 안 먹나?" 물어본다. "이게 얼마나 한국사람들이 좋아하는 음식인 줄 알아?" 이미 접대의 정성스런 마음은 사라지고 중국인의 기분도 별로가 된다. 접대를 하러 온 자린지 한국인 회식자리에 중국사람을 끼워넣은 건지 분간이 안 되는 상황이 벌어진다.

중국에 사는 한국인들의 접대문화에도 변화가 있었으면 좋겠다. 내 회사의 좋은 제품과 그 우수함을 열심히 홍보하고 내 인격의 고귀함(?)을 드러내는 영업도 좋고, 중국직원들에 대한 철저한 교육과 훌륭한 시스템도 좋지만 사업상대를 제대로 한번 접대해보는 것도 좋을 듯하다. 음식접대가 아닌 사업의 일환으로 말이다. 온 시스템을 다 동원하여 그사람의 식성을 파악하고 음식점을 선정하고 선물을 준비하고 온갖 정성을 들여서 마무리까지 죽기살기(?)로 잘 접대해보고, 그런 후에 사업에 대한 부탁을 겸손하고 진지하게 해보면 안 될까.

왜냐하면 중국에서의 음식접대는 더 이상 그런저런 한국음식점에서 삼겹살 한두 접시와 갈비 몇 대 시켜놓고 한국음식 자랑이나 하며 된장찌개에 밥 한 그릇 같이 먹는 것이 아니라 사업실전의 현장이고 최대의 승부처이자 마무리 작업공간이기 때문이다. 그러나 안타깝게도 나는 우리 한국인들이 정성스럽게 중국인을 접대하는 모습을 아직까지 보지 못했다. 아내가 한국식당을 운영하다보니 여러 손님들의 모습을 볼 기회가 많다. 역시 중국인들은 예외없이 한국인을 접대할 때면 회사직원이 먼저 와서 자리를 점검하고 음식종류를 파악하고 준비한다. 술은 어떤 종류가 있으며 초대하는 한국사람은 대체로 이 식당에서 무엇을 좋아하는지 물어본다.

그러나 한국인들이 이렇게 먼저 와서 준비하는 모습은 한 번도 본 적이 없다. 어떤 때는 오히려 초대한 한국인이 늦게 오는 경우도 있다. 그리고 대충 자기가 좋아하는 음식을 주문한다. 설사 한국인의 입장이 갑의 입장이고 중국인이 을의 입장이라 해도 이건 아니다. 이래서는 중국에서 사업하기가 힘들어진다. 당장에는 상대가 을이라 해도 그사람의 친구와 친지 그리고 부모가 아주 높은 자리에 있지 말라는 법은 없다. 이왕에 초대를 했다면 을이건 갑이건 최대의 성의를 표시하며 정성스럽게 대접하여 상대를 감동시키는 것이 중요하다. 어차피 낼 돈을 감동과 정성을 합해서 주면 상대는 언젠가 아주 큰 협력자가 될 것이다. 중국의 접대는 이렇게 문화인 동시에 사업의 커다란 골격을 이루는 매우 중요한 일이기도 하다.

관시의 실체는 무엇인가

어떤 경우가 되었건 우리는 중국땅에서 중국인을 이해하고 넘어가야 한다.
왜 저럴까? 고민하고 생각하다가는 하루도 살 수가 없다.
배신감과 고통스런 실패도 중국인들의 탓으로 돌리는 순간
우리가 중국땅에서 살아야 할 이유는 없어진다.

앞에서 우리는 중국관시의 여러 면을 살펴보았다. 아울러 중국사람들의 친
구관계와 접대문화의 단면을 보기도 했다. 그렇다면 중국관시의 실체는 무엇
이고 결론은 무엇일까? 험난한 중국시장에서 우리가 살아가며 사업을 하고 장
사를 해야 하는 상황에서 중국인과 다방면에 걸친 관시를 아주 명쾌하고 시원
하게 결론내릴 수 있는 말은 없을 것이다. 다만 그동안의 오랜 경험과 중국생
활을 바탕으로 나름대로 이유 있고 설득력 있는 결론을 도출할 수는 있다. 쉽
게 말해서 중국관시는 우리가 두 가지 측면에서 봐야 한다. 하나는 그들의 문

화적 측면이고, 다른 하나는 우리와 중국사람과의 측면이다.

중국에서는 그들 나름의 독특한 관시문화가 분명 오랜 세월동안 존재해왔다. 그들 고유의 실존적 문화다. 그러나 우리가 중국인과 맺는 관시는 중국인끼리 형성된 관시문화와는 다소 성격이 다르다. 물론 문화적인 배경을 통해서 그들의 관시를 이해하고 전통을 면밀하게 관찰하고 배우는 것은 좋은 일이다. 하지만 우리가 중국인과 맺는 관시는 그들끼리 맺는 관시와는 근본적으로 다르다는 것을 먼저 알아야 한다. 결국 우리는 갑이 아닌 철저한 을의 입장에서 우리 스스로 관시를 만들어야 한다.

중국인들이 우리에게 필요로 하는 관시는 거의 없다. 서로에게 끈끈한 유대감과 돈독한 관계를 만들어주는 중국인들끼리 맺는 관시와는 이 점에서 차원이 다르다. 좀 더 솔직하게 표현하면 우리의 관시는 그들이 생각하는 관시와 달리 순전히 우리가 필요해서 만들어놓은 억지 관시일 수도 있다. 중국사람들이 이 점을 모른다고 보면 큰 오산이다. 쉽게 말해 우리가 필요해서 약국에서 돈 주고 사다놓은 것과 비슷하다.

중국사람들이 우리에게 거저 준 것이 아니다. 우리가 중국에 살면서 준비해놓은 상비약과 같은 존재다. 그런데 약은 약방에서 거저 주겠는가. 돈을 내야 한다. 세상에는 공짜가 없기 때문이다. 약을 다 먹어서 없다면 다시 사다놓아야 아플 때 금방 먹을 수 있다. 약이 떨어졌는데도 결코 나는 당분간 아프지 않을 거라고 생각해서는 곤란하다. 감기가 언제 예고하고 찾아온단 말인가. 중국사람들이 우리 보고 감기 걸리지 말라고 한 적 없고, 더구나 감기에 걸리면 무슨 약을 먹으라고 한 적도 없다. 중국관시는 아플 때 먹어야 하는 약이지 건강하면 굳이 먹지 않아도 되는 존재다.

중국땅에서 우리의 관시는 출발부터 이런 성격이 있다. 그래서 우리는 가능한 한 중국사람들을 사랑하고 중국을 좋아해야 한다. 설사 중국땅에서 엄청난 피해를 입었다고 해도 사랑해야 한다. 가슴에는 아직도 치유되지 않은 상처를 안고 살아도 최소한 겉으로는 그들을 사랑하고, 가능한 한 먼저 손을 내밀고 먼저 베풀어야 한다. 중국땅에 사는 한 이런 기본적인 태도와 마음가짐은 아주 중요하다. 왜 그런가? 달리 방법이 없기 때문이다. 아무리 애를 쓰며 생각해도 우리에게는 다른 방도가 없다. 웃기는 이야기로 들리겠지만 사실이 그렇다.

언젠가 주중대사를 역임한 김하중씨가 그런 말을 한 적 있다. 다름 아닌, 중국인을 사랑하라는 말이었다. 중국전문가로서 최고의 결론을 낸 말이다. 어떤 경우가 되었건 우리는 중국땅에서 중국인을 이해하고 넘어가야 한다. 왜 저럴까? 고민하고 생각하다가는 하루도 살 수가 없다. 배신감과 고통스런 실패도 중국인들의 탓으로 돌리는 순간 우리가 중국땅에서 살아야 할 이유는 없어진다. 중국사람들이 원래부터 나빠서인가? 아니다. 반복해서 말하지만 중국도 사람사는 곳이다. 원래부터 나쁜 중국사람은 없다. 좋은 사람들이 아주 많은 곳이 중국일 수도 있다. 알고 보면 중국인들의 장점은 아주 많다. 우리가 반드시 중국에 와서 그들에게 배워야 할 점은 그래서 무수히 많다. 그사람들의 관점에서 보면 우리가 나쁜 중국인에게 피해를 입은 것이 아니다. 그저 잘 몰라서 결과가 나쁘게 나온 것뿐이다. 이런 표현이 억울한가?

우리가 일방적으로 당했다는 표현에는 모순이 있다. 중국사람과 중국시장을 상대로 돈 벌려고 온 사람들이 다 성공하라는 법은 없다. 나 또한 중국사람에게 많이 당하고 피해를 입었다. 그러나 냉정하게 생각하면 그사람들의 잘못은 없다. 모든 것이 내 능력의 부족이었다. 원망도 상처도 다 부질없는 일이다. 누가 누구를 원망한단 말인가. 인간적으로 아주 질 나쁜 중국사람을 만나 당했다는 말도 틀린 것이다.

생각해보면 처음 만날 당시부터 인간성이 나빴던 중국인은 여태 한 명도 없었다. 누군가를 만나는 일은 자의적인 내 힘으로 되는 것이 아니다. 13억 중국인 중에서 내가 만난 사람들은 어쨌든 인연이 있어 만난 것이다. 처음부터 관계가 나쁜 인연은 세상에 없다. 중국땅에서 실패한 사업을 중국사람 탓으로 돌리는 것은 어리석은 생각이다. 모두가 내 탓이라고 봐야 한다. 때문에 더욱 중국을 알아야 하고 공부해야 한다. 한 번의 실패가 전부일 수는 없기 때문이다. 중국에서 성공한 한국인들의 성공담은 그야말로 시련과 고생의 역사다. 당연한 것이다.

중국인과 맺은 친구관계와 여러 경로의 관시도 마찬가지다. 우리는 끊임없이 그 좋은 관시를 만들기도 하고 허물기도 해야 한다. 우리가 중국사람과 맺은 관시는 그저 현실적으로 유용하게 한두 번 써먹는 아스피린 같은 약이다. 약효가 좋으면 그것으로 된 것이지, 왜 이 약은 아무런 효력이 없냐고 따질 일도 아니다. 약은 우리가 샀기 때문이다. 좀 더 면밀하게 자기 몸의 증상을 알고 의사에게 물어보고 정확하게 진단한 후에 산 약은 대부분 효력이 있다. 그러나 대충 자가진단하여 산 약은 효과가 없을 수도 있다. 관시도 기왕에 만들어야 할 거라면 제대로 만들어야 한다. 공들여 만든 관시가 아무짝에도 쓸모없는 관시였다면 헛고생한 것과 다름없다. 타국에서 고생하는 것도 모자라 헛고생까지 해야 되겠는가?

아무튼 가정용 상비약은 다양하게 있을 필요가 있다. 약은 내가 아파서 먹는 것이다. 남이 아프면 조금 나누어줄 수는 있어도 다 줄 수는 없다. 중국땅에서 사업과 장사를 하면 한국인이 아플까, 아니면 중국사람이 아플까? 당연히 아픈 사람은 우리다. 중국사람들이 우리에게 아쉬운 것이 무엇일까? 냉정하게 말해서 아무것도 없다. 관시는 그런 맥락에서 이해해야 한다.

사람사는 사회에서 인간관계는 누구에게나 중요하다. 인간관계란 나를 먼저 남에게 보이는 일이고 나의 인격과 성품 그리고 실력을 먼저 보여주는 일이다. 상대가 어떻다는 것은 나중에 알 일이다. 중국인과 관시를 맺는 일도 그와 같다. 내가 먼저 뭔가를 보여주어야 한다. 그리고 도움을 요청해야 한다. 줄 것이 많은 사람은 관시도 많다. 보여줄 것이 많은 사람도 그렇다. 투자한 노력과 물질만큼 내가 맺은 관시도 튼튼해지는 법이다. 술 한잔 오고간 어설픈 관시를 대단한 관시로 착각해서는 안 된다. 주는 것이 없으면 돌아오는 것도 없는 것이 세상이치다.

중국에 아주 많은 관시가 있어 중국사업을 하려면 그사람의 도움을 받는 것이 좋다는 말은 아주 틀린 말도 아니지만 맞는 말도 아니다. 아니, 틀린 말이라고 하는 편에 무게를 더 두고 싶다. 우리가 중국에서 만들어놓은 관시는 진정한 의미에서 관시라고 보기에는 미흡한 측면이 많다. 어쩌면 중국친구를 몇 명 아는 정도라고 보면 된다. 그러나 그친구들이 과연 우리가 필요할 때 도움을 줄지는 아무도 모른다. 그때 가서 봐야 한다. 반드시 그친구가 도와줄 것이라는 확신은 우리가 만든 관시에는 없다. 을인 우리의 관시가 그런 것이다.

실체가 없는 것은 아니지만 실체를 확신할 수도 없는 것이 우리의 관시다. 어려운 말이다. 그러나 사실이 그렇다. 중국인을 상대하는 것이 이래서 어렵다는 것이다. 그 속을 알 수가 없다. 다만 우리는 늘 겸손하게 약을 준비하며 떨어지면 다시 사는 것이다. 약이 금방 효과가 있을지 없을지는 하늘이 안다. 제갈공명이 아무 때나 제단을 쌓고 하늘에 비는 것이 아니다. 아무리 빌고 빌어도 동남풍이 안 불 때도 있을 것이다. 같은 편이 되어 조조의 백만대군을 무찌르는 데 일등공신이 된 공명을 왜 주유는 죽이려고 했을까. 이런 속성을 지닌 사람들이 중국사람들일 수도 있다.

중국에서 초창기사업에 실패한 사람들과 이야기하다 보면 대부분 중국에 아는 친구가 있어서 온 경우가 많다. 우연히 알게 된 중국친구와 오래 인연을 맺다 보니 그친구가 이런 사업을 권유했다거나, 아니면 조선족 친척이나 아는 사람이 도와준다고 해서 온 경우다. 물론 중국의 아주 높은 고위층과의 인연으로 온 사람도 있다. 어떤 경우가 되었건 사업의 결말이 좋지 않은 경우다. 중국인과의 관시를 너무 믿었던 이유도 있고 그 관시의 속성을 몰랐기 때문일 수도 있다. 우리의 중국관시는 이런 것이다.

출발은 관시 덕분에 웬만큼은 될지 몰라도 결과는 늘 실패로 돌아갈 확률이 많다. 차라리 중국을 모르고 들어와서 처음부터 아주 천천히 한발 한발 걸어갔더라면 생각보다 크게 깨지는 일은 없었을지 모른다. 우리가 중국에서 맺은 관시는 이렇게 늘 안 좋은 방향으로 변화하는 성격도 있다. 관시라고 언제나 유용한 효력을 발휘하는 것이 아니다. 중국친구가 왜 내가 엄청나게 돈버는 일을 도와줘야 하는가? 그렇게 좋은 사업거리가 있으면 자기가 직접 하지 왜 나를 도와줄까? 아스피린을 먹으면 모든 신체의 병이 다 낫는단 말인가? 아니다.

본래 신체가 건강해야 가끔 걸리는 감기도 약을 먹으면 쉽게 낫는 법이다. 다시 말하지만 관시는 관시일 뿐이다. 중국관시의 결론을 이렇게 내리면 너무 허무한 것일까? 아니다. 중국땅에서 우리에게 더 필요한 것은 관시보다는 건강하고 튼튼한 몸이다. 보다 더 냉정한 시각이 필요하고 철저한 탐색이 필요하다. 끈기와 인내도 있어야 한다. 피 말리는 싸움에서 유지해야 하는 평정심도 필요하다. 관시가 전부도 아니고 관시로 승부해서는 더 더욱 안 된다. 그렇다고 아주 필요 없는 것도 아니다. 중요하다. 그러나 그 이상도 그 이하도 아니다.

황허루 꼭대기에서 바라본 우한은 참으로 크고 웅대한 모습이었다.
이방인이 이렇게 중국의 내륙도시인 우한에서 장강의 흘러가는 물결에
마음을 빼앗기고 있었다. 중국이라는 나라, 그리고 내가 서 있는
우한이라는 도시가 내 운명 속에 깊이 새겨지는 순간이었다.
사람의 인연은 참으로 알 수가 없지만 나는 그날 황허루에서
어쩌면 전생에 우한에서 살았던 사람은 아니었을까, 하는 생각도 해보았다.

제2장

한국인과 중국의 인연

因緣

중국땅 '위해'에 첫발을 내딛다

나는 산동성에 위치한 '위해威海'라는 도시에 첫발을 내디딘 적 있었다. 알다시피 위해는 그 시절 인천항에서 출발하는 배가 있었다. 한중수교를 맺은 지 얼마 되지 않은 시기라 많은 사람들이 중국을 방문하고 있었다. 그러나 지금같이 비행기 운항횟수가 많지 않았기에 산동성과 동북으로 가려면 한국인들은 위해로 와서 다시 차나 배를 갈아타고 가야 했었다. 나 또한 일찍이 중국에 관심이 많았던 사람이었다. 사실 우리 아버지와 할아버지 세대들은 우리 세대보다 더 중국이라는 나라를 잘 이해한 사람들이었다. 역사와 문화적인 측면에서도 중국과 한국은 공유하는 면이 많았다. 그래서 나의 아버지도 내게 대학에 들어가면 우선 중국어를 배우라고 하셨던 적이 있다. 그러나 당시는 한국과 중국이 국교수립을 맺은 지 얼마되지 않은 때여서 왜 아버지가 중국어를 배우라고 하시는지 선뜻 이해가 가질 않았다. 아버지는 빠른 시일 안에 한국과 중국은 틀림없이 많은 왕래가 이루어질 것이라고 하셨지만 한창 젊은 나이에 미국과 유럽 문화에 젖어 있던 나에게는 그 말씀이 그저 먼 훗날의 일로만 생각될 수밖에 없었다. 하지만 아버지의 추측과 예상은 그분이 돌아가시고 얼마 후에 그대로 맞아떨어졌다. 1992년 한국 정부는 특별방송을 통해 한국과 중국이 정식수교를 맺는다는 공식발표를 했다. 그후로 한국에는 엄청난 중국붐이 일기 시작했다. 중국의 정부관계자들이 빈번하게 한국을 방문했고 한국의 많은 사람들도 앞다투어 거대한 대륙땅 중국으로 들어가기 시작했다. 하지만 그 당시만 해도 한국에는 중국어를 할 줄 아는 사람들이 아주 드물었다. 나의 대학선배 한 분은 다행히 중국어를 전공한 사람이었다. 나중에 선배를 만났더니 자기는 이미 한중수교 이전에도 아주 비밀리에 정부관계자 요청으로 한중관계 회의에 참석하여 통역한 적이 있다고 했다.

아무튼 중국어는 하루아침에 한국에서 귀한 대접을 받는 외국어가 되었다. 많은 대학이 부랴부랴 중국어 전공과목을 설치하고 각종 외국어학원에서도 중국어과목을 신설하여 중국어를 가르치기 시작했다. 이런 중국바람을 타고 나도 처음으로 중국이라는 나라에 왔다. 그리고 웨이하이에서 만난 어떤 무역회사의 총경리가 우한을 소개시켜 주었다. 물론 나도 처음에는 우한이라는 곳이 도대체 어디 있는 줄도 몰랐다. 지금처럼 인터넷으로 각종 정보를 알 수 있었던 시절도 아니었기에 실제로 우한에 대해 아는 것이 하나도 없었다. 하지만 그럴수록 중국의 참모습을 보고 싶다는 충동과 욕구가 일었다. 한국인 왕래가 거의 없는 그야말로 중국사람들만 사는 곳이 어떤 곳인지 보고 싶었다. 어쩌면 나의 이런 충동은 우한과의 인연이 시작된 최초의 시발점이라 할 수 있다. 우한과의 질기고 질긴 인연이 이때부터 시작되었다.

『삼국지』의 고향, 우한 입성

인간의 인연은 참 알 수가 없다. 그 당시 나는 왜 그렇게 우한에 가려고
애를 썼던지 지금도 이해가 가지 않는다. 어쩌면 알 수 없는 하늘의 뜻이
나와 우한의 인연을 허락했는지도 모를 일이다.

　15년 전, 산동성 위해에서 청도青島를 거쳐 우한으로 오는 길은 멀고도 험난
했다. 위해에서 청도까지 고속버스를 타고 가면 5시간이 걸린다고 했다. 그러
나 막상 버스터미널에 도착해보니 이건 고속버스가 아니라 아주 작은 일반버
스였다. 그러나 어쩌겠는가. 추운 아침에 나는 하는 수 없이 버스에 몸을 실을
수밖에 없었다. 하지만 5시간이면 도착한다는 버스는 6시간이 되어도 청도에

도착할 낌새가 없었다. 우한으로 가는 비행기 시간은 점점 다가오는데 버스는 마냥 달리고 있었다. 마음은 조급해졌고 연신 운전사에게 언제 공항에 도착하느냐고 물어보았다. 알다시피 중국운전사는 아주 태평했다. 그때 나는 이미 비행기표를 끊어놓은 상태라 그 비행기를 못 타면 큰 낭패를 볼 상황이었다.

다행히 버스기사는 비행기 출발시간 20분을 남기고 나를 특별히 배려하여 공항입구에 내려주었다. 최소한 1시간 전에는 도착해야 하는 공항에 20분 전에 왔으니 내가 우한행 비행기를 탈 가능성은 이미 없는 상태였다. 그러나 최선을 다하는 것은 어떤 상황에서든 나쁜 것은 아니었다. 나는 젖먹던 힘을 다해 공항입구에 있는 오토바이를 타고 달려갔다. 아마도 11월 중순경이었으리라. 늦가을 비가 뿌리고 있었다. 여행가방을 들고 비가 내리는 공항도로를 외국의 낯선 사내가 처량하게 달려가고 있었던 것이다. 마침내 공항에 도착하니 출발 10분 전이었다. 이미 입국수속이 다 마무리된 상황이었다. 그러나 끝까지 포기하지 말자는 나의 의지는 굽힐 줄 몰랐다. 옆에 서 있던 보안요원에게 영어로 열심히 나의 긴박한 상황을 말했다. 당연한 일이지만 그가 영어를 알아들을 수는 없었다. 하지만 내가 최소한 아주 급한 용무로 우한을 가야 하는 외국사람이라는 것은 이해하는 눈치였다. 잠시 후 보안요원은 어디론가 무전을 치더니 나보고 따라 들어오라고 했다.

나는 그의 안내를 받으며 저 멀리 출발준비를 하고 있는 비행기로 향했다. 그리고 비행기문이 열리고 드디어 나는 그 안으로 들어갈 수 있었다. 우한과의 첫 만남은 이렇게 극적인 상황 속에서 마침내 이루어졌다. 인간의 인연은 참 알 수가 없다. 그 당시 나는 왜 그렇게 우한에 가려고 애를 썼는지 지금도 이해가 가지 않는다. 어쩌면 알 수 없는 하늘의 뜻이 나와 우한의 인연을 허락했는지도 모를 일이다. 하늘의 뜻이 없었다면 내가 우한이라는 도시에 올 수 있었을까. 그래서 우한에 여름이 찾아와 40도를 웃도는 날씨가 될 때면 나는 우한과의 인연을 다시 생각해보곤 한다. 왜 하필, 나는 그 많은 중국도시 중 우한에 와서 사는 것일까? 십수 년 전 청도비행장에서 헤매던 생각을 하면 지금 내가 우한에 사는 것이 결코 순수한 나 혼자만의 의지에서 비롯된 것이 아니라 하늘이 맺어준 인연이 아닌가 생각도 해본다. 어찌 인간이 하늘의 뜻을 거역할 수 있으랴!

첫발을 내딛은 우한공항의 풍경은 참으로 낯설기 그지없었다. 무장경찰이 여기저기 서 있고 군용기 여러 대가 군데군데 배치되어 있었다. 비행기에서 내려 출입문까지 걸어가야 했다. 사전에 연락을 받고 기다리던 중국친구는 다행히 영어를 할 줄 알았다. 공항출입구 밖에는 택시들이 무질서하게 손님을 태우고 있는 중이었다. 내가 진짜 중국에 온 것이 맞구나, 실감이 들었다. 마침내 나는 우한시내로 들어갈 수 있었다. 그리고 다음날부터 중국친구가 안내하는 황허루黃鶴樓도 가보고 모산磨山에도 가보았다. 황허루에 올라가 멀리 보이는 한코漢口와 장강의 거대한 물결 그리고 장강 1교를 힘차게 달리는 기차의 기적소리도 들어보았다. 멀리 물안개가 낀 장강의 끝쪽은 아마도 남쪽 방향인 듯했다.

황허루 꼭대기에서 바라본 우한은 참으로 크고 웅대한 모습이었다. 이방인이 이렇게 중국의 내륙도시인 우한에서 장강의 흘러가는 물결에 마음을 빼앗기고 있었다. 중국이라는 나라, 그리고 내가 서 있는 우한이라는 도시가 내 운명 속에 깊이 새겨지는 순간이었다. 사람의 인연은 참으로 알 수가 없지만 나는 그날 황허루에서 어쩌면 전생에 우한에서 살았던 사람은 아니었을까, 하는 생각도 해보았다. 그 느낌이 10년이 흐른 어느 날 불현듯 나를 우한땅으로 이끌 줄은 꿈에도 몰랐다. 모산이 준 매력도 아주 좋았다. 모산을 둘러싼 아름다운 풍경과 바다 같은 동호東湖의 고즈넉한 아름다움은 나를 더욱 우한에 빠져들게 했는지 모른다. 능수버들 늘어진 동호의 물가와 나룻배 서너 척이 떠 있는 호수 모습은 나그네에게 향수를 불러일으키기에도 안성맞춤이었다.

아, 봄이 오는 길목에서 저 넓은 호수에 나룻배를 띄워놓고 유유자적하게 봄날의 따사로움을 만끽할 수 있다면 얼마나 좋을까. 역시 이런 상상의 날개는 다시 세월이 흐른 어느 날 현실로 다가오기도 했다. 인간의 느낌, 인간의 우연한 소망은 이렇게 알 수도 없는 신비한 힘으로 운명처럼 우리를 이끌고 가는지도 모른다. 저녁이면 중국친구가 접대하는 식당에 가서 마음껏 마시고 먹을 수 있었음은 물론이다. 확실히 산동에서 먹어본 음식과 내륙의 음식은 달랐다. 내입맛에는 우한음식이 맞았다. 왜냐하면 나의 고향도 바다가 먼 내륙지방이기 때문이다.

당시에는 우한에 외국인이 아주 드물었다. 그래서 나의 중국친구는 자기친구들을 저녁에 초대하면서 반드시 나를 소개하곤 했다. 그말은 오늘 저녁에 외국사람 구경시켜줄 테니 와서 보라는 의미였다. 내가 우한에서는 일종의 관광상품이 된 것이다. 정말로 나를 처음 만난 중국사람들은 난생 처음으로 외국인을 본다고 했다. 그런데 자기들과 아주 비슷하게 생겼다고 했다. 저절로 웃음이 나왔다. 아마도 외국사람은 자기네와 조금 다르게 생겼을 거라고 생각했던 모양이다. 물론 서양사람들은 우리 동양권 사람들과 모습이 다르다. 그러나 한국인과 일본인들은 겉모습에서 별로 차이가 나질 않는다. 하지만 외국인을 처음 본 사람들 입장에서는 그런 생각을 할 겨를이 없었을지 모른다. 아무튼 나는 홍콩의 영화배우 주윤발이 내 별명이라는 농담을 해가며 중국인들과 금방 친해질 수 있었다.

첫 번째 우한방문에서 가장 인상에 남는 것은 중국친구네 집에 놀러간 일이었다. 내 친구가 자기친구를 소개시켜준다기에 그친구 집으로 놀러갔던 것이다. 나를 초대한 중국친구는 당시 중국은행에 근무하고 있었는데, 그는 서예에 뛰어난 재질을 가진 사람이었다. 호북성 서예가협회의 부회장 정도면 어느 정도 실력가인지 알 수 있을 것이다. 역시 예술을 하는 사람이라서 그런지 비록 키는 작지만 눈이 참으로 아름다운 사람이었다. 나는 태어나서 그토록 눈빛이 맑고 순수한 사람을 본 적이 없는 듯했다. 예술은 아무나 하는 것이 아니구나 하는 생각도 들었다. 세속의 때가 눈에서 묻어나오는 사람에게선 아름다운 예술세계를 펼치기는 힘들 거란 의미에서 하는 말이다.

아무튼 12월 어느 날, 나는 생전 처음으로 중국인의 초대를 받아 중국가정집을 방문할 수 있는 행운을 얻었다. 친구는 맛있는 음식과 여러 과일을 준비해놓고 나를 맞이해주었다. 나도 어릴 적 한때 서예를 배운 적 있었기에 그친구의 서예솜씨가 보고 싶었고, 만약 친구가 명필을 휘둘러 내게 한 장의 글을 선물한다면 한국으로 돌아가 멋있는 액자에 담아 자랑하고 싶다는 생각도 했다. 늘 느끼는 일이지만 중국사람들은 처음 손님을 맞이할 때 참으로 정성스럽게 대한다. 친절하고 세심하게 아주 배려를 잘해준다. 남방이나 동부연안의 사람들과 달리 우한사람들의 첫인상은 선비 같은 데가 있었다. 선비라는 용어는 한국에서 쓰는 말인데, 조선시대의 양반가문에서 교육을 받고 자란 학자나 명망 있는 사람을 칭할 때 쓰는 말이다.

그래서 한국에서는 지금도 선비정신이라는 것이 있다. 선비는 늘 올바른 정신과 몸가짐으로 국가와 민족을 위해 희생하며 어떤 경우라도 불의와 타협하지 않는 사람들이기에 늘 존경받았다. 서예가인 그친구가 그렇다. 그야말로 선비의 용모와 정신으로 충만한 사람이었다. 내 앞에서 직접 붓을 잡고 써내려가는 글씨는 부드럽고 힘이 있었다. 붓을 쥔 그의 손은 강함과 약함이 순간적으로 교차되면서 거침없이 하얀 화선지에 두보의 시를 써내려갔다. 그의 맑고 영롱한 눈빛은 붓글씨를 쓰는 동안 광채에 빛났고 한 곳으로 모은 그의 정신세계는 무아지경에 빠져 있는 듯했다.

한 줄의 글을 붓으로 쓴다는 것이 단순히 글씨를 쓰는 의미만은 아닐 것이다. 서예에도 일종의 도가 있고 정신이 있다고 배운 적 있다. 글을 쓰기 전에는 반드시 차갑고 깨끗한 물에 손을 씻고 의복을 단정히 하고 정신을 한데 모아 써야 한다는 가르침을 옛날에 할아버지에게 배운 적 있었다. 중국친구의 글을 쓰는 모습에서 어느덧 돌아가신 할아버지 모습이 떠오르기도 했다. 중국인의 깊고 그윽한 정신과 서예의 달인이 써내려가는 글에서 중국의 장구한 역사의 향기를 맡을 수도 있었다. 좋은 만남이었고 영원히 지워지지 않는 추억을 남겼다. 다만 그때만 해도 나는 우한의 겨울날씨를 몰랐다. 그래서 친구집에 갈 때 습관처럼 내복도 안 입고 간편한 복장으로 갔었다. 또한 중국가정집은 당연히 난방시설이 되어 있는 줄 알았다. 설마 이 겨울에 난방장치가 집에 없을까? 가정집에 난방시설이 가동되지 않을 줄은 정말로 꿈에도 몰랐다. 이런 나의 판단실수로 말미암아 그친구네 집에서 4시간 정도 밥을 먹으며 이야기를 했던 그 시간은 그야말로 내겐 참을 수 없는 고통이었다.

그것은 다름아닌 하체가 마비되는 현상이었다. 입으로는 말을 하고 음식을 먹으니 그런대로 온기를 유지할 수 있었지만 습기가 찬 우한의 겨울공기는 사정없이 하체로 스며들기 시작했다. 더구나 중국친구는 그 추운 겨울날에도 자기집 창문을 열어놓고 있었다. 창문을 닫으라고 할 수도 없고, 나를 초대한 사람에게 왜 난방을 틀지 않느냐고 따질 수도 없고, 춥다고 빨리 호텔로 돌아가겠다고 할 수도 없는 노릇이고, 참으로 얼어죽을 것 같은 기분이 들었다. 나중에 내 친구에게 물어보니 중국가정집은 대개 그렇게 산다고 했다. 더 이상은 말이 나오질 않았다. 지금도 우한의 겨울이 찾아오면 나는 그때의 추억을 생각하며 혼자서 빙그레 웃어보기도 한다.

이렇게 우한에서의 시간은 꿈같이 흘러갔다. 시내에 있는 인력거도 타보고 『삼국지』유적에도 가보았다. 그러나 그곳이 확실하게 어딘지는 지금도 생각이 나질 않는다. 유비와 조조 그리고 관우와 조자룡의 동상을 보고 말도 타면서 사진을 찍었던 기억이 난다. 나는 개인적으로 『삼국지』라는 소설에 아주 매력을 느끼는 사람이다. 어릴 적에 아버님이 사다주신 『삼국지』소설책을 14살 무렵에 통독한 적이 있다. 아주 두꺼운 책을 긴 겨울방학에 밤을 새워가며 읽었다. 아직 어린 시절이라 『삼국지』에서 전해주는 인생의 희로애락과 인간의 파란만장한 삶 그리고 조조의 기막힌 용병술과 유비의 한없이 너그러운 인품에는 그다지 감동이 없었는지 모른다. 그러나 관우장군의 위엄과 의리 그리고 장비의 호탕함과 조자룡이 유비의 아들 아두를 품에 안고 조조의 백만대군을 뚫고 나오는 장면은 지금도 생생하게 가슴에 남아 있다. 더구나 제갈공명의 신출기묘한 전략과 동남풍을 불게 하는 신비한 마력을 보면서 나도 장차 공명과 같은 탁월한 인재가 되겠다는 꿈을 꾸었는지도 모른다.

이렇게 『삼국지』의 고향인 우한에서 내가 어린 시절 읽어보았던 『삼국지』는 자연스럽게 연결되고 있었다. 어쩌면 그 옛날 어린 나이에 읽었던 『삼국지』가 나와 우한의 인연을 앞당겨준 건지도 모른다. 한국으로 돌아가던 날 나는 다시 한 번 장강의 물결을 쳐다보았다. 황토색을 지니며 다른 한편에서 내려오는 한강과 합류하여 장엄하게 흐르는 장강은 멋이 있었고 깊은 맛이 있었다. 왜 중국인들이 그토록 장강을 좋아하는지 알 수 있을 듯했다. 그리고 나는 그 장강의 물결을 뒤로한 채 우한을 떠났다.

우한에서 청도까지 30시간 기차여행

그래서 나도 우한에 와서 살면서 절대로 중국친구가 하는
마상馬上이란 말을 잘 믿지 않는다. 우스운 이야기로 중국인의 '마상'은
짧게는 5분에서 길게는 1년까지라는 농담조의 말을 들은 적이 있다.
충분히 공감이 가는 말이다.

알다시피 그 당시에는 우한에서 한국으로 가는 직항비행기가 없었다. 할 수
없이 친구 안내로 기차를 타고 칭다오靑島로 가야 했다. 그래서 지금은 몰라볼
정도로 변한 한코우漢口 기차역을 갈 때마다 옛 추억에 잠겨보곤 한다. 지금의
기억으로는 다른 것은 생각 안 나고 기차 창문 너머로 배웅나온 중국친구 모습
이 어른거린다. 어쨌든 기차는 기적소리를 내며 오전 10시 정도 출발했다. 외
국에서 온 한국친구를 배려하여 중국친구는 자기직원에게 나를 청도까지 데려
다주라고 했다. 중국에서 처음 기차를 타보는 것인지라 매우 흥미로웠다. 많은
사람들이 객차에 있었고 내 자리는 침대칸이었다.
　짐을 풀고 침대에 누워 있으려니 잠도 안 오고 기차 안의 여러 모습이 아주

궁금하기도 했다. 나는 침대칸에서 나와 여기저기 둘러보고 중국사람들 모습을 감상하기도 했다. 그러면서 속으로 10시간 정도는 이렇게 차창에 기대어 중국의 모습을 보면서 가는 것도 괜찮겠다는 아주 순진한 생각을 했다. 왜냐하면 중국친구가 우한에서 칭다오까지는 10시간 정도 걸린다고 했기 때문이다. 기차에서 바라다보이는 중국평원은 끝없이 광활했다. 가도 가도 끝없이 펼쳐지는 대륙의 평원을 보면서 나는 다시 『삼국지』를 생각했다. 먼 옛날 조조와 유비 그리고 원소의 군대가 저 넓은 평원에서 전투를 치렀을 것이다. 서로가 이기겠다고 전략회의도 하고 곡식을 실어나르기도 했을 것이다. 왜 이곳이 『삼국지』 무대가 되었는지 조금은 이해가 되었다. 군대는 군량미가 없으면 패하는 법. 어느 장수가 이 넓고 곡식 풍부한 땅을 양보할 수 있었겠는가.

기차는 이런 이방나그네의 끝없는 상상의 날개를 아랑곳하지 않은 채 달려갔다. 중간에 숨소리를 가다듬으며 쉬는 곳도 있었다. 기차역에서는 음식장사들이 즐비하게 서서 잠시 손님들을 맞이하고 있었다. 나도 궁금한 마음에 내려가서 이것저것 쳐다보기도 했지만 기차가 금방 떠날 것 같은 불안한 마음에 급하게 돌아와야 했다. 기차는 다시 달렸고 밖에는 어느새 어둠이 몰려오고 있었다. 12월 초겨울의 스산한 바람이 창밖으로 스쳐지나갔다. 어둠이 이방의 낯선 땅에서 불현듯 내게 다가온 것이다.

기차 안 등불이 켜지고 여기저기서 사람들이 일어나 분주하게 움직였다. 저녁준비를 하는 듯했다. 컵라면을 끓이는 사람들, 보따리에서 만두와 먹을 것을 꺼내는 사람들, 이런 모습이 내게도 식욕을 자극했다. 동행한 중국직원이 나를 식당칸으로 안내했다. 맥주 한 병과 이런저런 음식을 시켜주었다. 어느덧 대륙 평원에는 어둠이 짙게 깔려 있었다.

다시 침대칸으로 돌아와 잠을 청해도 좀처럼 잠이 오질 않았다. 여러 생각에 눈은 점점 초롱초롱해져갔다. 침대칸은 답답하고 어두웠다. 몸을 일으켜 다시 밖으로 나오니 보통 객차에서는 사람들이 아주 즐겁게 떠들며 이야기하고 있었다. 나도 침대칸을 벗어나 그들과 이야기하고 싶다는 생각이 들었다. 마침내 옆으로 지나가는 공안을 붙잡고 부탁을 했다. 당연히 그는 나의 영어를 못알아들었다. 하는 수 없이 동행한 중국친구 도움으로 내 의사를 전달했다. 공안친구는 나를 이해할 수 없다는 표정으로 바라보았다. 아니, 그 좋은 침대칸을 놔두고 그냥 일반석으로 자리를 바꿔달라니! 이런 놈은 아마도 내가 처음이었을 것이다.

그러나 어쩌랴! 손님이, 그것도 처음 보는 외국손님이 바꿔달라고 청을 하는데 거절하기도 그랬을 것이다. 나는 드디어 일반좌석으로 옮기는 행운(?)을 안고 중국사람들과 같이 떠들며 올 수 있었다. 다만 아쉬운 점이 있다면 말이 잘 통하지 않았다. 그래서 생각한 것이 종이에 한자를 써가며 이야기하는 방법이었다. 그들도 대충은 내 말의 의미를 알아듣는 듯했다. 한국에서도 우리 어릴 적에는 한문을 의무적으로 배웠다. 한문을 모르면 신문보기가 힘든 시절이었다. 지식인이라면 기본적으로 한문을 알아야 했다. 어린 시절에 배운 한문을 이렇게 유용하게 중국땅에서 써먹을 줄은 물론 꿈에도 생각지 못했다.

다음날 아침이 밝아왔다. 나는 속으로 이제 얼마 안 있으면 목적지에 도착할 거라는 설레는 마음이 들었다. 그런데 그게 아니었다. 청도에 도착하려면 아직 20시간은 더 가야 한다는 것이다. 이게 무슨 말인가. 나는 분명히 친구에게 10시간 정도면 도착한다고 들었는데, 이렇게 기차에서 밤을 새고도 아직 20시간을 더 가야 한다면 도대체 얼마를 가는 것인가. 대충 계산해보니 30시간 정도의 거리였다. 아, 나도 모르게 신음과 한탄이 나왔다. 내 생전에 한국에서 가장 많이 기차를 타본 시간이 4시간인데 30시간이라니. 그렇지 않아도 몸에 좀이 쑤시고 갑갑해서 얼른 내리고 싶은데 아직도 20시간을 더 가야 한다면, 오늘도 하루 종일 기차에 있어야 한다는 말이 아닌가. 잠시 정신이 멍해졌다. 이걸 어쩌나.

그러나 다른 방법은 없었다. 내가 무슨 힘이 있나. 당장 기차에서 내린다고 해결될 일도 아니고 그냥 포기하고 가는 수밖에 없었다. 문득 우한의 중국친구 얼굴이 떠올랐다. 서운하고 약이 올랐다. 이렇게 외국친구를 골탕먹여도 되는 걸까? 그러나 가만히 생각해보니 그친구도 몰랐을 가능성이 컸다. 그친구인들 안 가본 정도를 어찌 알겠는가. 믿은 내가 억울해도 참아야지. 그리고 속으로 다짐했다. 설사 중국에 다시 오더라도 절대 기차역에는 얼씬거리지 않겠다고.

한국사람들이 중국에 와서 가장 괴로운 것이 중국사람의 안내를 받아 어딘 가에 가는 일이다. 왜냐하면 그들이 아주 가깝다고 하는 데가 보통 차를 타고 3시간 정도의 거리이기 때문이다. 그러니 웬만해선 6~7시간을 가야 한다. 한국 사람들에게는 보통 인내가 필요한 여행이 아니다. 한국은 국토가 좁다보니 대개 아주 먼 곳도 차를 타고 서너 시간이면 도착한다. 대부분의 경우는 1~2시간 정도면 충분하다. 그런데 이것이 습관이 된 사람들은 아주 가깝다면서 6시간 이상 끌고다니는데 정말로 곤혹스런 일이다.

우리는 보통 가깝다고 하면 30분 이내를 뜻한다. 하지만 중국에선 그 가깝다는 거리가 우리와 매우 차이가 있음을 뼈저리게 느낀 적이 한두 번 아니었다. 그래서 나도 우한에 와서 살면서 절대로 중국친구가 하는 마상馬上이란 말을 잘 믿지 않는다. 우스운 이야기로 중국인의 '마상'은 짧게는 5분에서 길게는 1년까지라는 농담조의 말을 들은 적 있다. 충분히 공감이 가는 말이다. 식당에 가서 음식이 안 나올 때, 친구가 약속시간에 도착하지 않았을 때, 우리는 흔히 '마상'이라는 말을 듣는다. 이럴 때 우리 한국인들의 인식은 약 5분 정도다. 그러나 중국인이 말하는 마상은 도대체 언제까지인지 모르는 경우가 많다.

그런데 더 웃기는 일은 나도 이제는 아주 자연스럽게 '마상'이라는 말을 쓴다는 것이다. 중국친구가 왜 이렇게 늦느냐고 전화를 할 때면 나도 모르게 '마상따오'라는 말이 나온다. 물론 중국친구는 그말을 믿어준다. 알고 보면 마상이라는 단어는 아주 편리한 기능을 가진 듯도 하다. 아무튼 기차는 다시 힘차게 달려가고 어느덧 저녁이 다시 찾아오고 있었다. 내가 생전 기차 안에서 저

녘을 두 번 보낸 일이 어디 있었으랴. 참으로 길고 긴 여행이 지나가고 있었다. 그때부터 나는 옆에 앉은 중국사람에게 "언제 도착하느냐"를 수없이 물어보곤 했다. 역시 그사람의 대답은 하나였다. "마상!" 마상이라고 하는데 내가 무슨 말을 하겠는가. 그저 그사람의 말처럼 '마상' 기차가 도착해주길 빌고 또 빌 뿐이었다.

드디어 저녁 7시 무렵 나는 청도에 도착할 수 있었다. 얼추 계산해보니 31시간 정도를 기차에서 보낸 듯했다. 인간승리였다. 나 자신이 믿어지질 않을 정도였다. 30시간이 넘게 기차를 타고 왔다는 사실이 스스로를 감동시켰다. 기차에서 내려 청도땅을 밟는 순간 마치 내가 해외에서 독립운동을 하다가 아주 오랜 만에 고국땅을 밟는 그런 느낌이 들었다. 아, 인간이 땅을 밟고 산다는 것이 얼마나 귀하고 소중한 삶인지 그래서 한 번 더 깨달아보았다. 이렇게 우한에서 떠나온 길은 깊은 사연과 함께 막을 내렸다.

거듭되는 '우한'과의 인연, 아들의 중국유학

다시 찾은 우한은 분명히 달라져 있었다. 중국의 개방과 개혁의 열기가 어찌 우한에는 없으랴! 2년이 흐른 뒤 자식의 장래를 위해서 아들을 중국으로 데려오긴 했지만 아직 어린 자식을 타국에 두고 떠나가려니 마음이 시리고 아파왔다.

한국에 도착한 나는 다시 일상업무로 복귀했다. 바쁜 시간이 몇 년 흘러갔다. 그러나 늘 내 상상의 날개 속에는 황허루가 있었고 아름다운 동호의 달빛이 있

었다. 그래서인지 중국에 대한 나의 관심은 더 높아만 갔고 다시 한 번 『삼국지』 소설을 읽어보기도 했다. 그러나 중국에 다녀와서 읽어보는 『삼국지』는 또 다른 의미와 재미로 내게 다가왔다. 조조와 유비의 대군이 만나는 장면에서는 우한에서 기차를 타고 청도까지 달리며 보았던 차창 밖의 넓은 평원이 생각났고, 어쩌다 내가 사는 근처의 산에 올라가 가을바람을 맞을 때면 갈대가 휘날렸던 동호의 물가가 생각나기도 했다. 그리고 이따금 편지를 써서 우한의 친구에게 보내기도 했다. 확실히 이방의 중국땅에 누군가 아는 사람이 있다는 것은 재미나고 즐거운 일이었다.

그러던 어느 여름날 나는 회사의 여름휴가를 이용하여 다시 한 번 우한을 방문하기로 하고 인천에서 위해로 향하는 배에 아내와 함께 몸을 실었다.

저녁 7시에 떠나는 중국행 훼리호는 여름날의 붉은 석양이 서쪽하늘에서 물들 때 힘찬 기적소리를 내며 출발했다. 갑판 위에서 바라보는 서해바다의 물결은 고요했고 저 멀리 수평선 끝자락에는 갈매기 떼들이 날고 있었다. 수년 전에 가보았던 우한을 다시 이렇게 아내와 함께 찾아간다는 것은 분명 나에게 가눌 수 없는 흥분을 주었음에 틀림없었다. 배는 밤새워 달려갔다. 캄캄한 밤이 바다 위에서 숨죽이며 나와 아내가 탄 배를 잡아당겨 위해로 이끌고 있었다. 선실에서 바라보는 어두운 밤바다는 중국을 향한 나의 기대와 흥분을 대변하듯 파도가 출렁이기도 했고 잠잠한 침묵으로 다가오기도 했다.

우한은 얼마나 변했을까. 황허루는 아직도 그 모습 그대로 있을까. 친구의 모습은 여전할까. 이런 생각으로 밤은 깊어갔고 드디어 이튿날 아침 내 눈앞에는 위해항이 보이고 있었다. 그곳에서 내려 아침과 점심을 먹고 아름다운 해변을 거닐기도 하면서 다시 연태烟台로 향하는 일정을 짜기 시작했다. 그리고 다음날 아침 새벽에 택시를 타고 연태비행장으로 향했다. 새벽어둠이 채 가시지 않은 해변고속도로는 어스름한 아침기운이 감돌고 있었다. 아마도 조금 지나면 멀리 동녘하늘에서는 다시 뜨거운 태양이 떠오를 것이고 나는 우한을 향하는 비행기에 있을 거란 생각을 하다보니 어느덧 연태비행장에 도착했다. 그리고 드디어 내 인생의 두 번째 우한행 비행기에 아내와 함께 몸을 실었다.

다시 찾은 우한은 분명 달라져 있었다. 중국의 개방과 개혁의 열기가 어찌 우한에는 없으랴! 곳곳마다 공사가 한창이었고 몇년 전에 보았던 다소 침울한 분위기와 보수적인 색채는 많이 없어진 듯했다. 밝은 미소로 환영하는 중국친구들과 함께 식사를 나누는 자리는 활기가 있었고 그들의 접대방식도 많이 세련되어 보였다. 숨가쁘게 달려가는 중국의 빠른 발전의 숨소리가 내 귓가에도 들려오고 있었다. 중국친구들의 가슴은 뜨거웠고 머릿속에는 미래를 향한 부푼 꿈이 있었다. 덩달아 나도 그들과 함께 이 낯선 대륙의 땅 우한에서 나의 꿈을 실현하고 싶다는 생각이 들기도 했다. 물론 당시만 해도 중국에서 무엇을 할 것인가 구체적인 꿈이 있던 것은 아니었다.

사실 이번에 우한에 온 목적은 딸아이의 교육문제도 있었다. 그 당시 고등학교 2학년에 재학 중인 딸에게 장차 중국에서 중의를 가르치고 싶었기 때문이었다. 딸아이도 배우겠다고 하여 좀 더 실제적인 우한의 교육환경, 특히 중의대학에 대하여 알아볼 생각이었다. 중국친구는 나의 이런 제안을 흔쾌히 알아듣고 우리를 호북 중의대학에 데리고 갔다. 호북 중의대학은 역사와 전통의 학교답게 분위기가 아주 엄숙하고 진지하다는 첫 느낌을 받았다. 나름대로 딸아이가 이곳에서 공부를 하면 좋겠다는 생각이 들었다. 당시 호북 중의대학에는 한국유학생이 2명 정도 이미 유학하고 있었다. 마침 그 학생들이 사무실로 찾아와 통역을 해주기도 했다. 한국학생이 중국어를 잘하는 모습을 보니 부럽기도 했고, 한편으로 내 딸도 언젠가는 저학생처럼 중국어가 유창할 수 있을 거란 기대감이 생겼다.

지금에 와서 가장 아쉽고 후회되는 것은 왜 그 당시 중국어 배울 생각을 안 했는가 하는 점이다. 그때 한국으로 돌아와 열심히 중국어를 배웠더라면 나의 중국생활은 훨씬 달라졌을 텐데. 그러나 솔직히 그 당시만 해도 내가 장차 중국 우한에서 살 것이라고는 꿈에도 생각할 수 없었다. 한국에 좋은 직장이 있었고 한창 잘 나가고 있었던 터라 그런 생각은 도무지 할 수가 없었다. 그러나 나는 알 수 없는 힘에 이끌려 지금 우한에서 산다. 인간의 인연이 이렇게 무서울 줄을 어찌 알았겠는가.

아무튼 한국으로 돌아온 나는 다시 바쁘게 일을 하며 지냈고 딸애의 대학진학 문제도 이미 해결되었기에 마음도 가벼웠다. 그러나 사람의 운명을 누가 알겠는가. 어느 날 갑자기 딸은 나에게 중국에 가지 않겠다고 했다. 자기는 중의학보다는 패션쪽 일을 해보고 싶다는 것이었다. 의류디자인 공부를 한다는 뜻이었다. 한동안 나는 딸애의 말을 듣고 고민을 했다. 그애를 위해서 중의대학까지 다 알아보았는데 지금 와서 가지 않겠다고 하니 조금은 허탈하고 한편으로는 나와 중국의 인연이 영영 끊어지는 느낌도 들었다. 서운하고 섭섭한 마음으로 며칠을 보내다가 드디어 딸애의 의견을 존중해주기로 했다. 자기가 싫다는 것을 억지로 밀어붙일 수는 없었다. 나의 평소 교육적인 견해도 아이들이 좋아하는 것을 하도록 내버려두자는 것이었다.

어차피 자식들의 인생은 그들의 것이다. 부모의 꿈을 자식이 이루어줄 거라는 생각은 어쩌면 순수한 바람일 수는 있지만 최종목적은 아니다. 내가 어찌 자식의 인생을 통해 보상을 받을 수 있겠는가. 물론 자식에게 바라는 소망은 있지만 자식 또한 자신의 인생이 있다. 그걸 존중해주어야 한다는 생각이다. 그리하여 속으로는 아쉬웠지만 나는 딸애의 중국유학을 접기로 했다. 나의 중국을 향한 연결고리는 이렇게 허전하게 끊겨버렸다.

다시 2년 정도 시간이 흘러갔다. 그러나 사람의 운명은 모를 일이다. 중학교에 다니는 아들이 졸업을 앞두고 고등학교 진학문제로 고민하고 있었다. 나는 학교선생님을 찾아가서 여러 이야기를 나누었다. 한국의 지나친 경쟁위주의 교육환경에 대한 토론도 했다. 그리고 넌지시 아들의 중국유학 문제를 꺼냈다.

선생님은 중국유학도 괜찮은 생각이라고 했다. 아무튼 나는 아들의 중국유학을 생각하며 다시 우한이라는 도시와 중국친구들의 얼굴을 떠올려보았다. 그동안 두 차례 우한을 방문해보고 친구들을 만나본 경험을 토대로 우선은 두 가지 결론을 내릴 수 있었다.

그 첫 번째는 향후 중국은 한국과 지리적 관계로 보나 상호교류의 발전성으로 보나 불가분의 관계를 가지고 가야 할 나라라는 것이었고, 그래서 자식에게 일찍 중국어를 가르치고 중국문화를 공부시키는 것은 그의 장래를 생각할 때 결코 후회할 결정은 아닐 것이라는 것. 두 번째는 우한의 중국친구들이 내 아들을 자기자식처럼 돌보아줄 거라는 믿음이었다. 어차피 어린 아들이 낯선 땅에서 혼자 공부하려면 누군가가 보호자 역할을 해주어야 하고 돌봐주어야 한다. 외국땅에서 외로움을 느낄 때, 부모와 고향이 그리울 때, 누군가는 그애의 이런 마음을 달래주고 위로와 격려도 해주어야 할 것이다. 자식을 멀리 외국으로 보내는 부모마음은 아마도 같을 것이다. 그런 의미에서 나는 우한의 친구들을 믿어보기로 했다.

그러나 만약 아들이 중국에 가서 도저히 적응을 못한다면 다시 한국으로 돌아와야 하는 가능성도 배제할 수 없었다. 그래서 일단은 고등학교 진학시험을 보고 입학한 후에 중국으로 데려가기로 했다. 그런데 당시 중국전역에 '사스'라는 전염병이 발병하면서 당분간 입국시기를 미루고 그동안 학원에 가서 기초중국어를 배우도록 했다. 그리고 3개월 뒤 어느 정도 전염병이 가라앉은 6월 아들을 데리고 다시 우한엘 왔다. 당시 나는 사업을 하느라 무척 바쁘던 참이라 아들을 데리고 온 이틀 후 다시 한국으로 돌아가야 했다. 15살 어린 아들이 공항에서 나를 배웅하며 다소 쓸쓸한 표정을 지었다.

이제부터는 태어나서 처음으로 부모와 떨어져 낯선 이방땅에서 혼자 살아야 했다. 아들 또한 마음이 많이 서운하고 아플 것이다. 나는 겉으로는 아들에게 공부 열심히 하고 중국아저씨들 말 잘 들으라고 했지만 막상 비행기가 이륙하여 한국으로 향하는 시간에는 나도 모르게 울컥 눈물이 쏟아지기 시작했다. 부모의 마음은 어쩔 수 없는 모양이다.

막상 자식의 장래를 위해 중국으로 데려오긴 했지만 어린 자식을 타국에 두고 떠나가려니 마음이 시리고 아파왔다. 감당할 수 없는 감정이 복받쳐 올랐다. 부모와 자식의 감정을 어찌 말로 표현할 수 있으랴. 다행히 아들은 중국에서 적응을 잘 했다. 아들이 우한에서 공부를 시작하면서 중국을 향한 나의 관심과 흥미는 한층 더 고조되어갔다. 텔레비전에서 중국관련 뉴스가 나오면 밥을 먹다가도 뛰어가서 시청했고 중국드라마는 매일 저녁 늦게까지 소파에 앉아 쳐다보는 단골메뉴가 되었다. 덕분에 청나라 강희황제를 만나볼 수 있었고 명나라의 멸망과정을 지켜볼 수도 있었다. 10년이 다 된 나와 우한의 인연은 이렇게 식었다가 다시 이어지기를 반복하다가 결국 예정에도 없던 아들의 중국유학으로 다시 연결된 것이었다. 인연의 힘은 질기고 끈끈했다.

아들을 중국으로 보내고 그리움에 애태우던 4개월의 시간이 흘러갔다. 그리고 나는 중국 상해와 소주 쪽의 회사와 거래할 기회가 생기면서 빈번하게 중국을 오가는 상황이 되었다. 아마도 이때가 본격적으로 중국에 관심을 갖기 시작한 때일 것이다. 그러면서 간혹 상해에 왔다가 아들이 보고 싶어서 우한엘 잠시 오기도 했다. 4개월 만에 다시 만난 아들은 제법 성숙해 있었고 어린티가 많이 가신 듯 보였다. 객지에서 혼자 살아야 하는 동안 철이 많이 든 듯 더 이상은 어린애가 아니었다. 중국친구들은 언제나 나의 우한방문을 반겨주며 환대해주었다. 그리고 아들의 중국어실력이 몰라보게 늘었다며 자랑을 했다. 나는 반신반의하며 이제 중국에 온 지 겨우 4개월 된 아이가 중국어를 하면 얼마나 하겠나, 라고 생각할 수밖에 없었다.

그러나 아들의 중국어실력은 내 예상을 뛰어넘는 수준이었다. 학교선생님을 만나 이야기를 하는 동안 아들이 기본적 통역을 훌륭히 잘 해내는 것이었다. 중국친구들이 칭찬할 만도 했다. 생각해보니 그 당시 우한의 아들 주변에는 한국인이라고는 그림자도 없는 상황이었다. 이런 환경에선 오로지 중국말밖에는 사용할 수 없었다. 아이스크림 하나 사먹고 싶어도 중국어 전자사전을 들고 나가야 했다. 아침부터 저녁까지 만나는 사람은 모두 중국사람이고 집에서도 오로지 중국어방송 외에는 다른 프로를 볼 수가 없었다. 중국어가 빨리 늘 수밖에 없었던 것이다. 이래서 외국어는 환경이 중요하다는 사실도 새삼 깨달았다. 지금도 나의 이런 생각은 변함이 없다.

현재 한국의 많은 유학생들이 중국에서 공부를 하고 있다. 약 8만 명의 학생들이 중국에 와 있다고 한다. 그러나 중국에서 공부한다고 무조건 중국어를 잘한다는 보장은 없다. 그래서 나는 가끔 자녀의 중국유학에 대해 물어보는 한국의 부모들에게 철저히 한국학생이 없는 곳에 보내라고 말하곤 한다. 최소한 중국어를 제대로 배울 때까지는 오로지 혼자서 중국사람들만 있는 환경에서 언어를 배워야 빨리 습득할 수 있다는 충고를 한다. 물론 이렇게 하여 중국어기초가 튼튼해지면 대학은 북경이나 상해 같은 대도시에서 하는 것이 좋다는 충고도 함께 해준다. 그러나 안타깝게도 한국의 많은 부모들은 죽기살기로 한국학생들이 많은 곳에 아이들을 보낸다. 대학생들의 경우는 거의 대학교 어학연수를 받는다. 하지만 그런 연수와 중국어공부는 별로 효과가 없다. 실제로 나도 우한에 살면서 느끼는 일이지만 대체로 유학생들의 중국어실력은 그리 높은 편이 아니다. 어쩌다 통역을 의뢰하면 자신 있게 하겠다고 나서는 학생은 거의 없다. 그나마 가능한 것은 중학교와 고등학교를 중국에서 다닌 학생들이었다. 기초가 이미 되어 있는 학생들인 것이다. 한국에 유학하고 있는 중국유학생들에게도 아주 중요한 이야기다.

아무튼 아들은 이런 좋은 환경 덕분에 중국어가 급속하게 늘었다. 그러면서 친구들도 많이 생겼다고 했다. 즐겁고 좋은 일이었다. 자식을 낯선 땅에 혼자 두고 갈 때는 꼭 이렇게까지 하면서 중국에 보내야 하나 생각한 적도 있었지만 건강하고 씩씩하게 생활하는 아들모습을 보면서 안심되었다. 그후 아들은 일취

월장한 중국어를 바탕으로 우한의 장한루와 우창의 동호와 모산을 누비고 다녔다. 이제는 혼자서 어디를 가도 자신이 생겼기 때문이다. 학교체육행사에서 달리기 1등을 했고, 노래자랑에 나가서 한국노래를 불렀다는 소식도 전해왔다.

그리고 우한에서 2년을 공부하고 아들은 북경으로 전학을 가겠다고 했다. 그것도 괜찮다고 생각했다. 중국에서 공부하는 동안 1~2년 정도는 중국의 수도인 북경에서 공부하며 그 지역의 문화와 여러 관습을 익히는 일도 장래에 많이 유용할 것이다. 아내가 다시 우한으로 와서 아들을 데리고 북경으로 갔다. 아들에게는 좋은 일이지만 서운해하는 우한의 중국친구들 모습이 눈에 선했다. 그렇게 나와 우한의 인연은 다시 한 번 이별의 시간을 가져야 했다. 그리고 아들은 목표로 했던 북경대학에 가지 못하고 절강대학에 들어갔다.

나는 차라리 잘된 일이라 생각했다. 알다시피 우한은 중부내륙의 중심도시이고, 북경은 중국의 수도이며, 절강성의 항주는 중국경제의 중심지다. 아들이 이왕 중국에서 공부할 바에는 이렇게 다양한 지역을 섭렵하는 것이 오히려 낫다는 생각을 했기 때문이다. 장차 아들이 중국에 관한 최고전문가가 되길 바라는 나의 염원이 이런 생각을 하도록 작용했다. 이렇게 아들과 딸을 포함한 우리 가족의 중국을 향한 애정과 도전 그리고 우한과의 인연의 끈은 풀어졌다 다시 이어지는 순환 속에서 일단락되었다.

아들은 항주로 떠났고 딸은 프랑스로 떠났고 나와 아내는 한국에서 살아야 했다. 그야말로 우한과의 10여 년에 걸친 운명적인 만남은 이렇게 대단원의 막을 내리고 있었다.

아쉽고 섭섭한 마음은 있었지만 할 수 없는 일이었다. 장강의 물결이 내 가슴속에 계속 흘러가는 한 언젠가는 다시 우한에 가볼 수 있으리라. 그러나 친구를 만나러 가는 것 외에는 우한에 다시 갈 이유는 없을 듯했다. 한치 앞을 모르며 살아가는 우리네 인생이 어찌 앞날의 운명을 알 수 있겠는가.

나는 이제 한국사람이 아니고 중국사람?

나는 과연 하늘이 내려준 우한땅에서 얼마나 더 살아야 하는 것일까?
욕심 같아서는 우한에서 더 공부를 하고 싶다.
박사과정을 밟으며 중국에 대한 공부를 하고 싶다.

아들이 항저우杭州에서 대학을 다니면서 다시 시간이 흘러갔다. 나의 한국생
활도 비교적 바쁘게 돌아갔다. 가끔은 한국신문에 보도되는 중국 관련기사를
보면 장강의 거대한 물줄기와 황허루에서 바라본 한코우漢口 모습이 떠오르기
도 했지만 내 마음은 이미 항저우에 가 있었다. 아들이 공부하는 그 도시는 전
에 한 번 가본 적이 있었지만 잠깐 다녀왔기에 전체적인 모습은 볼 수 없었다.
단지 아름다운 서호西湖를 바라보며 호숫가 음식점에서 저녁을 먹었던 기억이
전부였다. 어둠이 짙게 깔린 서호의 모습은 낮에 본 것보다 더 아름다웠다. 한
잔의 백주를 손에 들고 음미하면서 서호의 풍경을 바라보는 것은 좋은 추억이

었다.

부모의 마음은 어쩔 수 없는 법이다. 아들이 항저우에 있다보니 마음이 저절로 항저우로 향하는 것은 일종의 인지상정이었다. 그러나 지금 생각해보면 우한은 이미 내 운명의 한 자락으로 자리잡고 있었는지 모른다.

어느 날 우한의 친구에게서 연락이 오고, 다시 그것을 아들이 통역하여 내게 전해주었다. 꼭 한 번 시간을 내서 우한에 와달라는 것. 반드시 나를 만나 상의할 이야기가 있다는 내용이었다. 중국에 가는 일이 옆동네 놀러가는 것도 아닌데 이렇게 전화를 한 걸 보면 무슨 중요한 일이 있기는 있는 듯했다. 또한 아들을 돌봐준 친구가 이렇게 직접 오라고 하는데 딱히 거절하는 것도 예의는 아니었다. 고민 끝에 나는 다시 우한행 비행기를 탔다.

옛친구를 만나는 건 언제나 가슴설레는 일이었다. 다시 가슴이 흥분되기 시작했다. 아름다운 동호의 능수버들과 연분홍 연꽃의 자태를 한 번 더 볼 수 있겠다는 기대감도 출렁거렸다.

우한에 도착하여 친구이야기를 들어보니 나보고 거기 와서 어학연수원을 하라는 제의였다. 시정부 산하의 중화문화원에 한국학생들을 데려다 중국어연수를 하고 중국사람들에게는 한국어를 가르치는 것이 어떻겠느냐는 것이었다. 그리고 친구와 함께 연수원에 가보니 과연 시설과 모든 여건이 아주 훌륭했다. 마음에 들었다. 한국학생들이 이렇게 좋은 시설에서 중국어를 배운다면 효과가 매우 클 것이라는 생각이 들었다. 마침 나도 마음 저편에서는 기회가 오면 한국의 사업을 정리하고 나이 더 먹기 전에 3년 정도는 중국시장에 대해 공부하고 싶었던 참이었다. 한국에서 온종일 일에 매달리다 밤 12시가 다 되어 집으로 들어가는 생활에 싫증도 나 있었다.

어차피 인생은 한 번 살다 죽는 것인데 죽기 전에 새로운 세계에서 도전해본다는 건 나름 매력 있는 일이라 생각했다. 도전하지 않는 인생에 무슨 아름다운 결과가 있겠는가. 물론 우리의 도전이 모두 성공하는 것은 아니다. 하지만 실패가 두려워 새로운 도전을 주저한다면 영원히 패자가 되는 것이라 생각했다. 그러나 사업을 정리하고 아내와 함께 불현듯 중국으로 떠난다는 것이 그렇게 말처럼 쉬운 것은 아니었다. 고향에는 노모님이 아직 살아계시고 나는 집안의 장남이었다. 늙은 어머니를 두고 타국으로 갈 수는 없었다. 지금은 내가 어머니의 자식이지만 나도 언젠가는 우리 아이들의 늙은 아버지가 될 거라는 생각도 했다.

만약에 내 자식들이 훗날 나이먹은 나를 홀로 두고 모두 타국으로 떠난다면 나는 과연 어떨까. 그래서 중국을 향한 내 열망과 도전은 동양의 아름다운 문화인 '부모를 향한 효도' 앞에서 잠시 접어야 했다. 인연도 다 때가 있다는 것을 다시 깨달아보기도 했다. 그리고 얼마 안 있어 나는 고향동생에게 아주 불길한 소식을 들어야 했다. 다름 아닌 어머니가 아프다는 소식이었다. 부랴부랴 고향으로 달려가보니 어머니는 위통으로 고생하고 계셨다. 병원에 모시고 가서 진찰해보니 위암이었다. 가슴이 무너지는 아픔이 왔다. 자식들의 인생이 다 그렇듯 우리는 성인이 되어 살아가면서 부모님 생각보다는 내 자식에 대한 생각을 더 많이 한다. 하늘이 준 '내리사랑'의 본능이지만 막상 부모님이 돌아가실 때는 왜 그리 후회가 되는지 모른다. 나 또한 그런 심정으로 지극정성을 다해 어머니를 서울의 큰 병원으로 모시고 가서 치료해드렸다. 그러나 사람의 운명을 어찌 인간의 의술이 대신하겠는가. 천하의 제갈공명과 관우장군도 세상을 뜨고 조조와 유비도 때가 되니 다 저세상으로 돌아가지 않았던가.

어머니를 고향 뒷동산에 묻고 내려오면서 그분과 함께했던 수많은 추억이 떠올라 눈물이 계속 앞을 가렸다. 지난 날 중국 우한에 여행갔다가 돌아가는 길에 중국산 참깨를 사다드리며 이것이 모두 중국돈 10원어치라고 했더니 웬 참깨가 그렇게 싸냐며 좋아하시던 모습도 생각났다. 한국은 예로부터 참기름이 아주 비쌌다. 그래서 시골에서나 도시에서나 참기름은 부잣집에서만 먹을 수 있던 귀한 음식재료였다. 이렇게 귀한 참깨가 단돈 10원이라고 하니 어머는 기가 막힌다는 표정을 지으셨다. 사실 어머니는 중국돈과 한국돈의 차이를 잘 모르고 계셨다. 아무튼 10원이라는 돈의 가치는 한국에서 아이들도 쳐다보지 않았던 돈이었으니 어머니의 단순한 생각으로는 얼마나 참깨가격이 싸다고 느끼셨을까.

그리고 나 또한 운영하던 회사가 예상치 못하게 법적인 문제에 휘말리는 사고가 생기고 말았다. 호사다마라고 했던가? 불행한 사건이 나에게 닥쳐온 것이었다. 어쨌든 믿음과 신뢰를 바탕으로 도움을 준 사람이 나에게 뼈아픈 불행을 안겨주었다. 내 가슴에는 원망과 미움이 가득 찼고 한국에서의 삶이 싫어지기 시작했다.

그러나 나의 불행을 언제까지 남 탓하며 한탄만 하고 있을 수는 없었다. 지혜로운 생각이 아니었다. 모든 것이 내 운명이라는 생각이 들었다. 인생은 결과도 중요하지만 어려운 시기를 어떻게 슬기롭게 대처하면서 살아가는지도 중요하다. 누구에게나 어렵고 힘든 고비는 오는 법이다. 그러나 늘 마음을 비우고 하늘을 우러러 한 점 부끄럼 없이 산다면 결국 하늘은 스스로 돕는 자를 도울 것이란 생각도 했다. 이런 와중에 다시 중국에서 연락이 왔다. 그 순간 나는 본능적으로 중국을 가야 한다는 생각을 했다. 가슴 저편에서 무의식적으로 다가오는 소리도 들렸다. "중국으로 가서 새로운 도전을 하라." 바로 다음날부터 나는 한국의 삶을 정리하기 시작했다.

사람은 참으로 이상한 본성이 있는 듯하다. 무언가 새로운 도전을 시작하면 없었던 힘도 생기고 불같은 욕망도 다시 살아나는 속성이 있다. 나도 그랬다. 그래서 인간에게 희망은 참으로 중요한 삶의 의지이고 동기가 된다. 희망이 없는 삶에서 절망은 너무나 쉽게 우리를 공격한다. 일단 절망의 늪에 한 번 빠지면 우리의 삶은 금방 생기가 사라진다. 요즘 중국에도 젊은 학생들의 자살이 늘고 있다고 한다. 한국은 그 정도가 아주 심한 편이다. 안타까운 현상이다. 이런 중국을 향한 나의 새로운 도전은 어쩌면 하늘이 미리 준비해놓았던 나의 운명이었으리라. 다가온 운명을 어찌 거부할 수 있겠는가. 피할 수 없다면 차라리 즐기라는 말이 있다. 좋은 말이다. 피할 수 없는 운명을 피한다고 해결될 일은 아무것도 없다. 과감하게 맞서 싸워 나가야 한다. 죽고 사는 일이 모두 하늘의 뜻에 달려 있다는 정신과 용기로 앞으로 나가는 삶이 더 아름다운 법이다. 어떤 이유가 되었건 자살은 신이 인간에게 허락한 결정이 아니다. 나는 요즘 젊은이들에게 이런 이야기를 꼭 해주고 싶다.

나는 다시 『삼국지』를 생각했다. 대륙의 평원에서 파란만장한 삶을 살다간 수많은 영웅들 얼굴도 그려보았다. 한낱 환관의 아들로 태어났지만 뛰어난 지략으로 일국의 황제가 된 조조와 시골에서 멍석을 짜면서도 자기가 활동할 때를 기다렸던 유비의 고생 많던 초창기 삶의 모습도 생각했다. 오죽하면 마침내 형주에 입성한 유비가 감격에 겨워 눈물을 흘렸겠는가. 그 전까지만 해도 유비는 거처도 없던 떠돌이 나그네 신세이지 않았는가. 하지만 영웅은 하늘이 준 자기의 때를 놓치지 않는 법이었다. 멍석을 짜는 일과 환관의 아들이라는 것은 좋은 조건도 결코 장애가 되는 조건도 아니었다. 영웅의 기질과 타고난 본능은 이런 난관 앞에서 헤치고 나가는 용기와 결단일 것이다.

나도 중국으로 향하는 비행기 안에서 이런 생각을 했었다. 비행기가 우한 상공에 도착할 즈음 다시 창밖으로 우한 모습을 바라보았다. 수많은 호수와 넓은 평원이 눈에 들어왔다. 저땅에서 중국사람들은 수만 년 세월 동안 치열하게 살았을 것이다. 많은 사람들이 우정과 배신 사이에서 가슴아파했을 것이고 성공과 실패의 갈림길에서 기쁨과 슬픔의 눈물을 흘렸을 것이다. 세상은 이렇게 동질적인 인생의 희로애락을 품고 흘러가는 것이다. 우리는 그저 내 앞에 놓인 알 수 없는 운명과 한 치 앞도 모르는 인생길에서 최선을 다해 열심히 사는 것이다. 엎어지고 다시 일어서는 삶에서 인생의 깊은 맛을 깨달으며, 아픈 가슴을 다시 희망의 가슴으로 돌려놓는 과정에서 진실한 사랑과 우정도 맛볼 수 있다. 이런 상념의 날개를 펼치는 동안 비행기도 우한 톈허 공항에 힘찬 소리를 내면서 무사히 도착했다. 이리하여 나의 질기고 질긴 우한과의 인연은 다시 시작되었다.

　나와 아내와 프랑스에서 중국으로 건너온 딸애는 생각보다 우한생활에 잘 적응했다. 남달리 호기심이 많은 아내는 매일 여기저기를 돌아다니며 아주 재미있어했다. 나는 중국을 여러 번 오갔기 때문에 이 나라가 그리 낯설지 않았지만 아내에게는 모든 것이 신기하고 재미있었던 모양이다. 저녁에 집에 들어가면 오늘 낮 겪은 이야기를 밤새도록 하는 통에 잠을 못 이룰 정도였다. 특히 아내는 옛날물건 파는 곳을 아주 좋아했다. 평소 자기취미와도 딱 맞아떨어지는 장소였다. 한동안 거의 매일 다니던 아내는 저녁마다 그곳에서 사온 물건을 꺼내놓고 내게 자랑을 하곤 했다.

　"이것은 명나라 도자기고, 이 시계는 청나라 것이고….". 그러면 내가 "진짜로 이것이 명나라물건으로 생각하고 샀느냐"고 물어보면 아내는 펄쩍뛰며 "왜 애써 골라온 물건을 가짜처럼 이야기하느냐"며 핀잔을 주었다. 기가 막힌 노릇이지만 아내의 만족스런 마음에 굳이 찬물을 끼얹고 싶지는 않았다. 돈 50원, 100원에 저렇게 행복을 느낄 수 있다면 그것도 괜찮다는 생각을 했다.

　인간의 행복이 무엇인가. 자기가 진심으로 좋아하는 일을 하는 것 아닌가. 진짜물건이 되었건, 가짜물건이 되었건 본인 스스로 진짜라고 생각하며 행복과 만족을 느낀다면 그걸 탓할 필요는 없었다.

　나도 여러 주변 친구들의 도움과 배려로 우한생활에 금방 익숙해지기 시작했다. 다만 문제는 중국어였다. 언제까지 영어로 말할 수는 없었기 때문이다. 아내 또한 아침 저녁으로 시장에 가면서 계속 딸을 데리고 다닐 수는 없었다. 우리 부부의 당면과제가 생긴 것이다. 그래서 "지금부터는 오로지 중국어공부에 매진하자." 이런 목표를 세우고 죽기살기로 중국어공부를 시작했다. 한국인터넷에서 방영하는 연속극은 일체 보지 않기로 했다. 이해가 가던 안 가던 무조건 중국 텔레비전을 보았다.

아주 다행스러운 것은 우리는 이미 한국에서 초등학교시절부터 한자를 배운 경험이 있었다. 중국TV는 늘 모든 방송에 자막이 있었다. 그래서 말하는 것은 이해할 수 없었지만 자막을 열심히 보면서 대강의 뜻이 무엇인지 알 수 있었다. 우한의 신문도 마찬가지였다. 한자를 미리 배워놓은 것을 이렇게 유용하게 써먹을 줄 몰랐다. 시내버스를 타고 가거나 택시를 타도 반드시 중국어 책을 들고 다녔다. 그리고 창피한 줄 모르고 열심히 중얼거리며 외우고 또 외웠다. 버스에 탄 사람들이 이상한 눈으로 쳐다보든 말든 주변시선에 신경쓸 겨를이 없었다. 하루 빨리 중국어를 배워야 한다는 일념만이 내 최고목표였기 때문이다.

지성이면 감천이라 했던가. 이렇게 밤낮으로 중국어공부에 매달리다보니 하늘도 감동을 했는지 언제부턴가 나도 택시기사와 간단한 이야기는 나누고 있었다. 신기하고 행복했다. 나의 어설픈 중국말을 중국 본토사람이 알아듣는다는 사실이 너무 흥분되고 즐거웠다. 게다가 나의 간단한 중국어를 알아듣는 우한사람들은 빠짐없이 나보고 중국어를 아주 잘한다고 칭찬해주는 것 아닌가. 역시 칭찬은 고래도 춤추게 한다는 말이 맞는 듯했다. 그렇게 1년쯤 지나니 제법 기본회화가 가능해졌다. 그야말로 나이 오십에 혼자서 독학한 인간승리였던 셈이다.

중국에 와서 살아보니 무엇보다 언어소통이 가장 중요하다는 생각이 든다. 알다시피 사람사는 세상은 대개가 비슷하게 굴러간다. 좋은 사람이 있으면 나쁜 사람도 있고, 기쁨과 슬픔의 종류도 마찬가지다. 결국 사람사는 세상에서 가장 중요한 것은 소통일지 모른다. 사람이 사람과 만나는 곳이 세상이기에 더욱 소통은 중요하다. 그래서 언어는 기본 필수과목이다. 일단은 언어가 통해야 소통이 가능해진다. 물론 통역원을 대동하고 필요한 업무를 볼 수 있지만 말이다.

하지만 일상생활에서 우리는 통역 없이 만나야 할 사람들이 너무 많다. 이웃집 중국인과도 서로 인사를 나눠야 하고 아파트 경비아저씨와도 얼굴을 익혀야 한다. 저녁시간에 중국친구와 맥주라도 한잔하면서 대화를 하고 싶어도 언어가 안 되면 모두 불가능한 일이다. 그래서 나는 중국에 사업을 하거나 주재원으로 오는 사람들에게 우선 먼저 중국어를 배우라고 권한다. 다른 무엇보다도 중국어를 기본적으로 할 줄 아는 것이 중국생활의 가장 핵심이라는 말이다. 아무튼 이런 노력 덕분에 나는 일찌감치 중국친구들을 사귈 수 있었다. 얼마나 다행한 일인지 모른다. 이따금 중국신문도 읽고 중국책도 보면서 하나씩 중국문화와 중국인에 대해 공부하는 것은 즐겁고 재미있는 일이다. 이런 우한에서의 세월이 이제 막 7년째로 접어들고 있다. 언제 그 많은 시간이 흘러갔는지 모르겠다.

가을이 찾아오면 선린공원에 가서 동호의 갈대를 바라보며 군에 가 있는 그리운 아들의 얼굴을 그려보기도 했고, 봄에는 매화원에 가서 꽃망울이 힘차게 터져나오는 매화의 모습도 보았다. 4월의 봄햇살이 따사로운 날에는 우리 세 식구가 동호에 가서 나룻배에 몸을 싣고 호수 한가운데서 저 멀리 피어오르는 봄날의 아지랑이를 바라보곤 했다. 습기 가득한 우한의 겨울밤에는 아내와 함께 두꺼운 이불을 뒤집어쓰고 입에서 나오는 하얀 입김을 바라보며 "정말로 춥지!" 하며 눈빛을 서로 교환하기도 했다.

감기가 들면 동네병원에 가서 난생처음 링거주사를 맞아보기도 했고 우한의 보통열차를 타고 여행을 떠나보기도 했다. 사람사는 세상은 이렇게 비슷했지만 이방인에게 찾아오는 향수는 어쩔 수 없었다. 사무치게 그리운 고향집이 눈앞에 아른거리고 돌아가신 어머니 산소에 문득 가고 싶어지는 날에는 혼자서 거리를 배회하며 가슴에 밀려온 온갖 그리움과 향수를 털어버려야 했다.

이제 우한생활 7년으로 접어들면서 조금씩 한국으로 돌아가고 싶다는 생각이 든다. 그러나 우한과의 인연을 내 마음대로 끊을 수 없다는 것 또한 잘 안다.

그래서인지 어쩌다 한국에 가도 길어야 2주일을 못 넘기고 돌아온다. 이제는 한국이 더 낯설기 때문이다. 그래서 친구들에게도 "나는 이제 한국사람이 아니고 중국사람"이라는 농담을 하며 웃기도 한다. 나는 과연 하늘이 내려준 우한 땅에서 얼마나 더 살아야 하는 것일까. 욕심 같아서는 이곳에서 더 공부를 하고 싶다. 박사과정을 밟으며 중국에 대한 공부를 하고 싶다. 그런 기회가 올지는 모르겠지만 늘 마음속으로 소망하며 살아간다. 아마 내 바람이 이루어질 거란 생각이 든다. 왜냐하면 하늘은 그리 쉽게 나를 우한에서 떠나게 하지 않으리라는 예감이 들기 때문이다.

제3장

중국과 중국인

中國

'중국과 중국인'을 시작하며

우리가 흔히 중국인들을 장사의 귀재라고 한다. 맞는 말일까? 맞다. 중국에 살면서 겪어본 중국사람들은 여러 측면에서 장사를 하는 머리와 지혜가 뛰어나다. 우리집 앞에는 대학이 있고 그래서 대학정문 앞에는 조그만 상점이 즐비하다. 학생들을 상대로 하는 장사니만큼 아주 좋은 식당과 상점보다는 고만고만한 가게들이 많다. 이 중에는 과일을 파는 상점이 두 개 있는데 한국사람들은 주로 젊은 사람이 운영하는 곳을 간다. 싱싱하기 때문이다. 그런데 어느 날 이 과일가게 청년이 우리식당 옆에 있는 미국인이 운영하는 영어카페에 와 있었다. 가만히 유리창으로 들여다보니 다른 중국인들과 같이 영어공부를 하고 있었다. 영어를 공부하는 일이 아주 이상한 일은 아니지만 조그만 가게에서 과일을 파는 청년이 갑자기 영어를 배워서 어디에 쓰려고 저러나 하는 생각이 들었다.

나중에 알고 보니 그 청년의 목적은 분명했다. 자기 과일가게 앞에는 외국인학생들이 다니는 국제학교가 있는데 그 학교의 미국선생들이 가끔 온다고 했다. 물론 자기네 집에만 오는 것이 아니라 때로는 옆집에도 갔을 것이다. 이청년은 영어가 안 되는 관계상 미국인과 다른 프랑스나 한국사람들과 소통이 될 수 없었다. 그래서 마침내 그 선생들이 영어를 가르치는 카페에 등록을 하고 영어를 배우기 시작했다. 초등학교 졸업이 전부인 그의 학력으로 영어를 배운다는 게 쉬운 일은 아니었지만 그는 열심히 따라 외우고 배웠다. 대단한 노력이었을까? 아니다. 이청년은 간단한 영어만 배우는 데 목적이 있었던 것은 아니었다. 그가 영어를 배우면서 미국선생들은 모두 그집의 단골이 되었다. 그리고 다른 외국인들도 몇 마디 영어가 되는 이청년에게 과일을 사러 갔다. 그 가게는 문전성시門前成市를 이루어 어느 날 보니 더 큰 가게를 시내 중심에 얻어 장사를 하고 있었다. 저녁에 그 과일가게 앞에는 여전히 외국인들이 북적거리고 있었다.

그런데 왜 이친구는 굳이 외국인들을 단골로 삼으려 영어를 배우는 고생을 했을까? 답은 분명했다. 우리 같은 한국인과 다른 프랑스나 미국인들은 과일을 좋아한다. 더구나 중국의 과일값은 매우 저렴한 편이다. 그래서 외국인들은 과일을 많이 산다. 중국인들이 열 명 정도 와서 사갈 과일을 외국인들은 한 명이 와서 사가는 경우가 많다. 이런 막대한 매출을 올려주는 외국손님을 어찌 눈 뜨고 놓칠 수 있단 말인가.

중국인들은 돈을 벌어도 대부분 내색을 안 한다. 내가 알고 있는 어떤 중국친구는 나와 10여 년을 친구로 지내는 동안 한 번도 자기가 구체적으로 뭘 하는지 말한 적이 없다. 그런데 주변친구들 말에 의하면 그친구는 돈이 많다고 한다. 돈을 버는 일에는 천재적인 재주가 있다고도 한다. 그친구가 어디로 왔다가 어디로 가는지 주변사람들은 모른다고 한다. 어느 날 불현듯 나타나기도 하고, 어떤 날에는 소리없이 사라지기도 한다. 나는 그친구를 도깨비라고 놀리지만 어쩌다 만나서 이야기를 해보면 참으로 배울 점이 많다는 생각이 든다. 중국에서 나를 가르친 스승이라고 보면 된다.

뛰어난 화술과 세심한 인간관계 그리고 거미줄같이 엮인 그의 관시를 보면서 나는 정말로 이친구가 대단한 사람이라는 느낌이 들지 않을 수 없었다. 아마도 그친구가 쳐놓은 그물에 한 번 걸리면 웬만해선 도저히 빠져나오기 힘들 것이다. 물론 나도 초창기에 그 그물에 빠졌다 간신히 운 좋게 도망(?)친 경우가 있다. 내 힘으로 빠져나온 게 아니라 그친구가 운이 없었기 때문이었다. 그는 내가 아는 주변의 중국인 중에서 최고의 고수였다. 중국에는 이렇게 날고 기는 고수들이 많다. 한낱 과일장사도 우리들 속을 꿰뚫는 지혜가 있다. 하물며 사업적으로 성공한 사람들의 장사기술은 가히 혀를 찬다.

중국역사를 보더라도 고수들은 아주 많다. 『삼국지』에 나오는 조조曹操와 제갈공명諸葛孔明만이 고수가 아니다. 만년 2인자의 자리에서 모택동毛澤東을 41년간 모셔야 했던 주은래周恩來. 세 번 쓰러졌다 네 번을 일어나 중국의 거대한 개혁개방을 선도한 작은 거인 등소평鄧小平. 그는 모택동 추종세력에 의해 온갖 핍박을 받았지만 훗날 국가의 주석이 되어서도 그를 원망하거나 그의 정신을 거부하지 않았다. 정치적으로나 경제부흥 모두에서 그는 진정한 승자였고 죽어서도 영원한 중국 당대의 고수였다. 그리고 세월을 낚으며 인내하다가 마침내 단 한 번의 기회로 천하를 얻은 강태공姜太公이 있다.

또한 미천한 집안에 태어나 잔심부름으로 어린 시절을 보내다 빈털터리가 되는 과정을 겪고 또 겪었지만 큰 상인이 되는 데 돈보다는 사람이 더 소중함을 깨달아 결국에는 부와 명예를 모두 거머쥔 청대 말 거상巨商 호설암胡雪巖이 있다. 중국은 이렇게 많은 고수들이 앞에 있고 현재에도 그 비법을 전수받은 후배고수들이 우글거리고 있다.

우리는 과연 이런 중국의 고수들과 맞서 싸울 준비가 되어 있는가? 다시 말하지만 우리는 중국인을 쉽게 봐서는 안 된다. 우리는 더 겸손해져야 한다.

이제 중국에 살면서 겪어본 중국인에 관련된 이야기를 좀 더 해야겠다. 우리가 왜 겸손해야 하는지, 내가 만난 중국인에 대해 쓰고자 한다.

중국은 큰 나라다. 여기 서술한 중국인들이 다른 모든 지방의 사람들과 문화와 풍습, 습관이 아주 같을 수는 없다. 각 지방마다 그 차이가 분명히 있기 때문이다. 아무튼 중국사람을 이해하는 데 부족하지만 조금이나마 도움이 되길 바란다.

중국 우한사람들의 특징

우한 사람들은 머리가 좋고 재치가 있으며 장사에 아주 밝다고 한다.
그래서 기본적으로 기술과 전략, 계산을 요하는 두뇌게임인
마작을 남녀노소 모두 즐긴다.

중국 우한이라는 곳을 처음 와본 지는 꽤 오래 전이다. 약 15년 전, 그러니까 1995년에 처음으로 왔었고, 그후에도 중국친구 초청으로 여름 휴가철에 한두 차례 오기도 했었다. 그런 숙명 같은 우한과의 만남은 끝내 나로 하여금 이곳에서 자식을 교육시키고 아내마저 불러오게 했다.

그래서 우한사람들의 특징과 성향은 늘 관심의 대상이고, 연구대상이었는지 모른다. 하지만 나의 빈약한 내공으로 그들을 평가하고, 특징을 말하기에는 아직 많이 부족하다. 그러나 이곳에 와서 살아가고 있는 한, 우한사람들과의 만

남은 피할 수 없는 일이기에 가능한 한 그들의 일반적 특성을 미리 알아두는 것도 괜찮다는 생각이다.

물론 사람사는 세상에는 어디나 좋고 나쁜 사람이 있는 것이고, 그래서 일부 몇 사람을 상대하고 전체를 평가할 수는 없다. 나도 여러 사람들을 만나보고, 겪어보았다. 실망도 했고, 때로는 좋은 사람도 만났다. 그러면서 우한사람들에 대한 평가도 어깨너머로 들어보기도 했다.

안타깝게도 대부분 그리 좋은 평가는 아니었다. '왜 그런 부정적인 평가가 나오는 것일까?'라는 의문도 가져보았고, 그 배경에 어떤 역사적 근거가 있는지 궁금증이 일기도 했다.

그러나 지금까지는 짧은 중국어실력이 그런 자료를 찾아보는 것을 허락하지 않았고, 사실 엄두를 낼 형편이 아니었다. 그러던 중 요즘 어느 책자를 통해 우한사람들의 특징이라는 글을 보게 되었다. 그동안 나름 돋보기안경을 쓰고 열심히 중국어공부를 한 덕택에 웬만한 뜻은 이제 이해가 가능했다.

이틀 밤을 새며 해석해보니 흥미롭기도 하고 무엇보다 역사적이고 지리적인 배경을 두고 우한사람들의 특징을 써내려간 것이 비교적 객관적이고, 나름 근거가 될 수도 있겠다는 생각을 했다. 최소한 100년 이상의 역사를 통해 검증된 보편적 특징이 섣불리 내 개인의 생각으로 판단한 단편적 지식보다 훨씬 신뢰성이 있을 거라고 생각했다. 먼저 그 소개를 두서없이 해볼까 한다.

첫 번째 특징은 우한사람들은 머리가 좋고 재치가 있으며 장사에 아주 밝다고 한다. 그래서 기본적으로 기술과 전략, 계산을 요하는 두뇌게임인 '마작麻雀'을 남녀노소 모두 즐긴다. 중국에서도 이곳 우한사람들의 마작은 매우 유명하다.

장사에 밝고 능하다는 것은 나쁘게 표현하자면 단돈 1원이라도 손해보기 싫어한다는 의미다. 사람이 장사를 하다보면, 때로는 밑지기도 하고 이익이 남기도 하는데, 내가 알고 겪어본 우한사람들은 어떠한 경우에도 단돈 1원이라도 손해를 용납하는 성격이 아닌 것은 틀림없어 보인다.

생활습관은 다소 사치스러운 것을 좋아하고, 돈이 없어도 있는 척하는 등, 대체적인 성격이나 성향은 우한의 편리한 교통환경과 풍부한 수자원 그리고 삼대화로三大火爐로 불릴 만큼 더운 날씨에 영향을 받는다는 평가가 나름 설득력 있어 보인다.

우선 편리한 교통은 우한사람들을 개방적이고 장사에 능한 사람으로 만들었는데, 이들은 돌아다니기를 좋아하고 다른 지역에 가서도 생활력이 아주 강하다고 한다. 외지에서 오는 사람들을 상대로 사기를 치기도 하는 등 부정적인 면에서 장사셈이 아주 능하다는 뜻이다.

이러한 개방적인 환경과 성격으로 우한에는 그들만의 독특한 음식이 발전할 수 없었고, 그래서 우한사람들은 웬만한 짜고 매운 음식을 가리지 않고 다 잘 먹는 편이다. 아울러 다른 지방의 음식을 자기들 입맛에 맞게 변형해서 개발하고, 좋아하는 마작도 스스로 고안한 여러 방법이 있을 정도로 창의적인 면이 있다고 한다.

이미 80년대에 미니스커트가 유행할 정도로 여성들이 개방적인데, 이는 우한사람들이 남의 장점을 쉽게 받아들이는 반면 그만큼 독창적인 것보다 남의 것을 응용하길 좋아하는 경향이 있음을 보여주는 일면이다. 따라서 독창적인 문화형성에 필요한 참을성이 없다는 단점도 지적되고 있다.

우한의 풍부한 수자원은 이들에게 죽음과 귀신을 두려워하지 않는, 다소 낙관적 성격을 만들어 주는 데 일조했다. 우한은 오래 전부터 홍수가 범람하면서 많은 사람들이 죽어나갔고, 그들은 매년 물에 떠내려가는 수많은 시체를 보면서 삶과 죽음은 늘 공존한다는 생각을 하게 되었다.

아울러 위에서 아래로 흐르는 물의 자연법칙을 통해 세상을 역행하기보다 가능한 한 순리를 따르는 법을 익히며 살아왔다고 한다. 이렇게 세상사에 맞서 싸우기보다 적응하는 법을 배우며 자랐기에 실현불가능한 이상을 추구하지 않고 현실에 만족하며, 도전보다는 안주하려는 경향이 많다는 것이다. 그래서 우한에는 예로부터 훌륭한 학자와 참모는 많아도 뛰어난 지도자가 없다는 것이 흠으로 지적되고 있다.

우한사람들은 별로 꾸밈이 없는데 이는 더운 날씨 탓으로 보고 있다. 우한의 여름은 매우 덥고 겨울은 혹독하게 추운데 특히 겨울에는 집안이 밖보다 더 춥다. 이런 환경은 여름에 옷을 벗고 태연하게 걸어다닐 정도로 남자들에게 열정을 주기도 하고, 반면 더운 날씨로 인해 불쾌지수가 높아져 목소리가 크고 말다툼을 잘 하는 성격의 소유자들이 많다는 지적이다.

흔히 우한사람들을 일컬어 중국인들은 다음과 같이 말한다.

하늘에는 머리 아홉 달린 새가 있고
땅에는 우한사람들이 있다
(天上九頭鳥地上武漢人)

그만큼 우한사람들은 머리가 좋고 천년 묵은 여우처럼 총명하기도 하지만 교활하다는 의미도 있다. 좋은 뜻은 아니다. 위에서 언급한 특징을 직접 우한에 살면서 겪어본 경험과 견주어보면 대체적으로 맞는 말이다.

구성통구九省通衢로 불릴 만큼 사방팔방으로 뚫린 교통환경, 동네마다 있는 커다란 호수, 시내 중심을 가로지르는 거대한 장강의 물줄기를 보면서 한편으로는 정말로 견디기 힘든 우한의 여름과 추위가 살속으로 파고드는 겨울을 체험하면서 이런 환경은 분명 우한사람들에게 큰 영향을 주었을 거라고 생각한다.

그러나 앞서 언급한 대로 우한의 모든 사람들이 다 그런 것만은 아니다. 외롭고 힘들 때면 어김없이 찾아와 나를 위로해주는 친구도 있고, 언제나 음식을 다른 사람보다 더 듬뿍 얹어주는 동네식당 아저씨도 있으며, 슬며시 남편 몰래 단팥빵을 한 개 더 주는 빵집아줌마도 있다. 나도 가끔은 빵집부부에게 아이스크림을 사다주기도 한다.

중국에서 제일 크고 아름다운 호수 동호東湖가 3월이면 난초를 선사하고, 4월이면 매화를 선물해주기도 한다. 호수에서 피어나는 연꽃향연은 실로 장관이고, 그 자체가 그림 같은 풍경이다. 거대한 장강長江의 황토물결과 한강漢江에서 내려오는 맑은 물이 웅장하고 장엄한 포용을 하며 만나는 곳이 우한이기도 하다.

오늘도 장강의 물결은 수천 년의 사연을 가슴에 품고, 호북성湖北省 성도省都인 우한을 가로질러 흘러간다. 서산에 지는 해가 유난히 아름다운 저녁노을이 되어 그 물결에 출렁거린다. 어쩌면 사람사는 세상에서 가장 중요한 것은 사람들의 특징도 아니고 성향도 아닐 것이다.

새로운 도전을 위하여 중국땅으로 왔기에, 나 또한 저 도도히 흐르는 장강과 함께 호흡하며 살아가고 있다. 설사 우한사람들에 대한 부정적 편견이나 약간의 손해를 입은 서운한 감정이 있더라도, 아침마다 건너는 저 강물에 내가 먼저 그 모두를 던져버려야 한다는 생각을 해본다.

의심 많은 그들에게 내가 먼저 믿음과 신뢰를 보여주고, 머리 좋은 그들에게 물질보다는 때로는 진정한 우정과 의리가 더 아름다울 수 있음도 보여주고 싶다. 그리하여 이웃나라 한국에서 건너와 우한땅에서 살고 있는 우리 가족들과 우한사람들이 진정으로 친구가 되는 날, 나의 '우한탐구'는 비로소 그 찬란한 빛을 발하게 될 것이라 믿어본다.

한국에서 유학한 중국학생

한국에서 공부하고 있는 중국학생들에 대한 우리 모두의 따듯한 배려,
이들을 한국인과 동등하게 대하려는 노력, 책임감 등이 국가의 장래를 위해서
그리고 양국 청년들 미래를 위해서 무엇보다 절실하고 필요하다는
생각을 해본다. 누가 뭐래도 그들은 아직까지는 친한파親韓派다.

나는 한국신문이나 인터넷매체에서 발표되는 개각소식을 접할 때마다 가능한 한 개인경력과 학력을 유심히 보는 습관이 있다. 그 사람에 대하여 특별한 관심이 있거나 무슨 연관이 있어서가 아니라 그냥 한 번 보고 싶은 궁금증의 하나다. 크게 잘못된 습관도 아니다. 그런데 흥미로운 사실은 장·차관이나 국회의원 급의 높은 사람들 학력 중에는 미국유학파가 유난히 많다는 것이다. 솔직히 그렇게 흥미로운 것도 없지만 아무튼 웬만한 사람은 거의가 미국의 대학에서 공부한 경험이 있었다. 실제로 정식과정을 밟아 미국 유명대학에 다닌 사

람들도 있고 1~2년의 연구과정을 거친 사람들도 있다.

어쨌든 '미국유학'이라는 학력은 아직도 일반국민들에게 공개되는 학력과 경력에 있어 여전히 중요한 위치를 차지하고 있다. 공직자와 정치인은 말할 것도 없고 유명교회의 목사는 거의 다가 미국에서 박사학위를 받은 사람들이라 해도 과언이 아니다. 그래서인지 미국에서의 경영학석사(MBA)는 일단 한국에서 통하는 학력브랜드가 된 지 오래다. 하물며 하버드대나 예일대 등 미국 명문대학의 박사학위는 그 위력과 위세가 대단하다. 그런데 조금 더 그들의 성장 스토리까지 깊숙이 들여다보면, 미국 유학시절 그사람들 대부분이 장학금의 혜택을 받고 공부한 사람들이란 공통점이 있다.

물론 공부를 잘했기 때문이기도 하지만 아예 출발 전에 장학금지급을 약속받고 떠난 경우가 많다. 쉽게 말하자면 가난한 한국학생이 미국 대학에서 주는 장학금 덕분에 유학을 할 수 있었다는 뜻이다. 나는 젊은 시절에 이런 기사를 보면서 미국은 참으로 좋은 나라요, 부자나라임에 틀림없다는 생각을 했었다. 얼마나 돈이 많고 대학의 재정이 든든하면 외국학생들에게 장학금까지 주면서 유학을 권유하는 걸까, 이런 순진한 생각을 해본 적도 있다.

그러나 세월이 지나고 어른이 되면서 미국의 이 유학정책이야말로 참으로 장기적이고 자국이익을 위한 것임을 깨닫게 되었다. 지난날 고 노무현 대통령이 "반미면 좀 어때!"라는 말이 국민의 환영(?)을 받기도 했지만 반면에 보수적인 사람들에게 얼마나 비판을 받아야 했었나. 결국 비판대열에는 당연히 미국에서 공부한 사람들이 많았을 것이다. 한국정부의 고위관료들이 미국에서 온 관리를 만나면 사석에서는 서로 동문이 되고 친구가 되고 선후배가 되는 경우가 많다고 한다.

사정이 이렇다 보니 미국의 대 한국외교력은 엄청난 힘을 지니게 되고, 한국의 친구이고 선배이고 동문인 정부관료들이 미국친구들을 도와주는 것은 당연한 일이 된 건지도 모른다. 일찍이 미국이 베푼 가난한 개발도상국을 위한 유학정책(장학금제도정책)은 아직도 많은 나라에서 엄청난 위력을 발휘하고 있다. 그들에게 혜택받은 정부 고위관리와 대기업 최고경영자들의 도움이 있기 때문이다. 당장의 이익이 아닌 최소한 수십 년 앞을 내다본 교육정책의 효과는 놀라운 결과를 보여주고 있다.

현재 한국에도 많은 중국학생들이 유학 중이다. 외국유학생의 68.9퍼센트가 중국인이고 2011년 현재 중국유학생들의 수는 9만 명에 육박하고 있다고 한다. 2004년도의 약 1만 6천 명에 비하면 7년 만에 6배가 증가한 숫자다. 중국에서 유학하고 있는 한국유학생도 8만여 명이나 된다. 과거 미국유학처럼 가난한 중국인이 장학금 받아서 한국에 오고, 한국학생들이 유리한 조건으로 중국유학을 하는 시대는 아니지만 아무튼 양국간의 유학생 교류는 계속 증가추세에 있다.

한국학생들은 보다 먼 장래의 비전과 중국이라는 엄청난 시장을 염두에 두고 중국에 공부를 하러 오는 것이고, 중국인들도 보다 선진화된 한국의 시스템과 학문을 배우러 오는 것이다. 미래의 한중 두 나라를 위해서 이보다 좋은 투자는 없을 것이다. 유학과정과 피차의 외국생활에서 발생되는 작은 문화적 충돌도 있을 수 있고 그래서 반한 감정이나 반중국적인 일말의 감정 또한 있을 수 있다. 미국에서 공부한 사람들 모두가 친미주의자가 아니듯 이사람들이 살아가는 세상에서 반대의 경우는 언제나 생길 수 있다. 그러나 대부분은 본국으로 돌아가 친한파親韓派가 되고 친중파親中派가 된다. 가슴속에 유학시절의 아름다운 추억이 있기 때문이다. 그래서 한국에서 만난 중국인이 반갑고, 그들은 자기나라에서 만난 한국인이 반갑기도 하다. 인지상정人之常情이다.

실제로, 내가 아는 어느 한국사람도 그런 한국유학파 중국인의 도움을 받은 적이 있다. 그는 작년 봄에 중국 간쑤성甘肅省 딩시定西라고 하는 곳에 약 4천만 원 상당의 물건을 외상으로 팔았는데 알고 보니 처음부터 떼어먹을 작정을 한 중국사람에게 걸려들었던 것이다. 중국초보자들이 흔히 당하는 일이었다. 몇 개월이 지나서 죽기살기로 매달리고 호소하여 간신히 돈 1천만 원을 받았으나 이후에도 역시 소식이 없어 이틀 밤낮으로 기차를 타고 찾아갔으나 백약이 소용없었다. 심지어는 갖은 협박을 당하고 아예 만나주지도 않았다.

그러나 한국인이 어떤 사람들인가? 그사람은 자기혼자 표지판을 목에 걸고 시정부청사에서 1인시위를 시작했다. 그 표지판 내용은 이러했다. "나는 한국인이다. 나는 중국을 좋아한다. 그런데 중국인이 물건값을 안 준다." 한국인이 중국땅에서 당하고 나면 기껏 할 수 있는 일은 고작 이 정도라고 보면 된다. 낯선 지방에 관시가 있나, 중국어가 유창하여 정부기관에 호소를 할 수가 있나, 겁없이 달려든 것이었다. 아무튼 30도가 웃도는 더위 속에서 진땀을 흘리면서 모자를 눌러쓰고 며칠 동안 묵묵히 1인시위를 하던 중 어느 젊은 아가씨가 다가와 "한국인이냐?" 물으면서 자초지종을 말해달라고 했다. 그리고 사정이야기를 다 들은 아가씨는 자기가 적극 돕겠다고 하면서, 사실은 나도 한국에서 유학하고 돌아온 지 얼마 안 되었다고 했다. 의사소통이 잘 안 되는 이 불쌍한 (?) 한국인에게 한국말을 사용하며 걱정말라고 위로도 했다.

다음날 한국인은 아가씨와 함께 돈을 안 주는 대리상을 찾아갔고 아가씨는 중국공안 간부인 대리상의 실제주인에게 "같은 중국인으로서 창피하다. 돈을 주라"고 하자 중국인은 몇 푼의 용돈을 그 아가씨에게 주면서 이런 일에 끼어들면 안 좋다고 반협박까지 했다. 이에 중국아가씨는 자기가 근무하는 방송국에 통보해서 방송을 하겠다고 맞대응을 하며 한 걸음도 물러서지 않았다. 그런데 잠시 후 어디선가 걸려온 전화를 받은 대리상은 갑자기 자세를 낮추며 내일 당장 돈을 주겠다고 했다. 다음날 찾아가니 정말 거짓말같이 1원도 안 틀리는 1년 반의 긴 외상값을 순순히 주었다는 이야기다.

알고 보니 아가씨의 부친이 시의 엄청난 고위직에 있는 사람이었다. 한국에 유학하고 돌아온 딸이 중국고향에서 처음으로 한국인을 만났는데 그야말로 꼴이 말이 아닌 모습을 본 것이었다. 아버지가 딸의 이야기를 들어보니 '중국인은 틀렸고 한국인은 억울했다.' 딸 또한 한국에서 공부하며 받은 여러 친절과 한국친구들에 대한 우정이 생각나서 적극 도움에 나선 것이라 했다. 그 한국사람은 다행히 운이 좋았지만 이런 일은 10년에 한 번 있을 법한 일. 늘 행운이 오는 것은 아니다.

어쩌면 이런 외상값을 1원도 안 떼이고 받는 일은 중국땅에서 거의 기적에 가까운 일이다. 중국생활 3년이면 다 아는 상식이다. 그런데 이사람은 받았다. 전적으로 1인시위 때문이었을까? 아니다. 1인시위는 아무런 효과가 없었다. 거의 마지막으로 해본 발악이라고 하면 심한 표현일까? 한국에서 공부하고 있는 중국학생들에 대한 우리 모두의 책임과 따뜻한 배려가 국가장래를 위해서 그리고 양국의 청년들 미래를 위해서 무엇보다 절실하고 필요하다는 생각을 해본다. 누가 뭐래도 그들은 아직까지는 친한파다. 우리의 귀중한 중국자산이고 응원부대이고 상호협력의 동반자다. 왜냐하면 한중관계의 보다 나은 미래는 그들의 몫이고 그들의 책임이기 때문이다.

중국인 - 물건 받고 배 째라

중국인은 조직이 작은 우리형편을 헤아려주지 않는다. 어떤 경우라도
손해가 나는 일에 양보는 있을 수 없다는 근성이 있기 때문이다.
그래서 급한 사람이 지는 것이고 중국전역을 거머쥘 것처럼 허황된 꿈을 꾸는
작은 기업은 제 풀에 넘어갈 수밖에 없는 곳이 중국일 수 있다.

중국인과의 상업적인 장사는 습관적 차이와 문화적 사고의 차이에서 발생되
는 문제들이 많이 있다. 내가 아는 사람도 최근에 중국인을 상대하면서 곤란한
문제에 직면하고 말았다. 물론 중국인 입장에서는 아주 당연한 일이기도 했지
만 어쨌든 난감한 상황이 발생하고 말았다. 사건의 전말은 한국인이 "돈을 틀
림없이 준다"는 약속을 믿고 덜컥 물건을 보냈는데 예상대로(?) 입금이 안 되는
것이었다. 당연했다. 순진해서 그런 것도 아니다. 바보짓을 했다고 하는 것이
맞다.

춘절(春節, 음력설)에 그 돈을 받으러 갈려니 기차표는 없고 그렇다고 돈이 급하니 안 갈 수도 없고 그래서 어쩔 수 없이 모든 교통수단을 동원하여 20여 시간 기차를 타고, 다시 6~7시간 버스로 갈아타고 갔다. 한국사람은 중국어가 아주 서툰 사람이라 출발하기 전 내게 도움을 요청했다. 내용인즉 중국거래처에 전화해서 "왜 돈을 안 주느냐"고 물어봐달라는 것이었다. 중국인의 대답은 이랬다. "한국사람들은 참 이상하다. 왜 물건을 팔고 돈을 받을 때는 그렇게 급하고, 정작 제품에 문제가 생겨서 한번 오라고 할 때는 갖은 핑계를 대면서 오지 않느냐. 그래서 저번에는 내가 한국사람을 급하게 해주려고 일부러 물건을 주문했다. 물론 돈은 줄 생각이 없다. 물건이 도착해도 돈을 주지 않으니 이제는 한국사람이 저절로 찾아온다고 하더라. 지금부터는 내가 아쉬울 것이 하나도 없다. 오든지 말든지." 이런 내용이었다.

중국인이 물건받고 배 째라고 한 것이 아니었다. 나름대로 그 사람은 분하고 억울해서 일부러 골탕을 먹인 것이었다.

중국인은 장사에 관하여 우리보다 한수 위다. 그런데 한국사장은 계속해서 "거래처 중국인은 그 지역의 잘 아는 공안간부와 시정부 고위층이 소개한 사람이고 술도 몇 번 같이 마신 친한 사이"라는 엄청난 관시를 자랑하며 틀림없이 돈을 줄 거라고 믿고 있었다. 결국 돈이 안 들어오자 급기야는 부랴부랴 사람을 보내고 출장경비는 두 배로 지출되는 사태까지 간 것이었다. 중국에 진출한 중소기업의 애로가 어쩌면 이런 것인지도 모른다. 지역이 넓으니 웬만한 조직으로는 제품의 서비스가 힘들다. 그러나 중국인은 조직이 작은 우리의 형편을 헤아려주지 않는다. 어떤 경우라도 손해가 나는 일에 양보는 있을 수 없는 근성이 있기 때문이다. 그래서 급한 사람이 지는 것이고 중국전역을 거머쥘 것처럼 허황된 꿈을 꾸는 작은 기업은 제 풀에 넘어갈 수밖에 없는 곳이 중국일 수 있다. 고위층과 함께 술도 마시고 친구가 되기로 약속한 사람이 '설마 물건을 받고 돈을 안 준다'는 생각은 꿈에도 안 했겠지만 사실은 그렇게 녹녹하지 않은 곳이 중국이고 만만치 않은 사람이 중국인이다.

단기간의 승부, 초창기의 놀라운 발전과 실적의 빠른 증대, 이런 이상적이고 야무진 꿈도 중국이라는 넓은 땅에서는 어느 정도의 시간을 요하는 일이다. 그래서 좀 더 깊이 있는 중국공부가 필요하고, 인내와 철저한 조사, 사전 시나리오가 필요한 이유가 다 있다. 중국에 살면서 그래도 한 가지 다행스럽게 여기는 것은 우리 한국인들의 '중국배우기' 내공이 십여 년 전에 비하여 아주 높아졌다는 점이다. 당시만 해도 정말로 인터넷이나 일반서점에서 중국과 관련된 실제적이고 경험이 바탕이 된 정보를 얻기란 아주 힘이 들었다.

대개의 경우, 다른 책을 베끼거나 중국의 현실과는 동떨어진 모습을 묘사한 내용이 많았다. 물론 요즘도 소위 중국전문가라고 하는 사람들의 책에서도 많은 오류가 발견되기는 하나, 그래도 아주 귀중하고 좋은 정보와 분석적인 내용의 자료가 풍부해진 것도 사실이다. 다만 아쉬운 것은 실제로 중국에 와서 발로 뛰어다니고 밤새워 일을 하는 많은 한국인들이 이런 유익한 정보를 좀 더 활용하고 참고했으면 하는 것이다. 애써 연구하고 분석한 자료를 꾸준하게 읽어보면서 남들이 먼저 경험한 실패와 성공 이면의 내용을 적극 활용했으면 하는 마음이다.

중국인처럼 난생처음
'워킹식사' 해보니

중국생활 수십 년이 저절로 그 사람을 중국통으로 만들어주는 것은 아니다.
중국에 와서 살면서 얼마나 그들과 함께 호흡하고 체험하고
깊이 생각해보느냐에 중국전문가 탄생의 열쇠가 있다.

　중국을 십여 년 이상 다니면서도 여태껏 못 해본 일이 길을 걸어가면서 식사
하는 것이었다. 특히 내가 살고 있는 우한武漢은 다른 도시에 비해 길에서 아침
이나 점심 식사하는 광경을 많이 볼 수 있는 곳이다. 심지어 출근길 승강기 안
에서도 열심히 아침을 먹는 아가씨들도 있다. 물론 버스를 기다리는 정거장이
나 음식점 앞에서는 말할 것도 없다.

　엊그제 나도 드디어 아침을 '걸어가면서 먹어야 하는' 경험을 했다. 출근시
간은 촉박하고 그날따라 배가 몹시 고팠기에 그런 선택을 했는지는 모르겠지

만 아무튼 나는 아주 자연스러운 동작으로 우한의 명물인 '러깐멘熱干面'을 한 손에 들고 열심히 먹으며 걸었다.

버스정류장에 도착할 때까지 음식의 절반을 먹으며 연신 차가 오는 방향을 쳐다보았다. 학교에서 운영하는 출근버스가 오는 시간은 대개 정확하다. 그러나 버스가 조금 늦게 온 덕분에 깨끗이 다 비우고 아주 느긋한 자세로 차에 올랐다. 혹시 내 입가에 국물이라도 묻었는지는 모르지만, 일단은 처음으로 걸어가면서 먹은 아침식사에 성공적인 데뷔를 한 셈이었다.

차안에서 돌이켜보니 나의 아침식사는 거의 필사적이고 정신없이 지나간 한 편의 단편연극과 같다는 생각이 들었다. 사람이 아무리 "닥치면 누구나 한다"고 말들 하지만, 이렇게 자연스럽게 내가 늘 좋지 않게 생각하던 '걸어가며 밥 먹는 일'을 요렇게 잘 하다니, 싶은 생각이 들었다.

그러나 한편으로는 그다지 큰 잘못을 했다는 생각이 들지는 않았다. 오히려 처음으로 걸어가며 아침식사를 해보고, 비로소 보통 중국인의 삶을 더 이해하게 되었고, 그 사람들의 삶이 얼마나 치열한지도 짐작되었다. 그 치열함 뒤에는 체면보다는 실리를 중시하는 중국인들의 사고가 있는 듯했고, 그래서 그들은 아침밥을 굶고 허기진 배로 일을 하느니 차라리 걸어가면서라도 먹는 것이 낫다고 판단하는 것이 아닌가 생각했다.

우리가 단순하게 보이는 여러 중국인들의 모습 속에는 이같이 생활환경에서 비롯된 문화가 있고 그들 나름의 생각이 있을 것이다. 피상적인 관찰과 내가 직접 한번 해보는 것과는 이런 차이가 있다는 의미다.

말쑥하게 양복을 입고 넥타이를 맨 사람만이 문화인이고 젠틀맨은 아니다. 중국인들의 출근길 복장이 다소 엉성하다고 해서 그들의 문화의식마저 낮다고 평가해서는 곤란하다. 한국의 대중음식점에서 우리는 넥타이를 맨 신사들의 술주정을 많이 본다. 비록 먹는 자리가 시끄럽고 더럽기는 해도 최소한 중국은 술자리에서의 그런 주정이나 추태는 없다. 우리 기준으로 상대방의 문화를 단순하게 폄하해서는 안 된다.

중국인들은 거의 대부분 집에서 아침밥을 해먹지 않는다. 부부가 맞벌이를 하다보니 아침에 아이 챙겨서 학교까지 데려다주는 일도 할아버지나 할머니의 몫이다. 그렇다고 아침을 매번 굶을 수는 없는 노릇이다. 습관과 문화의 태동은 반드시 이런 원인이 있기 마련이다.

중국생활 수십 년이 저절로 그사람을 중국통으로 만들어주는 것은 아니다. 중국에 와서 살면서 얼마나 그들과 함께 호흡하고 체험하고 깊이 생각해보느냐에 중국전문가 탄생의 열쇠가 있다. 열심히 좀 더 중국문화에 한걸음 더 다가가서 살펴보는 일이 중요하다. 중국통! 쉽게 되는 일이 아니다.

중국인의 습관, 기다림의 미학

중국에서 가장 먼저 배워야 할 것은 일단 '기다리는 것'이다.
아무리 성격 급한 사람이라도 별 뾰족한 수가 없다.
우리가 '하루 정도면 처리되겠지' 하는 것은
아예 일주일 예상하는 것이 속 편하다.

중국에 살면서 기억에 남는 중국인의 습관이나 특성에 대하여 몇 가지 소개
하고자 한다. 물론 중국이 워낙 큰 곳이라 지방마다 조금씩 문화가 다르고 습
관이나 특성도 다른 경우가 많다. 우선, 중국인은 절대로 웬만해서는 남의 일
에 간섭하기를 꺼려한다. 중국친구에게 그와 상관이 없는 다른 일로 상의하거
나 부탁하더라도 큰 기대를 하지 않는 편이 좋다. 길거리에서 누가 몰매를 맞
더라도 그 많은 구경꾼 중에 말리는 사람은 한 명도 없다.

비오는 날에 버스를 탄다. 비어 있는 좌석이 있으면 앉으려고 하는 것은 당연한 일이다. 그러나 그 좌석에는 물이 줄줄 흐르는 우산이 있다. 지금 앉아 있는 사람이 옆자리가 비어 있으니까 놓은 것이다. 옆좌석이 자기 우산으로 인하여 빗물에 젖든 그것은 상관하지 않는다. 단순히 예절(?)이 없다고 말하기에는 도저히 이해가 안 가는 행동이다.

시장에 자주 가는 상점이 있다. 그야말로 단골인 곳이다. 그러나 중국인은 단골을 더 잘 속인다. 상식적으로 이것 또한 이해가 안 가는 대목이다. 결론은 중국인과의 상거래 시 누구도 믿어서는 안 된다. 더 줄 필요도, 덜 줄 필요도 없다는 의미다. 요즘의 대도시에서는 이런 습관이 많이 없어지긴 했지만 주부들은 시장에 갈 때 휴대용 저울을 가지고 다닌다. 상인이 한번 저울질하고 고객이 한번 다시 달아본다. 믿고 안 믿고 아는 사람이던 모르는 사람이던 정확하게 자기 스스로 챙기는 사람이 최고 현명한 사람이다.

아직 중국인의 소득수준은 평균임금으로 보면 50~60만 원 선이다. 그런데 담배는 종류와 가격이 엄청 많다. 문제는 어떤 담배는 한 갑에 2~3만 원 정도하고 보통 피우는 것이 4~5천 원짜리다. 오히려 외국인들은 600원, 1,000원짜리를 핀다. 그만큼 중국인은 과시와 체면을 중시한다. 집에서는 300원짜리 피우면서 남들 앞에서는 비싼 담배를 꺼내든다. 그래서 어떤 경우라도 중국인의 자존심을 건드리면 안 된다. 그들은 무엇보다 체면이 손상되는 일을 아주 부끄럽게 생각한다.

중국인에게 돈은 곧 신앙(?)이다. 어떤 경우에도 돈에 관한 일에는 목숨을 건다. 단돈 1원이라도 손해나는 일은 절대 안 한다. 흥정을 하고 또 해서 딴에는 무척 만족스런 가격으로 물건을 산 것 같아도 집에 와서 곰곰이 생각해보면 결국 제 값을 다 준 경우가 대부분이다. 중국인을 상대로 '이익을 보려는 생각' 보다는 '최소한 손해는 안 보겠다'고 생각하는 것이 현명하다. 또한 중국상인들은 일단 자기에게 들어온 돈은 절대 돌려주려고 하지 않는다. 예를 들어서 만원을 주고 7,500원어치 물건을 사더라도 봉지에는 반드시 9,000원 이상 담는

다. 다시 꺼내서 저울에 달고 조금 덜어내고 다시 달고, 결국 성질급한 한국인은 하는 수 없이 그냥 다 달라고 한다. 귀찮으니까!

중국가정집에서 어린 아이는 곧 황제다. 할아버지와 할머니, 부모, 모든 식구들은 마치 그 아이를 위해서 존재하는 사람 같다. 초등학교 등굣길에 반드시 누군가는 한 명씩 동반한다. 아침에 초등학교 정문 앞은 전쟁터다. 과잉보호인지 자녀사랑인지 정말 이해가 안 간다. 그러니 아이들이 버릇없는 것은 너무나 당연한 일이다. 버스에서 노인에게는 자리를 양보하지 않아도 어린 아이를 안고 타는 사람에게는 주저없이 양보한다. 일종의 유대감이다.

모든 중국인은 돈을 받을 때 반드시 위조지폐인지 살피고 받는다. 나도 위조지폐를 받아 보았다. 100장이던 200장이던 일일이 다 조사하고 검사한 후에 받는다. 당연히 계산하는 데만 엄청난 시간이 걸린다. 뒤에서 기다리는 사람에게 요구되는 것은 오로지 인내다.

외국인이 중국사람에게 "니하오? (안녕하세요?)"만 해도 백 사람이면 백 사람 모두 "당신 중국어 참 잘한다!"고 한다. 여태껏 그렇게 말하지 않은 사람을 한 명도 못 보았다. 왜 그 인사 한마디에 모두가 똑같이 그러는지, 뭘 잘한다는 것인지, 왜 잘한다고 하는 것인지, 무슨 근거로 그 인사 한마디에 중국어가 굉장하다고 하는지는 아직 모르겠다.

중국에서 모든 가정일의 결정권은 여자에게 있다. 부부가 운영하는 상점에 가서 남자주인과 아무리 얘기해도 모두 소용없다. 아파트임대, 상점임대할 때 모든 가격결정은 여자가 한다. 남녀의 구별, 그런 것은 중국에 없다. 우리나라도 이제는 비슷한 경우가 많이 있지만 중국의 경우 여자의 가정경제권, 결정권은 거의 절대적이다.

중국인들이 술을 먹고 길거리를 배회한다던가 늦게까지 돌아다니는 일은 거의 없다. 저녁 9시 이후에는 거리에 사람들이 거의 없다. 그 많던 사람들이 저녁 8시 이후가 되면 어디론가 다 사라지고 안 보인다. 참으로 신기할 정도다.

흔히 중국인들은 술을 잘 마시고 즐기는 것으로 생각한다. 그러나 막상 중국인들을 대해보면 의외로 술을 못하거나 많이 마시질 못한다. 오히려 그들이 한국 사람들 술마시는 것을 보면 엄청 놀란다. "한국사람들이 이렇게 술이 센 줄은 몰랐다!"고 한다. 원래 중국인은 술 마시고 주정하는 것을 무척 싫어한다. 그래서인지 술자리에서 목소리는 커도 여태껏 술주정하는 사람은 못 보았다. 물론 술에 취하여 비틀거리며 다니는 사람도 거의 없다. 역시 신기한 일이다.

중국에서는 요리를 거의 남자가 한다. 결혼하기 전에 남자는 반드시 음식만드는 것을 배워야 한다. 내가 아는 중국총각이 다가오는 겨울에 결혼을 앞두고 있는데 현재 음식만드는 일로 무척 스트레스를 받고 있다. 당장 집사람을 아침밥을 먹여서 출근시켜야 하고 저녁에는 일찍 들어가서 저녁반찬을 만들어야 할 부담 때문이다.

앞서도 언급했지만, 중국말의 '마상馬上'을 단순히 '바로 지금, 금방'이라는 뜻으로 해석해서는 안 된다. 운전사나 기차차장에게 "얼마나 더 가야 하느냐?"고 물어보았을 때 "마상 도착한다"고 하더라도 최소한 1~2시간 걸린다고 봐야한다. 중국에서 가장 먼저 배워야 할 것은 일단 '기다리는 것'이다. 아무리 성격 급한 사람이라도 별 뾰족한 수가 없다. 우리가 '하루 정도면 처리되겠지' 하는 것은 아예 일주일 예상하는 것이 속 편하다.

중국에서 웬만한 식품 가격의 기준은 낱개나 수량이 아닌 중량(무게)이다. 거의 똑같은 계란도 5개던 10개던 일단 저울에 달아서 중량대로 판다. 무조건 가격기준은 '1근에 얼마'다. 배추 한 포기, 무 한 개, 계란 5개, 수박 한 통…. 그런 거 없다. 일단 모든 물건은 저울에 한번 올라갔다 내려와야 한다.

중국사람들은 버스를 타고 갈 때 설사 다음 정거장이 내릴 곳이라 해도 절대 미리 문앞에서 기다리는 경우는 없다. 버스가 완전히 도착해서야 저 뒤에 앉아 있던 사람도 일어난다. 이미 문이 닫히고 막 떠나려고 하면 소리소리 지른다. 문 열라고 말이다. 매번 그렇다. 정말이지 이해 안 되는 대목이다.

흔히 우리는 "중국사람들은 의심이 많다"고 말한다. 잘 알다시피 우리는 의심 많은 사람을 보고 "중국놈 팬티를 입었냐?"는 우스개 농담을 한다. 중국에서 직접 살아보니 정말로 중국사람들은 의심이 많다는 것을 자주 느낀다. 어쩌다 상점에서 맘에 드는 물건을 보고 내일 틀림없이 돈 가져와서 살 테니 가격을 미리 정하자고 하면 (물론 한국사람의 마음은 진심이다) 중국사람들은 절대 믿지 않는다.

일전에 택시 타고 가다가 돈이 없는 것을 알고 길옆 은행현금지급기 앞에 차를 대놓고 급히 달려갔다. '급히 갔다'는 것은 약속시간에 맞춰 가야 하는데 자칫 하다가는 늦을 수 있었기 때문이었다. '머피의 법칙'이 그날도 어김없이 적용되었다. 이렇게 시간이 촉박해서 움직이는 날에는 꼭 사람들이 많다. 하는 수 없이 그 중 짧은 행렬의 맨 뒤에 서서 기다려야 했다.

비록 마음은 조급했고 기다리는 택시기사에게 눈치가 보였지만 다른 방법이 없었다. 한국인이 무질서하게 새치기를 할 수도 없고, 드디어 앞에 한 사람만 남고 내 차례가 왔다. 50대쯤 보이는 중년부부가 돈을 찾고 있었다. 기계에서 돈 세는 소리가 힘차게 돌아가더니 한 번 더 돌아갔다. 나는 '중국현금지급기도 의심이 많구나!' 하는 쓸데없는 생각을 하며 그 중국인이 돈을 챙기고 카드까지 챙기기에 한 발 움직이며 앞으로 다가갔다. 순간, 이사람이 다시 카드를 넣었다.

얼핏 보니 지급기에서 꺼낸 돈은 1백 위안이었다. '근데 왜 다시 카드를 넣고 돈을 다시 뽑나?' 나는 손에 든 카드를 다시 호주머니에 넣고 초조하게 기다려야 했다. 나의 인내가 거의 폭발 직전까지 간 것은 그 다음이었다. 왜냐고? 그 중국인부부는 인민폐人民币 5백 위안을 뽑는데 1백 위안 단위로 뽑아서 일단 본인이 돈을 들고 이리저리 위조지폐인지 확인을 하고 부인에게 주면 부인이 확인하고, 그러고나서 다시 카드를 넣고 1백 위안 뽑아서 확인을 계속 반복하는 것이었다.

이런 상황을 바라보며 기다리던 나는 참으로 어이가 없기도 하고, 한편으로는 중국은행에서 나오는 돈도 믿지 못하는 중국인들의 가히 놀라울 정도의 '의심병'에 경탄이 절로 나오고 그랬다!

그런데도 뒤에서 기다리는 사람은 전혀 개의치 않았다. 부인은 콧노래까지 부르며 남편의 그 정확하고, 치밀하고, 의심 많은 행동에 마치 격려라도 하듯 뿌듯하게 바라보고 있었다.

지난해 이맘때 춘절선물을 사려고 어느 상점에 갔다가 역시 앞에 있던 사람이 고급양주를 서너 병 사려고 거의 7~8천 위안의 현금을 내는 바람에 30분 정도 기다렸던 기억이 있다. 그 30분이란 돈을 받은 여직원이 한 장씩 전부를 확인한 시간을 말하는 것이다. 그때는 그래도 여러 정황상 어느 정도는 이해가 되었다. 그런데 현금지급기에서 나오는 돈 5백 위안을 한 장씩 뽑아서 이리저리 비춰보고 만져보고 확인 또 확인하는 모습에서는 정말로 기가 막히지 않을 수 없었다.

정부도 은행도 사는 사람도 파는 사람도 모두 현금 앞에서는 의심의 대상이 된다. 그러니 한국사람들이 어설프게 제 아무리 진실을 말해도 눈앞에 돈이 안 보이면 그들은 믿지 않는다. 그냥 믿는 척만 한다. 결코 중국인을 폄하하려는 뜻은 추호도 없다. 다만 중국인의 특성을 좀 더 제대로 알자는 것이다. 대충 아는 것과 제대로 아는 것은 나중에 어느 순간 엄청난 차이의 결과를 가져오는 법이다.

중국사람들은 자기 책상서랍마다 거의 자물쇠가 달려 있다. 그런데 한 번 서랍을 열고 다시 닫을 때는 매번 반드시 서랍을 채워버린다. 어디 외출하는 것도 아닌데 5분 후에 설사 다시 열더라도 일단 자물쇠를 채운다. 그래야 안심이 된다. 일종의 습성이다. 어찌되었건 돈과 계산에 대해서는 어떤 경우라도 대충 넘어가는 일은 없다.

돈 이야기를 더 하자면 중국인의 모든 사고는 일단 돈과 연관되어 있다고 봐야 한다. 솔직히 말해서 중국인에게 돈은 곧 신앙이다. 그들은 미신을 많이 믿는데 이것은 다 물질축복을 기원하기 위한 것이다. 어떤 사람은 교회에 나가서 기도드리고 불당에 가서 불공도 드리고 이슬람 사원에도 주기적으로 간다. 혼자서 세 가지 종교를 다 믿는다. 예수님의 희생과 사랑 그리고 부처님의 자비, 이런 거 잘 모른다. 이유는 따로 없다. 모두가 재산증식과 가족의 평안을 위해서다. 커다란 이익 앞에서 한국인이 중국친구에게 "설마 친구에게 그럴까? 내가 얼마나 잘 대해주었는데"라고 생각하다간 정말 큰일난다. 우정은 우정이고 사업은 사업이다. 중국인들이 철저하게 지키는 원칙이다. 결론적으로 중국에 가는 유학생이나 한국인들은 몇 번 만난 중국사람을 너무 빨리 판단하지 말고 유심히 관찰하면서 중국인을 먼저 이해하는 것이 중요하다.

언젠가 급히 출장갈 일이 생겨서 기차역으로 달려갔다. 시간관계상 가장 빠른 표를 달라고 하니 오전 9시 30분 기차가 있었다. 하지만 좌석이 없는 객석표였다.

다음 기차는 10시 50분이라 하여 하는 수 없이 승강장으로 내려가서 3시간 30분 정도 걸리는 목적지행 기차에 오르려는데 이게 정말이지 장난이 아니었다. 기차 안을 쳐다보니 좌석은 물론 서 있는 공간조차 사람들로 가득했다. 영상 30도를 웃도는 후텁지근한 날씨에 그 속에 끼어 3시간 이상 갈 생각을 하니 소름이 다 돋았다. 1차적인 판단착오가 이래서 생겨났다.

그러나 그냥 그러고 있을 수만은 없었다. 기차차장에게 "나는 한국인인데 왜 좌석이 없느냐?"고 짐짓 모른 척 시치미를 떼고 물어보니 "그러냐고?" 하면서 자리를 구해줄 테니 걱정 말라고 다른 몸집이 큰 남자 차장에게 나를 인계했다. 어찌나 고맙고 감사하던지! '그래도 한국인이 여기서는 통하는구나!' '외국인 대하는 태도가 많이 달라졌구나!' 이런 생각에 담배도 권하며 따라간 곳은 다름 아닌 식당칸이었다. 나는 또 생각했다. '아, 우선은 식당칸에서 나를 기다리게 하고 잠시 후 기차가 떠나면 자리를 마련해주려는 모양이구나!'

그런데 그게 아니었다. 잠시 후 여자 식당종업원이 오더니 30위안을 달라고 했다. 그리고 먹을 수도 없는 음식 몇 가지를 가져다주었다. 눈치 빠른 이들은 바로 알아챘을 것이다. 기차표 24위안, 식당칸에 앉아서 가는 비용 30위안 합이 54위안인데, 그 돈은 10시 50분에 떠나는 특급열차의 좌석비용과 1위안도 안 틀리는 금액이었다. '역시 중국은 무서운 나라'이고 '중국인에게는 결코 공짜가 없음'을 다시 한 번 실감했다.

그러나 문제는 그것이 다가 아니었다. 당초 3시간 30분 걸린다는 기차는 결국 5시간 만에 도착했는데 만약 조금 참았다가 10시 50분 특급열차로 갔더라도 도착시간은 거의 비슷했던 것이다. 같은 돈에 거의 4시간 가량을 낭비하고 제대로 자리도 못 잡고, 이눈치 저눈치 보면서 온 꼴이 되고 말았다.

우리가 흔히 '중국인들은 느려터지다'는 의미에서 '만만디慢慢的'라고 한다. 결코 틀린 말도 아니고 정확히 맞는 이야기도 아니다. 중국에 있다보니 처음에는 견디기 어려울 정도로 일처리가 느리고, 그래서 결론을 기다리는데 보통의 인내심을 요구하는 것이 아니었다. 성질 급한 한국인입장에서 보면 답답하기 그지없는 노릇이다. 그러나 급한 만큼 중국에서는 손해볼 확률이 아주 크다. 다시 말해 단순하게 생각하면 단순하게 손해본다는 뜻이다! 기차표도 내가 너무 단순하게 생각한 것이다. '세 시간 정도야 대충 서서 가도 괜찮겠지. 공부 삼아, 기차표도 절반 값인데.'

어느 날 중국인들과의 저녁식사 자리에서 어느 중국고등학교 교장선생에게 물어보았다. "왜 중국인들은 모든 일에 만만디냐?" 그양반의 대답은 이러했다. "중국인이 결코 성격이 느긋하거나 일처리 자체가 늦은 것은 아니다. 우리는 가능한 모든 경우의 수를 생각하고 의논한다. 느린 것이 아니라 정확한 것이다." 처음에는 나도 마음속으로 그랬다. '정확은 무슨 얼어죽을 정확?' 그러나 시간이 흐르며 중국인들과 일하다보니 그말이 점점 선명하게 다가왔다. "그사람이 아주 이해하기 쉽게 한수 가르쳐주었구나!"

보통 중국의 일반 공공기관이나 정부관계 기업체에는 공산당과 일반조직이 늘 공존하고 있다. 대학교 같은 경우도 대학교장(총장)이 있으면 당서기도 있다. 실세가 누구냐? 물론 당서기다. 그러니 일반조직에서 한번 심사를 했다 하더라도 당조직과 한 번 더 상의하고 결재받아야 한다. 그러는 동안에 나올 수 있는 모든 의견이나 불안한 요소, 손해볼 여지에 대한 검토 등이 무수히 토의되면서 그 유명한 중국의 '만만디'는 단련되고 연단되어(?) 정금같이 정확하게 나온다.

그거 기다리는 동안에 한국인들은 관광다니고 골프치고, 물론 다 그런 것은 아니지만 그래서 나중에 실질적인 문제가 발생했을 때 중국인들의 책임은 없고 우리 책임만 남게 되는 것이다. 계약서에 이미 그렇게 되어 있기 때문이다. 중국인의 만만디! 우습게 본다거나 단순히 느리다는 뜻으로만 생각해서는 안 된다.

이해할 수 없는 중국인에 대한 나의 생각

중국사람들을 단순하게 생각하고 쉽게 보아서는 안 된다. 더구나 겉으로
보이는 복장이나 겉모습만으로 그들을 판단해서는 결코 안 된다.

생각, 하나

왜 고향을 떠나가야 하는가?

지난 번에 업무차 선전深圳 과 창사長沙에 다녀왔던 적이 있다. 늘 중국에 대
해 궁금증이 많은 나에게는 비행기보다는 기차가 훨씬 좋을 듯하여 당연히 기
차를 타고 '선전' 으로 가서 '창사' 로 돌아오는 계획을 세웠다. 여행을 마치고
'우한' 으로 돌아오면서 여전히 마음에 남아 있는 느낌은 우선 '중국은 정말로
인구가 많다' 는 것이다. 어디를 가나 사람들로 북적거린다. 거리에 나가나 상
점에 들어가나 식당엘 가나 잠시 쉬려고 일부러 공원엘 찾아가 보아도 사람들

이 항상 많다.

조용히 사무실에 앉아 있는 이 순간에도 어제 그제 겪었던 여행길의 사람들 목소리와 모습이 귓가에 윙윙거리고 눈에 선하다. 조금 심하게 표현하자면 사람들이 지겹다고나 할까, 그런 느낌이다. 기차역에는 평일에도 불구하고 엄청난 인파가 몰려든다. 도대체 평일과 주말과 휴일이 구분 안 될 정도로 어마어마한 사람들이 이동을 한다. 표파는 곳이 거의 전쟁터고 아수라장이다. 도대체 어디서 오는 사람들이고 어디를, 왜, 저토록 치열하게 가야 하는 사람들이 그리도 많은지 선뜻 이해가 가질 않는다.

그렇다고 그들의 행선지 대부분이 별로 가까운 거리도 아니다. 보통 하루나 이틀이 걸리는 먼 거리다. 물론 중국이 워낙 넓다보니 그런 장거리여행이 일상화되었다고는 해도 사람들이 정말로 많다. 그들이 왜 그렇게 먼 지역을 오고가야 하는지는 잘 모른다. 그러나 보통은 먹고살기 위한 것이 아닐까.

겉모습과 들고 다니는 짐꾸러미를 보아도 그들이 결코 한가하게 여행을 즐기는 사람들 같지는 않다. 그래서 나의 어쭙잖은 생각으로는 왜 고향땅에서 먹고 살지 저렇게 먼 지역으로 꼭 가야 하는지 이해가 잘 되질 않는다. 보이는 행색이나 기차로 며칠씩 오가는 모양으로 보나, 다들 돈벌이가 좋고 장사속이 좋아서 저렇게 발품을 파는 것도 아닌 듯하다. 그런데 저 많은 사람들은 오늘도 죽기 살기로 먼 길을 오간다.

언젠가 한국의 학교관계자들이 모처럼 봄방학 시기를 이용하여 호남성湖南省 창사長沙를 방문했다. 덕분에 그들과 함께 창사에서 4시간 거리에 있는 그 유명한 장가계張家界를 갈 수 있는 행운이 있었다. 불행하게도 비가 오는 바람에 장가계 원래의 아름답고 멋있는 경치를 다 볼 순 없었지만 부분적이나마 보이는 모습은 그야말로 장관이 아닐 수 없었다. 왜 한국사람들이 단체로 제일 먼저 가보고 싶은 곳을 장가계로 꼽는지 이해가 갈 만도 했다.

돌아오는 길에 창사에서 중국인친구가 미리 사준 열차표를 가지고 기차에 올랐는데 알고 보니 이 열차가 특급이 아니라 일반 보통열차였던 것이다. 아마도 친구가 시간을 맞추느라 이 표를 산 듯했다. 그런데 이 열차는 특급으로 창사에서 우한까지 3시간 걸리는 거리를 무려 5시간이나 가야 하는 아주 느린 기차였다. 그러나 알다시피 중국인들에게 5시간 정도 기차를 타는 일은 정말로 '일도 아닌 것'이다. 그래서 처음으로 이 보통열차에 몸을 싣고 어쩔 수 없이 인내하며 와야 했다. 그럼에도 사실은 그 열차에서 매우 많은 중국인의 모습을 보았다고 할까? 아무튼 중국의 보통열차에는 액면 그대로 서민의 삶이 있고 그들의 애환이 있었다. 중국은 희한하게도 열차승무원이 여러 가지 물건을 들고 다니면서 기차 안에서 영업을 한다. 외부잡상인은 철저하게 봉쇄되어 있다. 장시간을 가는 기차승객을 향해서 그 와중에도 장사를 하는 것이다. 참으로 대단한 사람들이다.

자리에 앉아서 기차 안을 둘러보니, 지치고 고단한 모습이 역력한 사람들이 저마다 무슨 생각에 잠겨 말없이 창밖을 내다보고 있었다. 먹을 것을 사서 건네기도 하고 과일도 조금 권해가며 내가 먼저 인사를 나눠 보았다. 산동성山東省 제남濟南으로 가는 미장공아저씨, 일자리가 없어져서 다시 고향으로 돌아가는 안휘성安徽省의 부부와 어린 자식, 학교에 다니기 위해 고향을 떠나 우한으로 가는 어린 소녀 등. 그 안휘성의 실직한 부부가 데리고 탄 어린 꼬마(4살)가 장난감 파는 승무원에게서 좀처럼 떨어지지 않고 생떼를 쓰는데 아버지는 안 된다 하고 엄마는 너무나 안타까운 심정으로 아이를 달래보지만, 이미 번쩍 번쩍 불빛을 내며 돌아가는 전자팽이는 어린아이의 마음을 다 뺏어버린 후였다. 집사람이 안쓰러운 마음에 나보고 하나 사주라고 해서 10위안을 주고 장난감을 사주었다. 중국인 특유의 자존심으로 아이의 아버지가 나에게 10위안을 주려고 하여 "아이에게 주는 한국인의 선물"이라 했다. 이 모습을 보며 열차의 모든 중국인들이 자기들끼리 이야기를 시작했다.

"저 사람은 일본인이다."

"아니다! 한국인이다."

"아니다! 중국인이다."

왜냐하면 중국인은 각 성의 사투리가 서로 달라 내가 한국말을 해도 다른 지방의 사투리라고 하면 믿을 수밖에 없기 때문이다. 한 가지 중국사람들에게 느끼는 재미있는 사실은 반드시 받으면 주려고 한다는 것이다. 기차 안에서도 처음에는 가능한 한 먼저 먹을 것을 꺼내지 않는다. 그러다가 내가 음료수나 다른 음식을 주면 처음에는 절대 받지 않는다. 자존심이 굉장히 강하다. 그러나 일단 주는 데 성공하면 그때서야 비로소 자기 가방에서 무언가를 꺼내 상대방에게 준다. 단순하게 보이는 것 같아도 이런 점이 중국인의 특징이다. 조금 자세히 들여다보면 중국인에게 공짜는 없다는 인식이 아주 내면 깊이 있다는 뜻이다. 실제 중국에 살다보니 정말 공짜가 없는 곳이다. 사업관계, 인간관계에서 그들이 처음에 무언가 베풀어주면 단순하게 호의나 친절로 생각해서는 안 된다. 반드시 받은 만큼 돌려주어야 한다. 그래서 중국에서는 '시작은 쉬운데 마무리가 어렵다'는 것이다.

기차에서 내려 집으로 오면서 중국서민들 삶의 일면에 대하여 많은 생각을 해보았다. 장사를 위해서 아니면 외지에서의 돈벌이를 위해서 10시간 20시간의 보통열차를 타고 움직이는 것을 그냥 '보통'으로 여기는 그들의 삶에서 왜 중국에선 서둘러서는 안 되는지, 중국인들의 사고가 왜 그렇게 '천천히'에 익숙해 있는지도 이해해보았다. 안타까운 것은 우리 유학생들은 이 보통열차를 아주 싫어한다. 북경이나 상해를 거쳐서 한국으로 돌아가더라도 반드시 침대칸의 특급열차를 이용한다. 바라건대 중국의 문화, 중국의 현재를 공부하는 것도 하나의 공부라면 한 번쯤 이 보통열차에 몸을 실어보기 바란다. 안과 밖의 모습이 아주 다른 중국이다.

이곳 우한도 인구가 천만이나 되는 거대한 도시다. 그러나 심천으로 내려가려면 적어도 꼬박 하루 반나절을 기차로 달려가야 한다. 그곳으로 가는 사람들이 얼마나 그 지역에 적합한 기술이나 특기를 지녔는지는 모르겠으나 넌지시 물어보면 직장 때문에 간다고 한다. 이해가 잘 안 되는 대목이다. 여기도 이렇게 크고 먹고 살 일이 부지기수인데 왜 고향을 떠나가야 하는가? 정말 이해가 안 간다. 이 의문은 좀 더 시간을 두고 공부하며 살펴볼 예정이다.

생각, 둘

왜 저렇게 편하게 입었는지?
머리는 왜 짧게 깎는지?

중국사람들을 처음 몇 번 보았을 때 그들의 복장이 아주 촌스럽고, 별로 다른 사람을 신경쓰지 않은 차림새라고 생각한 적이 많다. 그러나 긴 여행을 해보면서 왜 저렇게 가능한 한 편안하게 입었는지, 머리는 왜 짧게 깎는지 조금은 이해가 되었다.

'집 떠나면 고생'이라는 우리 속담도 있지만 중국인들의 장거리 여정은 멋있는 옷차림과 긴 머리가 그렇게 중요하지도 않을 뿐더러 아주 귀찮을 수 있다. 간단하게 쭈그려앉아서 자야 하고 대충 씻어야 하고 게다가 많은 짐을 들어야 하는데 양복은 거추장스럽고 긴 머리는 오히려 간수하기 힘들어 그야말로 무용지물인 것이다.

웬만하면 3~4킬로는 걸어야 하는 그들의 보통생활에서 구두는 몸을 아주 피곤하게 하는 물건이다. 그래서 바지는 설사 양복바지를 입었다 해도 운동화를 구두대신 신는다. 나 또한 꼬박 이틀 동안을 기차와 버스에서 지내보니 정말로 외모에 신경써봐야 아무런 소용이 없었다. 그저 편안한 복장이 최고요, 대충 빗어넘겨도 되는 머리면 되는 것이었다. 그런 것들이 중국사람들의 습관이 된 것이고, 일종의 실용적 문화가 된 것이다. 추우면 많이 입고 더우면 가능한 안 입고 산다. 누가 특별히 흉을 보거나 탓을 하지도 않는다. 왜냐하면 누구나 다 그러니까.

추운 겨울에 더운물도 잘 안 나오는데 머리는 왜 길러서 아침마다 찬물에 감아야 하는가? 짧게 깎아서 대충 물기만 묻혀서 털어버리면 되는 것을. 그러나 그런 일상의 실용적인 습관이 그들의 사고까지도 단순하게 하는 것 같지는 않다. 흔히 중국인들을 장사의 귀재라고 한다. 겪어보니 사실이고, 정말로 그들은 철저하고 무서운 사람들이다.

이번 여행길을 통해서 나름대로 그런 중국인들의 철저한 장사 셈에 대하여 생각해보았다. 앞서 말했듯이 그들은 아주 먼 길을 장사를 위해 떠나간다. 비용과 발품과 수고가 많이 들어가야 하는 길이다. 그러니 그 먼 길을 가서 손해를 보고 돌아올 수는 없다. 식구들의 생계가 걸린 문제이고 대충 계산해서 돌아가면 안 오느니만도 못한 꼴이 된다.

어떻게든지 타지 먼 장사에서 이익을 남겨야 하고, 더구나 장사밑천을 손해봐서는 안 된다. 그래서 오가는 기차 안에서 밤새도록 잠만 자는 것이 아니다. 그 많은 시간에 그들은 생각하고 또 생각한다. 어떻게 팔아야 하고, 얼마큼의 이익을 남겨야 하고, 누구는 어떻게 상대하고, 누구는 어디서 만나야 하는지를 반복해서 생각하고, 계산하고, 머릿속으로 연습하는 것이다.

세월이 흐르면서 그 훈련은 백전노장의 노련한 전략과 풍부한 경험을 준다. 오고 가는 길에서 만난 무수한 사람들과 그들에게 전해들은 이야기도 교훈이 되고 보탬이 된다. 중국인들은 이런 삶의 여정과 장사의 훈련과 사람을 대하는 훈련을 거의 수천 년 전부터 지금까지 해오고 있다. 중국사람들을 단순하게 생각하고 쉽게 보아서는 안 된다. 더구나 겉으로 보이는 복장이나 모습만으로 그들을 판단해서는 결코 안 된다.

중국인과 조선족

그런데 왜 자꾸 조선족에 대한 안 좋은 소리가 나는 걸까? 왜 우리는
중국에만 오면 "조선족을 조심하라"는 이야기를 아직도 들어야 하는 것일까?
우선, 우리의 시작이 조금은 잘못 되었다는 생각이다.
처음부터 우리는 조선족을 조금 우습게 본다고나 할까?
그러나 이런 기본적인 관념 또는 인식의 출발이 아주 위험하다는 생각이다.

중국에 와서 살면서 어차피 한번은 짚고넘어가야 하는 문제가 조선족에 대
한 개념정리일지도 모른다. 한국인이 중국에 올 때 주재원으로 오던, 사업을
하러 오던, 출장차 오던, 조선족과의 불가분의 관계를 맺게 되므로 누구나 한
번쯤은 조선족 교포에 대해 생각하게 되고 이야기를 듣게 된다.

당연한 것이고 어쩔 수 없는 노릇이다. 그만큼 조선족교포가 중국의 한국인
들에게 차지하는 비중은 업무에서나 여러 관계 요소요소에 아주 다양하게 분

포되어 있다. 때로는 잘못된 정보전달로 인하여 상호간에 오해가 생길 수도 있고, 여러 사람의 입을 통해서 와전된 것이 많은 것도 사실이다. 그러나 분명한 것은 그리고 내가 경험한 바에 의하면 조선족은 아주 훌륭한 우리민족이고, 우리가 중국에서 살아가고 경쟁해나가는 데 유용하고 필수적인 동반자라는 것이다.

뜬금없이 '조선족 예찬론'을 펴고자 하는 것은 아니다. 더구나 섣부른 조선족 얘기로 여전히 아픈 사연을 간직하고 있는 사람들에게 괜한 욕을 얻어먹고 싶지도 않다. 사실 나도 조선족에 대한 부정적인 선입견이 있었고, 실제로 많은 피해를 본 사람 중 하나다. 그러나 내 생각은 잘못된 것이었다. 이것을 깨닫는 데 시간이 다소 걸렸지만 아주 다행이라 생각한다.

한국에도 여러 부류의 사람이 있듯 중국과 조선족 중에도 여러 부류의 사람이 있다. 나이 50줄에 들어서 보니 사람이란 것이 별로 그렇게 강하지도 않고, 특출나지도 교육적인 수준이 높은 것도 아닌 듯하다. 대개는 보통사람들의 일반적인 유전자를 보유하고 보통의 지식으로 행복을 추구하며 살아간다. 화가 나면 화를 내고, 기쁘면 웃고, 슬프고 우울하면 상심에 젖어 울기도 한다. 그리고 보통의 사람들은 모두 부자가 되고 싶은 욕망을 간직하고 있다. 어렵지만 언젠가는 돈을 많이 벌어 부자가 되고 싶은 욕망! 그것은 우리 보통사람들이 갖고 있는 거의 본능에 가까운 작은 소망일지도 모른다.

10여 년 세월동안 중국을 오가며 조선족 동포들과 여러 사업적인 관계를 맺어오면서 이제야 느끼는 것은 그들도 똑같은 보통의 우리 한민족이라는 것이다. 아니, 어쩌면 우리보다도 더 순박하고 더 여리고 우리의 전통문화를 더 지키고, 어렵고 힘들어도 참을 줄 아는 우리민족의 장점을 모두 갖추고 있는 사람들이 조선족이라는 생각이 든다. 원래 그들이 조선족이 되고 싶어서 된 것도 아니다. 우리 민족의 슬픈 역사가 낳은, 고생으로 점철된 한민족의 곁가지이고 그래서 뿌리는 여전히 조국 대한민국에 있는 사람들이다.

그런데 왜 자꾸 조선족에 대한 안 좋은 소리가 나는 걸까. 왜 우리는 중국에만 오면 "조선족을 조심하라"는 이야기를 아직도 들어야 하는 것일까. 이런 말들이 과연 다 맞는 것일까. 아니면 전적으로 한쪽으로 치우친, 대개의 경우는 주관적이고 편향된 판단은 아닐까. 우선, 우리의 시작이 조금은 잘못되었다는 생각이다. 처음부터 우리는 조선족을 조금 우습게 본다고나 할까? 그러나 이런 기본적인 관념 또는 인식의 출발이 아주 위험하다는 생각이다.

이제는 우리가 중국에서 중국인을 무시하면 절대 그들을 이길 수 없다는 것 정도는 알고 있다. 그런데 중국인인 조선족은 무슨 근거로 무시하는지, 그런 인식이 도대체 어디서 온 것인지 모르겠다. 어쩌면 중국에서 진짜 실력이 있는 사람은 조선족일 수 있다.

우리는 그들에게 기본적으로 백전백패할 수밖에 없는 사람들이다. 왜냐하면 조선족은 중국어가 모국어이면서 한국어도 잘하는 실력 있는 사람들이기 때문이다. 우리가 중국에 와서 배워야 하는 모든 중국인들의 습관과 상거래 방식과 문화를 이미 터득한 사람들인 동시에 한국문화도 한국인도 잘 아는 사람들이다. 그러니 우리가 이길 재간이 없다.

이것이 사실인데 우리는 처음부터 그들을 무슨 머슴부리듯 부려먹으려 한다. 조선족들의 교육수준은 일반중국인보다 아주 높은 편이다. 고향을 떠나 객지에서 직장생활을 하는 조선족 대부분은 우수한 대학을 졸업한 사람들이 많다. 물론 겉모습은 중국인과 다름없다. 허름하고 멋이 없고 가난해 보인다.

그런 사람들이 한국말을 하며, 한국문화를 존중해서 한국인들에게 아주 친절하고도 예의있게 대해준다. 얼마나 고맙고 감사한 일인가. 이런 천군만마 같은 우군이 우리를 이 척박한 중국대륙에서 돕고 있고 도와줄 수 있다는 것은 중국시장을 개척하려고 온 우리에게는 정말로 큰 복덩어리가 아닐 수 없다.

그런데 우리는 그들을 머슴으로 본다. 통역으로 부려먹고 심부름이나 시키고 관광안내나 시키려 한다. 큰 사업은 중국인과 해야 한다. 잘못되어도 한참 잘못된 인식이고 출발이다. 우리 대부분은 보통사람들이기에 우리나 그들이나 부자가 되고 싶은 것은 마찬가지다. 왜 그들이라고 부자가 되고 싶은 마음이 없을까. 한국인은 왜 중국에 왔나? 결국 돈 많이 벌려고 온 것이다. 그들이 왜 한국사람들에게 친절하고 머슴 같은 대우도 마다하지 않고 인내하며 일을 하겠는가. 부자가 되고 싶기 때문이고 돈을 벌고 싶기 때문이다.

그래서 열심히 한국인을 도와주는 것이다. 한국인이 처음에 잘되어야 자기에게도 혜택이 오고 기회가 온다는 아주 상식적이고 기본적인 생각을 처음부터 했기 때문이다. 우리 생각과는 다르다는 의미다. 그러나 과연 누구의 생각이 옳은 것일까? 어떤 의미에서건 중국에서의 사업과 여러 일들에서 우리가 조선족의 도움 없이 성공할 수 있는 것은 하나도 없다고 해도 과언은 아닐 것이다. 알다시피 요즘 중국도 공장근로자를 단지 근로를 위한 노동자로 생각하는 시대가 아니다.

근로자를 모시고 귀하게 대접해야 공장이 살아남는 시대가 왔다. 우리가 앞으로 조선족을 '모시고' 가야 하는 시대는 이미 벌써 왔는지도 모른다. 협력의 동반자적인 인식이 필요하고 그런 인식의 전환에서 중국사업은 성공할 수 있으리라 생각한다. 모쪼록 모든 한국인들의 분투와 조선족 동포들의 건투가 아름다운 상생의 협력 속에 잘 이루어지기를 빌어본다. 부디 혼자서 부자가 되려 하지 말고 같이 손잡고 나간다면 길은 분명 있을 것이다.

중국생활 '애증'의 눈물

우리가 자랑하는 조국 한국의 빈틈없는 질서와 깨끗하고
청결한 환경과 아름다운 강산과 맑은 물과 공기를 중국과 비교하며
침이 마르도록 '우리한국'이 좋다고 하던 사람들인데
중국은 무슨 매력으로 우리를 붙들고 있는가?

　중국에서 살아가면서 아주 재미있게 바라보는 현상 중 하나가 '중국에 살다
가 떠나는 사람들의 모습'이다. 한인교회를 다니다보니 매주일마다 교민들을
만나게 된다. 이제 막 중국에 온 사람, 초보딱지를 뗀 사람, 중국인이 다 된(?) 사
람 등 저마다 중국생활의 내공은 다르지만 우리끼리 잠시 주고받는 중국에 대
한 이야기는 별로 좋은 내용이 아니다. 교통질서, 문화차이, 예의나 교육수준을
말할 때면 너나없이 입에 거품(?)을 물면서 중국과 중국인을 성토한다.

각자의 경험을 토대로 이야기하다 보면 마치 중국에서 겪은 황당한 일에 대한 불만을 '안 가진 사람'이 오히려 이상해지는 분위기다. 그만큼 이땅에서 살아가는 우리 한국인들에게 중국은 그렇게 썩 마음에 닿는 곳은 아닌 듯싶다. 물론 자기가 태어난 조국에 남의 나라를 어찌 비할 수 있으랴.

그런데 아주 재미있는 것은 그런 말을 하던 사람들이 어느 날 중국을 떠나 한국으로 돌아가는 인사를 할 때면 누구나 할 것 없이 모두 비통한(?) 눈물을 흘린다는 것이다. 그야말로 닭똥 같은 눈물을 흘리며 이별의 인사를 하는 사람들을 바라보면 한편으로는 찡한 마음도 들고, 다른 한편으로는 민망한 마음도 든다. 부모가 돌아가셔서 가는 것도 아닌데 뭐 그리 서럽게 흐느끼는 것일까?

과연 그사람들은 왜 그토록 우는 걸까? 짧게는 1~2년, 길어야 3~4년 정도 중국땅에서 새롭게 만난 사람들과 헤어지는 것이 그리도 안타까워 우는 걸까? 아니면 한국으로 돌아가는 것이 정말로 싫어서 우는 걸까? 내가 아는 어느 주재원부인은 같은 동네아줌마들이 마련한 귀국송별모임에서 갑자기 눈물을 펑펑 쏟으며 우는 통에 함께 했던 다른 사람들이 어쩔 줄 몰라 했다고 한다. 정 많은 민족의 한 사람으로서 헤어지는 것이 섭섭하여 눈물 몇 방울 흘린 정도라면 모르지만 '대성통곡'의 수준은 심한 건 아닐까?

또 다른 주재원식구들은 한국에 돌아가서도 오직 밤낮으로 비는 것이 있었는데, 그 소원의 제목이 다름 아닌 '다시 중국으로 나가기'라는 것이었다. 물론 한국으로 돌아가는 날까지 어떻게 해서든 안 돌아갈 방법을 찾았던 사람들이다. 그러나 한국에 돌아가서도 '중국행' 의지는 꺾이지 않더란다.

결국 얼마 전에 다시 중국에 들어왔다는 전화를 받았다. 목소리에 얼마나 힘이 들어가 있던지. 희망과 흥분이 뒤섞인 목소리로 "저희들 다시 왔어요!"하며 외쳐댔다. 그사람들이 정말로 중국에서 헤어진 사람들과의 재회를 그리워하여 다시 돌아온 것일까. 그것도 아니면, 다시 그들을 중국으로 불러온 또 다른 이유는 뭘까. 왜 평소에는 중국과 중국인에 대하여 막말까지 해대던 사람들이 마음속 저편에서는 중국에서 좀 더 살기를 바라는 것일까.

우리가 자랑하는 조국 한국의 빈틈없는 질서와 깨끗하고 청결한 환경과 아름다운 강산과 맑은 물과 공기를 중국과 비교하며 침이 마르도록 '우리 한국'이 좋다고 하던 사람들인데 중국은 무슨 매력으로 우리를 붙들고 있는가?

정확한 결론이라고는 못해도 아마도 그 원인은 정신적인 것에 있다는 생각을 해본다. 가끔 떠나는 사람과 개별적인 대화를 해보면 그런 짐작이 틀린 것만은 아닌 듯하다. 주재원부인은 다시 시작해야 하는 한국생활이 고달프다. 시부모를 다시 모셔야 하고 시동생, 시누이도 챙겨야 한다. 각종 대·소사는 물론이고 아이들의 대학입시를 생각하면 머리가 터질 것 같다.

비싼 물가를 생각하면 그래도 중국이 정신적으로 얼마나 편한가. 외국인이라 대접도 가끔 받고, 이런저런 주변신경 안 쓰고 다녀도 뭐라 할 사람 없고, 대충 걸치고 돌아다녀도 별상관이 없다. 어떤 때는 세수도 안 하고 동네를 마냥 돌아다녀도 누가 뭐라는 사람이 없다.

결론적으로 정신이 아주 편하다는 것이다. 확실히 인간의 행복을 좌우하는 것은 청결하고 조직적인 사회적 시스템도 아니고, 더구나 물질적인 풍족함만도 아닌 듯하다. 뭐니뭐니 해도 정신적인 만족과 편안함이 있어야 한다. 너무 쫓기듯 살아가는 한국사회는 표면적으로는 시스템이 아주 잘되어 있는 나라다. 그러나 매일마다 터지는 정치, 사회적인 문제와 사건사고 그래서 잠시라도 한눈을 팔면 손해가 나고 조금만 게으르면 경쟁에서 뒤지는 사회다.

웬만한 자세로는 어디가서 명함도 내밀지 못한다. 평범한 학벌과 얼굴로는 감히 자신을 드러낼 수가 없다. 버스를 타도, 기차를 타도, 적막 같은 분위기에서 숨소리만 들릴 뿐 다정한 이야기가 없어진 지 오래 전이다. 남자들은 늘 긴장해야 하고 언제나 강해야 한다. 지면 죽는 것이고 경쟁에서의 탈락은 식구들의 생계를 위협한다. 카드값을 며칠만 연체하면 불같은 독촉전화가 온다. 신용사회 운운하면서도 미수금 재촉을 위한 공갈협박이 난무한다.

어쩌다 한국에 가면 공항에서부터 일단은 기분이 아주 좋다. 친절한데다 편리한 구조와 간편한 심사, 기다리지 않고 1분 만에 바로 처리해주는 환전은행 등. 밖으로 나와 마셔보는 인천 영종도의 공기는 폐부 깊숙이 맑고 청량하게 들어온다. 깨끗한 리무진 버스, 고급차종의 택시가 즐비하여 아무 차나 선택하면 된다. 물론 비용은 차이가 난다. 그러나 하루가 가고 이틀이 가면서 마음은 다시 중국으로 가고 있음을 느낀다. 뭐라 딱 집어 말은 못해도 한국은 모두가 빈틈이 없고 바쁘다.

여유자작한 한가로움은 도저히 찾을 수가 없다. 친구에게 선후배에게 안부 전화라도 하려면 '짧고 간단하게' 해야 한다. 모두가 바쁜 사람들이다. 한가하게 잡담이나 할 상황이 아닌 것이다. 그래서 며칠 지나면 더 외로워진다. 이땅에서 무슨 낙오자가 된 기분이 든다. 마침내 항공사에 전화하여 중국행 일정을 앞당겨서 돌아갈 생각을 한다.

어떤 면에서 중국은 서양과 비슷할 만큼 아주 합리적인 부분이 많다. 물론 개인적인 경향이 중국인 특유의 이기적인 성향을 만들기는 하지만 남들의 시선과 타인의 생활방식을 의식하지 않고 살아가는 모습이 오히려 우리를 편하게 해준다. "왜 당신은 그 모양이냐?" 라는 비난이 아니라 "아, 저런 방식도 있구나!" 이렇게 생각해준다.

전화나 가정용 가스와 일반 생활요금도 웬만하면 선불이고 카드충전식이다. 미리 돈 내고 능력만큼 사용한다. 나중에 왜 돈을 연체했느니 안 했느니, 이런 말썽이나 그것으로 인한 스트레스가 없다. 가능한 한 현금거래 방식이다. 물건 주고 돈 받고. 단순하고 원시적인(?), 첨단을 덜 닮은 이런 방식이 아직은 통용되는 나라다. 아주 편하다. 그래서 아직은 사람냄새가 나고 틈새가 많이 있다.

겉모습보다는 실용을 중시하기 때문에 겉치레에 신경쓸 일이 없는 나라다. 고위공직자도 건강을 위하여 잠바에 자전거를 타고 출퇴근하고, 회사간부가 구겨진 바지를 입고 나와도 직원들이 뒤에서 흉보지 않는다. 별로 중요하지 않은 사소한 일이기 때문이다.

　대학에 가면 누가 교수고 누가 학생인지 잘 구별이 안 간다. 교수니까 양복입고 넥타이 매야 하고, 이런 것이 없는 나라다. 잘 가르치는 것이 중요하지 넥타이가 중요하다는 생각을 하지 않기 때문이다. 습관이 되어보니 이런 실용을 중시하고 겉모습에 신경쓰지 않고 살아가는 것이 얼마나 편하고 좋은지를 알 것 같다. 그렇다고 그들에게 내면의 질서가 없는 것일까? 결코 그렇지 않다. 동작이 느려서 '만만디'가 아니다.

　다시 한 번 생각해도 인간의 행복은 물질이 아니라 너무 욕심부리지 않고 소박하게 살아가는 정신의 만족에서 오는 것 같다. 노자老子는 이런 무욕無慾의 삶을 허정(虛靜, 마음을 비워 고요하게 하는 것)과 무위(無爲, 억지로 하지 않는 것)라 했다. 중국을 떠나 한국으로 돌아가는 사람들의 눈물은 그래서 '애증의 눈물'인지 모른다.

중국 맛과 한국 맛

먼저 우리 한국인들이 한식韓食에 대한 이해와 보편적인 지식이나
상식 정도는 갖추어야 하지 않을까 하는 생각이다.
그래야 중국인들에게 제대로 된 한국음식을 소개할 수 있으니까.

우한에서는 총영사관이 주관하여 한식당 종사자를 대상으로 한식韓食교육
프로그램을 진행한 적이 있다. 나도 첫날 강의를 잠깐 듣고 왔다. 딸애도 등록
하여 열심히 한식의 기초를 배웠다.

그동안 한국식당이 거의 없던 중부내륙의 요충지인 우한에서 이런 한식교육
이 정부의 지원하에 개최되고 있다는 것은 의미 있는 일이라 생각한다. 많은
현지의 신문사와 방송국에서 관심을 갖고 취재하러 나왔고 라디오 방송에서도
화제로 삼고 취재했다.

북경北京과 상해上海 그리고 우리와 인접한 청도에 비해서 우한의 본격적인

개방과 외국자본의 유입은 비교적 늦게 시작됐다. 중부굴기(中部堀起, 중부지역진흥정책)라는 중국정부의 정책이 입안되고, 우한이 본격적이고 가시적인 변화가 시작된 것은 아마도 지난 2007~8년부터가 아닌가 생각된다.

내가 우한에 온 2007년에만 해도 이곳에는 유일하게 백제원이라는 한식당만이 한국인의 향수를 달래줄 수 있었고, 일찍이 김치의 명성을 알고 궁금해하는 일부 우한사람들에게 그 궁금증을 해소해주고 있었다.

이런 한식당 불모지에 우한코트라센터에서 본격적으로 대형마트와 식품회사들을 상대로 한국음식 소개행사를 개최하면서 한식을 알리기 시작했고, 우리 한국인들도 그동안 사먹을 수 없었던 김치와 김, 유자차, 막걸리 등을 맛볼 수 있게 되었다. 하기야 우한의 한국교민이래야 유학생 300여 명을 합쳐 겨우 500명 수준이다보니 한식에 대한 문화적인 전파나 보급도 어려웠던 것이 사실이다.

그러나 이제 본격적인 개방과 활발한 외자투자를 받으면서 발전속도를 내기 시작했다. 우한에는 최근 들어 많은 외국인들과 한국인들이 들어오면서 관심을 갖기 시작했다. 그리고 한 가지 반가운 것은 한국사람들이 사실 우한이 여름은 무척 덥고 겨울은 추운 곳이라 그다지 오고 싶지 않았는데 막상 와보니 그런 대로 살기 좋고 무엇보다도 한국사람들에 대한 무조건적인 친절과 도움이 참으로 인상깊다는 이야기를 듣는 일이다.

사실 이는 모두 맞는 말이다. 우한의 기후는 앞서 말한 대로 중국의 3대 화로라 불릴 만큼 여름은 영상 40도까지 치솟는 더위가 극성이고 겨울에는 습한 기운이 옷속을 살살 후비면서 마침내 뼛속 깊이 파고들어오는 곳이다. 반면 우한은 다른 어느 도시에 비해 외국인에 대한 호감도가 아주 높은 곳이다. 은행이나 관공서나 출입국 관리소 심지어 이동통신과 일반음식점에서 줄을 서야 할 때나 좌석이 없을 때 또는 중국말이 서툴러 헤맬 때 "워스 한궈런(我是韓人, 나는 한국인입니다)" 한 마디만 하면 웬만한 일은 중국직원이 친절하게 해결해주는 곳이기도 하다. 심지어 어느 직원은 동료들에게 "한국사람 왔으니 나와서 구경하라"고 홍보를 해주기도 한다.

아마도 북경이나 상해 같은 곳에서는 상상이 안 가는 이야기일지도 모른다. 물론 우한사람들이 시도 때도 없이 시끄럽게 떠들어대고, 걸핏하면 화도 잘 내지만 이런 거친 성격도 외국인 앞에서는 바로 온순하게 변하는 모습을 많이 본다.

이런 우한의 날씨와 사람들 성격은 우한의 음식과도 많이 연관되어 있는데 이들은 대체로 짜고 매운 맛을 좋아한다. 여름이 덥다보니 짠맛을 즐기게 된 것이고 성격이 괄괄하고 거칠다보니 매운맛을 좋아하는지도 모른다. 그런데 이런 인간의 성격 또는 체질과 음식맛의 상관성을 필자는 이번에 실시한 우한의 한식교육 행사를 통해 알게 되었다. 교육을 담당한 강사는 우리 고유의 한복을 개량한 옷으로 예쁘게 차려입고 아주 유창하지는 않지만 또박또박한 중국보통어로 참석한 한국인과 중국인 모두가 잘 알아듣게 강의를 했다. 참석한 중국교육생들을 배려하여 중국말로 강의가 진행된 것이다. 한국인이 한국인에게 중국말로 강의를 듣자니 조금은 신기하기도 하고 재미있기도 하고 불편하기도 했지만 중국인들은 아주 편안해 보였다. 한식의 세계화와 한류의 전파에는 이런 나름의 준비와 노력이 수반되고 있었음을 깨닫는 순간이기도 했다.

강의 초반에 강사는 "인간의 오장(심장, 간, 췌장, 폐, 신장)과 우리가 느끼는 5가지 맛(매운맛, 짠맛, 신맛, 단맛, 쓴맛)은 서로 상관관계가 있다"는 이야기를 했다. 필자의 교양이 아직은 미천한 수준이라 그런지 이런 원리를 처음 들어보는 듯하여 집에 와서 여러 자료를 찾아보니 과연 맞는 말이었다.

예를 들어 짠맛은 오장 중 신장에 배속된 맛으로 노폐물과 불순물을 정화시키는 역할을 하고, 단맛은 소화기능을 보충하는 역할을 한다는 것이다. 우리 한국사람들이 매운맛을 좋아하는 것은 속의 화를 끌어내기 위함이라는 이야기도 있다. 그만큼 매운맛은 답답하고 정체되고 울체된 것을 밖으로 발산시키는 강력한 에너지가 있다 한다. 그래서 열 받고 화나서 답답하면 얼큰한 국물을 들이키며 속을 푼다는 것이다.

또한 우리의 전통음식은 음양오행의 사상이 있는데 인체의 각부위와 모든 식품에도 음양오행이 있어 인체부위에 따라 음식색깔을 맞춰먹으면 그 장기에 도움을 준다고 한다. 우리 한국의 전통음식이 이처럼 오묘하고 신비하고 무엇보다 건강에 좋게 만들어져 왔다는 사실이 새삼 놀랍기도 하고 자긍심이 절로 생기기도 한다.

그런 의미에서 보면 우한사람들이 매운맛과 짠맛을 좋아하는 것도 나름 이유와 타당성이 있다는 생각이다. 성질이 다소 과격하고 화를 잘 내다보니 그 속을 풀려고 매운맛을 좋아하게 된 것이고, 날씨가 아주 덥거나 춥다보니 음식이 잘 소화되질 않아 속이 거북하니 짠맛으로 노폐물을 쓸어버리는 건지도 모른다. 내 분석이다.

아무튼 한식은 중국 우한이라는 곳에서도 인기가 있고 중국인들의 관심을 온통 받고 있는 중이다. 반갑고 고마운 일이기도 하고 한편으로는 먼저 우리 한국인들이 한식에 대한 이해와 보편적인 지식이나 상식 정도는 갖추어야 하지 않을까 하는 생각이다. 그래야 중국인들에게 제대로 된 한국음식을 소개할 수 있으니까. 왜냐하면 한국음식은 여전히 우리의 자부심이고 세계인에게 알려주고 싶은 우리의 전통문화임에 틀림없기 때문이다.

청년이 양국의 미래다

한국의 기술이 중국에 들어오고, 중국은 거대한 시장과 인적 자원을
제공하며 상호 발전해오고 있는 중이다. 그런 측면에서
한중수교를 맺은 이래 지난 20년의 세월은 그런 상호교류의 교두보를 잇고,
기초토대를 만드는 소중한 시간이었다.

1992년 한중수교를 맺은 이후 20년 이상의 세월이 흘렀다. 중국에 들어와
산 지도 꽤 많은 시간이 흘렀다. 돌아보면 중국생활이 개인적으로 가져다준
변화는 실로 크다. 중국이라는 나라에서 느껴본 중국인의 습관과 문화 그리고
중국의 정치제도와 일반국민들의 삶 등, 여러 측면에서 배우고 공부한 바가
많다.

중국은 확실히 우리 한국과 문화적, 역사적인 면에서 상당부분 공유하는 부
분이 많다. 특히 언어적 면에서 볼 때 나는 가끔 재미있는 현상을 보곤 한다. 예

를 들어 우리말에 해당하는 '수작'은 중국표현은 '手脚'인데 발음은 '수자오'가 된다. 또한 우리말 '취사선택'에서 '취사'는 중국말로는 '取舍'가 되며 발음상으로는 '취서'가 된다. 취사와 취서는 거의 발음이 같다고 보면 된다.

이런 예는 수없이 많다. 한글의 표본 모태母胎가 한문漢文이라는 것을 인정하지 않을 수 없는 노릇이다. 물론 우리말이 좀 더 과학적이고 배우기 쉽다는 것은 우리 조상들의 놀라운 독창성이고 창의성이라 할 수 있다.

이런 보편적인 인류역사를 돌이켜볼 때 어쩌면 인류의 문화는 원래 출발선이 동일했을지도 모른다. 인류가 수만 년 동안 이동하면서 일개 부족部族을 만들고 부족이 커지면서 부족국가가 되고, 다시 제대로 된 한 개의 국가가 탄생되는 과정을 우리는 어릴 적 역사시간에 배웠다.

그러나 자기들만의 사회를 형성하면서 각나라의 문화는 특유의 독창성과 문화적 특징을 지니게 된다. 여러 환경적인 요인과 사람들의 특성에서 비롯되는 변화이고 창의적인 결과물이라 할 수 있다.

중국의 문화와 관습 그리고 전통도 고려와 조선시대 이전부터 우리나라에 들어왔다는 것은 맞는 말이다. 우리는 그런 비슷한 흔적을 주변의 여러 문화적인 면에서, 언어적인 면에서, 전통적인 습관적 차원에서 많이 본다. 다만 나름대로 지니고 있는 독창성과 현재까지 내려오는 과정에서 변화되며 그 특색을 달리할 뿐이다. 일반적 특징은 공통분모를 지니고 있다고 해도 과언이 아니다.

이런 한국과 중국이 수천 년 왕래를 뒤로한 채 헤어지고, 다시 만난 시점이 바로 한중수교라는 시발점이다. 그리고 다시 그후 20년 이상의 세월이 흘러갔다. 지난 수천 년 역사의 교류와 상호공통점을 축적한 시간에 비하면 20년은 이제 첫 걸음도 안 되는 시간일 수 있다.

그러나 현대사회는 빠르고 신속하며 더구나 인터넷매체라는 인류문화의 혁명적 발명품은 우리시간을 100년을 10년으로, 10년의 시간을 불과 단 1~2년의 시간으로 단축시킬 수 있는 변화의 원동력을 제공하고 있다.

말 타고 두만강 어귀에서 배로 갈아타고 다시 말을 타고 1년씩 걸려 명나라 궁궐인 자금성紫禁城에 가야 하는 시대가 아니다. 한국의 인천공항에서 자금성을 보는 것은 아침 먹고 점심을 그곳에서 먹는 것과 같은 일이 된 지 오래다.

물론 자금성을 보고 비행기를 타고 돌아와서 저녁은 한국의 집에서 먹으면 된다. 이런 세상에서 다시 한·중 두 나라가 만난 것이다. 그런 재회가 이미 20년 이상 흘렀다는 의미다. 20년의 세월은 중국이 개방한 지 30년의 시간이 흘렀다는 점을 감안하면, 거의 중국의 개혁개방과 한·중 두 나라의 새로운 교류가 함께 진행되어 왔음을 의미한다. 알다시피 이런 20년의 세월은 현재까지는 경제적, 문화적, 인적 교류적인 측면에서 양국에 엄청난 도움을 주며 혁혁한 성과를 보이고 있다.

한국은 땅덩어리가 작은 나라다. 인구도 많은 나라가 아니다. 그러나 교육이라는 적극적인 수단으로, 자식교육만큼은 어떻게든 잘 시켜야 한다는 피나는 부모세대들의 노력으로 다행히 지금의 경제적 풍요(?)를 누리며 사는 나라가 되었다.

자원이 빈약하고 물질적 후원이 약한 상태에서 한국이 지향하고 발전시켜야 할 항목은 당연히 고부가가치의 첨단 전자관련 품목이었고, 독특하고 창의적인 기술력은 그에 필요한 필수적인 재주가 수반되어야 했다. 이러한 한국기술이 중국에 들어오고, 중국은 거대한 시장과 인적 자원을 제공하며 상호 발전해오고 있는 중이다. 그런 측면에서 보면, 지난 20년 이상의 세월은 그런 상호교류의 교두보를 잇고, 기초토대를 만드는 시간이었다고 할 수 있다.

중국도 이제는 시장의 제공뿐만 아니라, 중국 특유의 창의적인 품목을 개발해야 하는 시간이고 그래야 됨을 잘 알고 있다. 중국이 계속해서 공장과 노동력을 제공하는 단순한 경제시스템을 유지해야 하는 것은 아니다. 그래서도 안 된다.

그래서 한중수교를 맺은 지 20년이 넘은 시점에서 이제부터 한중수교의 중심을 청년들에게, 청소년들에게 더 두어야 한다는 생각을 해본다. 솔직히 우리 같이 양국의 40이 넘은 기성세대들 간에는 어쩔 수 없는 문화적 차이가 있고, 기존 인식이 변화되기 어려운 요소들이 참으로 많다. 한·중 두 나라의 기성세대가 40년 인생을 살았다는 것은 한중수교를 맺기 이전에 이미 청년의 나이가 되었다는 뜻이다.

한국의 40~50대들은 수교 이전의 모택동 주석과 주은래 총리를 그냥 민주국가가 싫어하는 공산국가의 대통령과 총리 정도로 알고 자라난 세대들이다. 중국의 기성세대들도 사정은 다를 바 없다. 그들은 아직도 "북한과 한국이 같은 언어를 쓰냐"고 묻곤 하는 세대다.

교류와 접촉 그리고 사업상의 만남을 통해 상당부분의 차이와 문화적 이질감을 극복하며 좋은 친구로서 인연을 맺고 살 수는 있다 치더라도, 서로가 굳게 손잡고 협력하여 새로운 국가간 발전모델과 창의적이고 역동성 넘치는 양국간의 교류를 만들기에는 아직까지는 역부족이라는 것이 필자의 개인적 견해다.

하지만 양국 청년들의 현재와 미래는 그 가능성이 충분하다. 태어날 때부터 한·중 두 나라가 교류 중이었고, 한국인이 중국에 가는 것이 하등 이상할 것 없는 환경에서 자란 세대들이다. 중국은 한국과 서로 상존相存해야 하는 나라고, 참으로 매력 있는 나라임에 틀림없다.

미래 지향적인 사고로 중국에 와서 공부하는 한국의 청소년이 이미 10만에 가까운 실정이다. 중국의 청년들도 점차 유럽과 미국행에서 한국으로 발길을 돌리고 있는 중이다. 이런 청소년들은 언어적 장애가 있음에도 쉽게 영어라는 공통언어로 극복할 수 있다. 처음 만날 때부터 자유로운 교류가 가능하고 밤중이나 새벽이나 서로에게 궁금한 점이 있으면 영상을 통해 대화가 가능한 세대들이다. 처음부터 소통에 아무런 장애가 없는 세대이고 그럴 이유가 없는 사람들이다.

바야흐로 국제사회는 아주 빠른 속도로 변화하는 중에 있다. 이 변화를 따라

잡을 수 있는 한·중 두 나라의 세대는 기성세대가 아니라 청년과 청소년들이다. 이들이 앞으로 향후 20년의 시간을 한중교류와 상호발전의 중심축에 있어야 함은 물론이다. 그래야 한다.

그런 미래의 두 나라는 지금보다 더 멋있고 아름다운 교류의 장이 펼쳐질 것이고, 이해와 타산이라는 국가간의 득실은 불과 영상통화 5분으로 끝이 날 수도 있을지 모른다. 그래서 우리는 양국의 두 젊은 세대들의 교류를 힘써 후원해야 한다. 현재의 기성세대는 한중의 젊은 세대들에게 미래를 준비해주어야 할 의무와 책임도 있다.

일전에 한국의 최고영재들이라 불리는 서울대학교 학생들이 우한에 와서 여러 봉사활동을 하고 갔다. 그 활동 중에는 우한대학교 학생들과의 교류도 포함되어 있었다. 그들이 서로 영어로 소통하는 모습을 보면서 기성세대와는 다르게 격의 없고, 오히려 돈독한 우정을 바탕으로 휴대폰통화를 하는 모습을 보면서 필자는 양국의 새로운 미래를 볼 수 있었다. 바로 저런 교류가 한·중 두 나라 젊은이들에게 필요하구나 하는 생각을 새삼 해보았다. 한중 양국이 수교를 맺은 지 20년 이상이 지난 지금, 다시 시작되는 또 다른 20년 후의 모습은 양국 청소년들이 책임져야 한다. 그리고 더 좋은 모습으로 우리 앞에 다가와야 한다. 반드시 그럴 것이라 믿어본다.

제4장

장강의 물결

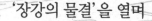

'장강의 물결'을 열며

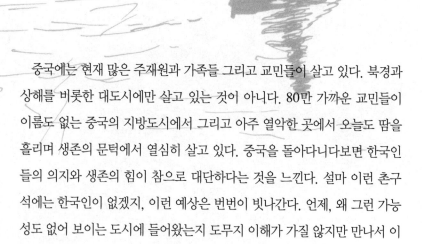

중국에는 현재 많은 주재원과 가족들 그리고 교민들이 살고 있다. 북경과 상해를 비롯한 대도시에만 살고 있는 것이 아니다. 80만 가까운 교민들이 이름도 없는 중국의 지방도시에서 그리고 아주 열악한 곳에서 오늘도 땀을 흘리며 생존의 문턱에서 열심히 살고 있다. 중국을 돌아다니다보면 한국인들의 의지와 생존의 힘이 참으로 대단하다는 것을 느낀다. 설마 이런 촌구석에는 한국인이 없겠지, 이런 예상은 번번이 빗나간다. 언제, 왜 그런 가능성도 없어 보이는 도시에 들어왔는지 도무지 이해가 가질 않지만 만나서 이야기를 해보면 나름대로 다 이유가 있었다. 대단했다.

사실 중국에 사는 주재원과 개인사업자들의 생활은 고달프다. 매일 한 치 앞도 모르는 언덕을 넘어가야 한다. 답답하고 불안하고 걱정되지만 뒤로 물러설 수 없는 환경에서 우리가 선택해야 하는 길은 앞으로 가는 것 외에는 없다. 그래서 때로는 외롭고 쓸쓸하다. 혼자서 훌쩍 여행이라도 떠나고 싶지만 그리 쉬운 일이 아니다. 역시 중국땅에서의 삶도 인간의 희로애락이 있는 곳이다. 고향이 그립고 두고온 가족과 부모님 얼굴이 밤마다 꿈에서 나타나곤 한다. 인간의 감정은 이방나그네가 된 사람들에게 더 진한 격정을 주며 다가오기도 한다.

그래서 늘 무언가에 쫓기기도 하고 실적이라는 목표가 좌절되는 순간에는 내가 왜 중국에 와서 사서 고생을 하는지 스스로 물어보기도 한다. 그러나 생존법칙은 중국이나 한국이나 다를 게 없다. 이겨내야 하고 다시 힘을 내서 걸어가야 한다. 귀신같은 상술을 지닌 중국인을 더 파악해야 하고 그들의 속뜻을 한 번 더 헤아리며 전략을 세워야 한다. 방법이 없다.

이러한 중국 이방땅에서의 삶은 늘 힘들고 숨이 차다. 그래서 나도 폭풍의 언덕에 올라설 때마다 힘을 다해 글을 썼는지 모른다. 글을 쓰면서 자신을 위로하고 달래보기도 했다. 중국과 중국인이 왜 그런지를 글로 남기면서 다시 생각하는 기회로 삼기도 하고, 그러다가 다시 깊은 침묵 같은 고독이 오면 주변을 산책하며 이방異邦의 삶과 인생을 생각하는 시간도 가져보았다. 한 발짝 뒤로 물러나자는 생각이 들었기 때문이다. 급히 가는 발걸음을 다소 늦추자는 생각이었다. 천천히 가는 길에서 실수가 적어진다는 생각을 했기 때문이리라.

'장강의 물결'에서 쓴 글은 그런 것이다. 우리가 중국땅에 살면서 추구하는 목표는 무엇일까? 중국에서의 물질적인 성공이 전부는 아닐 것이다. 전부여서도 안 될 것이다. 궁극적으로 우리 삶의 목표는 행복이다. 그러나 안타까운 것은 많은 주재원과 교민들이 오로지 목적 지향적인 삶의 언저리에서 헤맨다는 사실이다. 도무지 마음의 여유가 없다. 늘 피곤하고 지쳐 있다. 그럴 수 있을 것이다. 중국은 우리에게 활기넘치는 기회와 성과를 그리 쉽게 주는 땅이 아니기 때문이다. 그러나 중국에서의 삶의 본질도 사실은 같을 것이다. 여기에 지난 세월 중국에 살면서 틈틈이 써두었던 글을 소개한다.

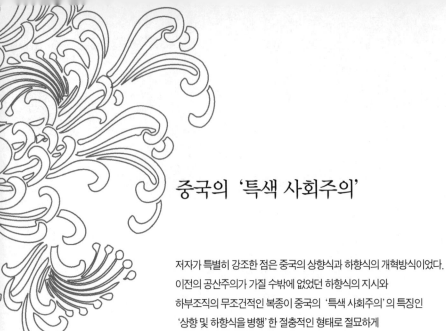

중국의 '특색 사회주의'

저자가 특별히 강조한 점은 중국의 상향식과 하향식의 개혁방식이었다.
이전의 공산주의가 가질 수밖에 없었던 하향식의 지시와
하부조직의 무조건적인 복종이 중국의 '특색 사회주의'의 특징인
'상향 및 하향식을 병행'한 절충적인 형태로 절묘하게
조화를 이루면서 간다는 뜻이다.

중국에 와서 살면서 우리 한국인들은 1년에 두 번 새해인사를 하게 된다. 신년 초에 한 번, 음력 설날인 '춘절'에 한 번이다. 다만, 아직도 중국사람들은 신년인 1월 1일에 새해인사를 하면 아주 어색하게 받아들인다. 뭐니뭐니 해도 중국의 새해는 춘절인 음력설이다. 개혁개방이 시작되고 30년 세월이 흘렀지만 중국인들의 춘절을 향한 풍습은 변함이 없다. 양력설과 음력설을 오고 갔던 우리와는 다르다. 구정인 춘절은 여전히 중국 최대의 명절이다.

그래서인지 우리가 만나는 중국인들은 이맘때면 똑같은 질문을 한다. "한국에도 춘절이 있느냐?" 열 명을 만나던 스무 명을 만나던 이 질문은 반드시 한

다. 한국에도 똑같이 음력설을 보낸다고 하면 아주 신기하게 생각한다. 그리고 바로 다음 질문이 이어진다. 택시기사 왈, 춘절에 한국에 가냐? 안 간다. 왜 안 가냐? (속으로) 운전이나 똑바로 해라!

요 몇 년 춘절에는 비교적 폭죽이 덜 터지는 듯하다. 중국언론에서도 자제를 당부하는 기사가 많았다. 좋은 현상이라 생각한다. 공용장소 내지는 지정장소에서 오랜 전통인 폭죽을 쏘는 일은 그렇다 하더라도, 아파트 베란다에서 느닷없이 연달아 굉음을 내는 것은 정말로 참기 힘든 일이다. 윗집과 아랫집에서 동시에 터트리면 6·25전쟁은 저리가라가 된다. 아무튼 안 좋은 것이 조금씩이나마 고쳐지는 중국의 모습을 본다.

그런 의미에서 요즘 모처럼의 휴식기간 동안 중국에 관한 책을 한 권 읽었다. 미국의 미래학자인 존 나이스비트가 저술한 『메가트렌드 차이나』라는 책이다. 나름대로 중국의 현실을 각지역에 게재된 기사내용을 근거로 해서 종합적으로 판단하려고 애쓴 흔적이 있었다. 개인의 주관적 판단이 아주 없을 수는 없겠으나, 그 근거를 객관적 사실에 두려고 노력한 듯했다.

중국에 살면서 중국에 관한 종합적인 평론서 한번 보고 싶었던 참에 이책을 보게 된 것은 아주 유용했다. 지난 세월동안 중국에 살면서 실로 많은 중국의 변화를 겪었다. 지금도 그 변화는 진행 중에 있고 나의 현장목격도 계속되고 있는 중이다. 수많은 고층빌딩의 출현과 새로운 고속도로 그리고 분양되는 수만 채의 아파트를 보는 것은 이제 그리 놀랄 만한 일도 아니다.

무엇보다 궁금한 것은 이 거대한 대륙이 과연 어떤 방향으로, 얼마나 더 오랫동안 이런 빠른 발전을 지속할 것인가, 하는 점이다. 그들의 생활수준은 분명히 나아지고 있고, 아침저녁 출퇴근 시간에는 차량이 도로를 꽉 채우고 있기는 하다. 하지만 아직도 질서는 오간 데 없고, 공공버스와 택시의 수준 또한 형편없다. 미시적 관점으로 보면 확실히 중국은 아직 멀었다는 생각을 하면서도 이렇게 한 해가 지나고 다시 또 1년이 지나면서 변화되는 커다란 거시적 측면에서의 중국은 여전히 숨가쁜 동력으로 발전되고 있음은 틀림없어 보인다.

책의 저자는 대략 8가지 측면에서 중국의 발전과 미래를 요약했다. 전반부는 중국의 역사적인 전환, 즉 개혁개방의 시작이 어떤 힘으로 되었고, 그 결정적인 요인은 무엇인지를 서술했고, 중간에 이르러 중국의 당면한 여러 문제에도 불구하고 사회주의 중국사회가 그들만의 '특색 사회주의'를 건설하며 진행되고 있는 현실을, 그리고 끝부분에는 궁극적으로 중국이 한단계 더 도약하기 위해서는 어쩔 수 없이 창의적 방식의 교육에 더 많은 투자를 해야 한다는 내용이었다.

저자가 특별히 강조한 점은 중국의 상향식과 하향식의 개혁방식이었다. 이전의 공산주의가 가질 수밖에 없었던 하향식의 지시와 하부조직의 무조건적인 복종이 중국의 '특색 사회주의'의 특징인 '상향 및 하향식을 병행'한 절충적인 형태로 절묘하게 조화를 이루면서 간다는 뜻이다.

중앙의 많은 권력이 지방정부로 이관되고 각종 언론은 통제되고 있다는 서구인들의 강한 의심과는 달리, 특정한 사항을 제외하고는 자유스런 토론이 인터넷상에서 이루어지고 있는 상태, 이런 중국만의 사회주의는 지도자들을 향한 신뢰가 존재해야 하며, 그 존재의 이유는 현재까지 눈부신 발전이라는 성과가 있기에 가능하다는 이야기다.

개방 30년의 지속적인 성과로 중국의 지도부는 선거로 날이 새는 민주국가에서는 불가능한 성장을 국민들에게 보여주고 있다는 뜻이다. 실질적으로는 경제의 개방과 자본의 도입이라는 서구 자본주의를 모방하면서도 국가의 틀은 아주 점진적으로 보완되고 민주화되는 사회, 이것이 중국적 특색 사회주의라는 의미다. 내가 무슨 책광고를 담당한 사람도 아니고, 책에 대한 논평을 굳이 쓰고자 하는 것도 아니다. 다만, 그동안 중국에 살면서 지나치게 부정적으로 보아온 중국이라는 나라를 좀 더 넓은 관점에서 이해해보자는 것이다.

무질서와 환경오염, 아직도 세끼 밥을 먹기가 힘든 노동자들의 삶, 여전히 중국에는 경제대국 2위라는 표면적인 성과 뒤에 그런 부정적인 요소가 있다. 아주 많이 있다. 문제는, 그럼에도 불구하고 중국은 이미 세계경제를 움켜쥐고 흔들 만큼 경제대국이 된 것이다. 이 거대한 나라는 과연 무슨 생각으로, 어떤 정책으로 나가고 있는가, 한 번쯤 물어보자는 것이다.

중국의 침체와 경제적 위기를 예상하는 사람들도 있다. 빠른 성장이 가져다주는 빈부의 격차와 인민들의 불평불만이 언젠가는 터질 수도 있을지 모른다. 그러나 다행히도 중국의 지도부는 이런 중국이 당면한 현실적인 문제를 너무나 잘 알고 있다. 지도자가 바뀌더라도 반드시 해결해야 하는 문제가 무엇인지를 다음 세대의 지도자도 잘 안다는 뜻이다.

사회주의라는 특성상 이런 문제해결은 공산당이라는 유일 정당이 중심이 되어 지난 30년간 개혁과 발전을 이루어왔듯 앞으로도 별다른 노선의 변화없이 상향식 지도와 하향식 개선을 근간으로 꾸준히 해결되고 개선될 거란 해석이다. 어차피 우리가 중국에 와서 살면서 중국이라는 나라와 국민을 너무 부정적으로 볼 필요는 없다. 차라리 좀 더 객관적으로 살펴보는 편이 나을 것이다. 중국의 개혁은 현재도 중국인 특유의 '돌다리도 두드려 가면서' 진행 중이다.

먼저 한꺼번에 시작하는 것이 아니라 시범적으로 해보고 그 효과를 보면서 점차 확대하는 중국이다. 주문량이 처음 몇 번은 아주 적어도 우리는 인내를 갖고 기다리며 먼저 신뢰를 쌓아야 한다. 반드시 감당 못할 주문이 오리라 믿어본다.

중국의 가정주부

저녁이 되면 재미있는 풍경이 펼쳐진다. 앞동의 부엌에는
그 아줌마를 제외하고 모두 남편들이 등장을 한다. (어이, 남자들 다 나와!)
이런 거다. 처음에는 재미있어서 그 숫자를 세어보기도 하고,
아내를 불러서 저 모습을 보라고도 했다.

　　이방의 땅에도 봄기운이 완연하다. 머지않아 황허루를 보고 시를 지은 최헌
의 시처럼 장강나루에는 능수버들이 푸른 새싹을 돋아내고, 형주로 가는 길에
는 황홀한 유채꽃이 만발할 것이다. 고향의 뒷동산에는 진달래, 개나리가 피고
앞벌판 논에서는 개구리가 동면에서 튀어나올 것이다.

　　80년대에 학교를 다닌 나는 어느 정치인이 한 말을 기억한다. 춘래불사춘春
來不似春이다. 봄은 왔으나 봄이 아니다. 이런 뜻이지만 당시에는 시대적인 상
황을 빗댄 유명한 말이 되기도 했었다. 결국 그 양반의 말대로 '3김'에게는 따
뜻한 봄이 오지 않았다. 그런 말을 한 사람, 그리고 그와 한 시대를 풍미했던 사
람들은 이제 모두 고인이 되거나 영광의 뒷전에서 물러나 있다.

정치적인 상황만이 아니라 인생에도 봄이 오고 여름이 오고 가을, 겨울이 오고 간다. 현재 마음이 어둡고 불편하고 괴로우면 아무리 봄이 왔다고 해도 봄은 오지 않은 것이다. 모두를 내려놓고 봄을 맞이해보기 바란다.

나는 개인적으로 일찍 자고 일찍 일어나는 습관을 가지고 있다. 아마도 중학교시절 고교입시를 준비하던 때부터 생긴 습관인 듯하다. 그래서 한국에서는 어떤 경우라도 10시 반만 되면 졸음이 오고 잠을 청해야 했다. 노래방이건 중요한 모임자리건 간에 10시 30분이 되면 졸음이 오는 통에 무척 곤혹스럽던 적이 한두 번이 아니었다. 대신에 새벽이 되면 어김없이 눈을 뜬다.

그래서 함께 놀러간 동료들의 곤한 새벽잠을 깨우곤 했었다. 자정을 넘긴 시간에 잠이 든 친구들에게 "무슨 잠이 이렇게 많나!" 핀잔을 주기도 했다. 친구들 입장에서는 참으로 어이없는 노릇이었다. 그러나 한국인들의 오랜 고정관념으로는 새벽에 일찍 일어나는 사람들은 부지런하고, 밤늦게까지 일하다 늦게 일어나는 사람에게는 그런 표현을 쓰지 않는다.

하여간 요즘도 그런 습관으로 일찍 일어난다. 그런데 언제부턴가 우리집 앞동 4층의 중국아줌마가 나보다 먼저 일어나 아침밥을 짓는 모습을 본다. 처음에는 그러려니 했고, 나중에는 조금씩 새벽의 그 밥짓는 모습을 보며 여러 생각이 났다. 왜냐하면 새벽 5시 반이나 6시 정도에 베란다에서 커피 한잔 마시며 볼 수 있는 사람은 그 아줌마가 유일했기 때문이었다.

중국아줌마네 부엌이 우리집 베란다의 정면방향이다 보니 밥짓고 설거지하는 모든 모습이 눈에 들어온다. 그아줌마가 나보다 먼저 일어났다는 증거는 내가 베란다에 나갔을 때 이미 그집 부엌에서는 김이 모락모락 나고 있기 때문이다. 늘 나보다 먼저 일어나서 밥을 하고 탕을 끓였다는 이야기가 된다.

아줌마는 두터운 안경을 걸쳤다. 아침 출근길에 남편과 함께 집을 나서는 모습을 본 적이 있다. 렌즈가 두터운 안경을 낀 여자가 아름답게 나오는 장면을 나는 평생 본 적이 없다. 그런데 요 몇달 동안 그아줌마를 새벽마다 보면서 나의 중국주부들에 대한 고정관념이 많이 바뀌고 말았다.

흔히 중국여자들, 특히 무한의 여자들은 거칠다고 한다. 그말은 대체로 사실이다. 아주 거칠다. 그런데 그아줌마는 그런 생각을 가진 이방의 낯선 사내에게 중국아줌마에 대한 인식을 바꿔주고 있다.

새벽에 어김없이 일어나 정성스레 밥짓는 모습에서 아름다운 동양여자를 보고, 따뜻한 어머니 모습과 정성껏 남편을 보필하는 여인의 모습을 본다. 김이 모락모락나는 부엌모습을 어릴 적 고향집에서 많이 본 듯하다. 우리 어머니도 광목 앞치마를 두르고 추운 겨울 늘 새벽에 일어나서 6남매의 밥을 짓곤 하셨다. 그런데 저녁이 되면 재미있는 풍경이 펼쳐진다. 앞동의 부엌에는 그아줌마를 제외하고 모두 남편들이 등장을 한다. (어이, 남자들 다 나와!) 이런 거다. 처음에는 재미있어서 그 숫자를 세어보기도 하고, 아내를 불러서 저모습을 보라고도 했다.

중국은 흔히 남자들이 밥을 한다고는 들었지만 실제로 이렇게 생생한 현장을 매일저녁 목격하기는 처음이다. 물론 처음 얼마간은 '정신 나간 놈들!' 이라고 생각했다. 아니, 뭐가 모자라서 돈 벌어다 주고 밥하고, 도대체 정신이 있는 놈들인가! 한국의 50대남자에게는 상상이 안 가는 모습이고, 한국의 시어머니들이 보시면 그야말로 경을 칠 노릇이다. 여자는 당장 보따리 싸고 친정으로 쫓겨나야 하는 상황이다. 아마 아직 정신을 못 차린 사람은 나일지도 모른다.

그러나 중국 공안인 어떤 젊은 친구는 사랑하는 아내에게 맛있는 요리를 해줄 때 자기는 "아주 행복한 마음이 든다"고 했다. 왜 남자가 밥을 하냐?고 물어본 나를 한방에 보내주었다. 자기가 해준 밥과 반찬을 맛있게 먹어주는 아내를 보며 행복한 마음이 든다면 이건 좀 차원이 다르다는 생각이다.

요즘 한국에서도 젊은 남편들은 설거지는 기본이고 빨래 청소는 의무라 한다. 세대차이는 이렇게 변천하고 있는 중이다. 만약 내 아들놈이 장가가서 집에서 밥하고 설거지를 한다면 내 마음은 어떻게 반응을 할까? 궁금하다. 중국의 모든 여자들이 살림을 안 하고, 밥도 안 하고, 가족을 위한 희생이 적은 것은 아니라고 본다. 많은 중국아줌마들이 오늘 새벽에도 일찍 일어나 정성스레 밥을 지었을 것이다. 모든 문화는 보편적인 공통점이 있지만 반드시 그런 면이 다는 아닌 듯하다.

식당일로 매우 바쁘게 살아간다. 종업원구하기가 하늘의 별따기보다 힘들다. 중국도 이제 사업하는 이들에게는 좋은 시절이 다 지나간 것 같다. 인건비 저렴하고, 노동력 풍부하고, 이런 말은 모두 옛날이야기가 된 것은 아닌지 걱정된다. 하기야 중국인이 어떤 사람들인데 자기 인건비를 계속 싸게 해서 일해주겠는가? 알바를 원하는 학생들도 아주 기막히게 협상을 하더라. 시간당 얼마, 일당은 얼마, 그러면서 아주 절묘하게 자기실속을 챙기더란 말이다.

나는 집에 와서 하루자고 나서 그 다음날 낮에야 결국 그 학생에게 당했다(?)는 걸 깨닫는다. 중국사람, 결코 쉽게 생각해서는 안 된다. 급하다고 결론을 빨리내지 말아야 한다.

녹차맛과 중국인

중국친구가 타준 녹차는 더 맛있다. 깊이 우러난 차맛을 느끼면서
불현듯 '많은 세월이 내 인생에서 갔구나!' 생각이 들었다.
순간, 중국이라는 나라에 살면서 이제야 겨우 차맛을 알다니
이런 애꿎은 탄식이 절로 흘러나왔다.

   내가 사는 중국도시 우한의 4월 밤공기는 참으로 좋다. 온도도 적당하여 덥지도 춥지도 않다. 저녁을 먹고 밖에 나가서 걷고 생각하기에는 더없이 좋은 날씨다. 그래서 4월이 오면 나는 밤마다 집을 나간다. "왜 저녁마다 나가냐"고 아내가 잔소리를 해도 나간다. 나가는 거다. 최적의 날씨, 최고의 밤공기를 감상하고 만끽하지 않으면 금방 이 행복의 순간이 사라질 것 같은 걱정과 설렘으로 나간다.

   푸르른 4월의 밤은 더할 나위 없는 풍성함과 부족함의 딱 중간에서, 어쩌면 그렇게 적당한 모습으로 서 있는지 모른다. 좋다는 뜻이다. 넘치지도 않고 부

족하지도 않은 자연의 조화가 내 마음에 거의 완벽에 가까운 만족을 준다. 4월이 감춰놓은 이 엄청난 비밀의 축복을 그냥 지나칠 수 없다는 조급함이 저녁만 먹으면 나를 밖으로 끄집어내곤 했다.

이런 4월의 어느 날, 한 중국친구가 자기가 운영하는 카페에 놀러오라고 해서 간 적이 있다. 친구는 내게 녹차를 한 잔 마시라고 주었다. 사실 나는 녹차보다는 진한 커피가 더 마시고 싶었다. 그러나 친구가 정성스럽게 만들어준 녹차는 내가 생각한 그런 녹차가 아니었다. 입속에 들어가는 순간 머릿속으로 이런 생각이 스쳐갔다. '아! 녹차의 맛이 이렇게 훌륭하고 감미로운 건가?' 친구의 말에 의하면 중국의 찻잎은 청명절(4월 초) 이전에 딴 것이 제일 좋다고 한다. 내가 마신 차가 그런 것이라고 했다.

알다시피 중국인들은 한국친구를 처음 만나면 대부분 차를 선물한다. 그래서 중국에 많이 다녀간 한국사람 집에는 아직 쳐다보지도 않은 각 종류의 녹차가 몇 박스나 있다. 나도 과거 한국에 살 때는 그랬다. 차맛도 모를 뿐더러 이미 커피에 중독(?)된 터라 굳이 그 많은 차를 마실 기회도 없고 그럴 만한 여유도 없었다. 버리기에는 조금 아깝기도 하여 누군가에게 선물을 한다. 가능한 한 술과 담배를 안 하는 사람들에게 준다. 그 대상이 주로 교회의 목사님이 되는 것은 어쩔 수가 없다. 아무튼 나는 차맛을 아직은 잘 모른다.

맑은 밤공기가 충만한 4월 중순 밤, 중국친구가 조용한 카페에서 직접 타준 녹차를 마셔본 순간, 이제야 비로소 '왜 중국인들이 이맛을 즐기는지' 깨닫게 되었다. 청명절 이전에 딴 차는 물의 온도도 60~70도를 유지해야 제 맛이 난다는 설명도 곁들여주었다. 수돗물로 끓인 물에 녹차잎을 담가서 준 역전다방의 녹차와는 근본이 다를 수밖에 없었다. 약속다방의 미스 김이 타주던 녹차나 새로 오픈한 갈무리다방의 인상 좋은 정마담이 타주던 녹차도 맛은 별반 차이가 없었을 것이다. 요즘은 한국도 웰빙바람이 불어 커피 대신 차를 마시는 사람들도 꽤 많다고 들었다. 그런데 정작 커피전문점은 증가추세라 한다. 특히 젊은이들이 녹차가 아무리 건강에 좋다고 해도 밋밋한(?) 차를 즐기려면 아직은 세월이 한참 더 흘러야 할 것이다.

그랬다. 세월이 흘러간다. 이방의 땅 중국에서 어느덧 많은 세월이 흘러간다. 40대 후반에 온 사람들은 50고개를 넘어 섰고, 30대에 온 사람들은 자신도 모르게 40대를 지나간다. 이역땅에서건 내 나라 땅에서건 세월은 이렇게 빠르게 간다. 바람처럼 스쳐가기도 하고, 봄날의 눈처럼 순식간에 녹아 없어지기도 한다. 어디로 갔는지 언제 갔는지도 모른다. 누구와 함께 그 많은 날들이 지나갔는지 모른다. 그저 문득문득 스치는 과거의 추억과 단상이 있을 뿐이다.

이런 무심한 세월이 오늘도 흘러간다. 그래서인지 중국친구가 타준 녹차는 더 맛있고 가슴 깊이 스며들었는지 모른다. 짙게 우러난 차맛을 느끼면서 불현듯 '많은 세월이 내 인생에서 갔구나' 생각이 들었다. 순간, 중국이라는 나라에 살면서 이제야 겨우 차맛을 알다니, 이런 애꿎은 탄식이 절로 흘러나왔다.

중국에 온 목적이 결국 어떻게든 돈이나 벌어보자고 온 것은 아닌가? 중국인과 중국문화, 이런 것은 처음부터 안중에도 없었던 건 아닌가? 눈만 뜨면 어찌해야 중국땅에서 돈을 버나? 이런 생각에 밤과 낮이 무감각하게 흘러간 것은 아닌지, 집으로 돌아오는 야심한 밤에 하늘을 우러러보며 스스로에게 물어보았다.

아내가 한국식당을 운영하면서 중국인에 대한 공부를 많이 하게 되었다. 알지 못했던, 알려고 하지 않았던 사실이 아주 많았다. 녹차맛을 이제야 조금 알 듯 중국인에 대하여도 이제 조금 알 것 같기도 하다. 그런데 얼마 전 어느 중국친구가 나에게 이런 말을 했다. "당신은 아직도 중국인을 몰라!" 잠시 당황한 나는 "여태껏은 몰랐는데 이제는 조금 알 것 같다"고 말했다. 그러자 그친구가 내 눈을 똑바로 쳐다보며 다시 한 번 힘주어 말했다. "아냐, 당신은 아직도 중국인에 대해 전혀 몰라!" 할 말이 없었다. 나는 그말이 아직도 귓가에 쟁쟁하다. 오나가나 늘 '중국인'이 문제가 된다. 한참을 생각하고 고민하며 돌아보았다. 정말로 나는 중국인을 모르는가? 어쩌면 그말이 맞는다는 결론이 나는 데는 하루가 채 안 걸렸다.

　중국인을 상대로 돈만 벌 연구를 했지 정작 중국인에 대한 깊이 있는 이해와 연구는 전혀 없었구나, 한탄이 나오더란 말이다. 중국생활, 맹탕 살아온 느낌이 들었다. 중국인, 이 알 수 없는 사람들이 나를 다시 원점에서 고민하게 만들고 있다. 4월의 밤이 5월의 화려함을 잉태하며 가는 중이다. 더 없이 좋은 밤에 나는 요즘 중국인에 대해 공부하려 애를 쓰고 있다. 미흡하나마 중국인에 대한 나름대로의 정리를 한 번은 해보고 싶다는 생각을 했다. 쉬운 숙제는 아닐 것이다. 그러나 중국땅에서 살면서 우리에게 가장 먼저 요구되는 숙제임에는 틀림이 없다.

때를 기다리자

젊은 시절에는 하늘과 대화를 해본 적이 별로 없다. 열심히 최선을 다하는
사람에게는 반드시 그와 비례한 성공이 따라줄 것이라 믿었다.
그런데 꼭 그렇지 않은 것 같다. 모든 것에는 다 때가 있음을 그 시절엔 몰랐다.

새 봄을 맞이한 때가 어제 같은데 벌써 4월 하순이 지나가고 있다. 나는 4월을
떠올릴 때면 한 집안의 차남 같다는 생각을 해본다. 3월이 많은 사람들의 환영
과 축복을 받는 장남이고, 5월이 마냥 축복을 받는 막내라고 한다면, 확실히 4
월은 중간에서 말없이 가교역할을 하는 차남 같다는 생각이 든다.

어느 시인은 "4월을 잔인한 달"이라 했다. 무엇이 그 시인으로 하여금 4월을
잔인한 달로 생각하게 했는지 잘 모른다. 그러나 한편으로는 희생한다는 것이
우리같이 세속에 물든 사람들 눈에는 잔인할 수도 있겠다는 생각이다. 4월은
그런 희생을 중간에서 한다. 예수님이 십자가에 매달린 사건은 분명 잔인한 일
이었다. 그러나 그 숭고한 사랑과 희생이 없었다면 우리 인류는 죄의 굴레에서
멸망했을 것이다. 이런 희생과 헌신의 4월이 흘러간다. 우한땅에서 다시는 볼
수 없는 4월 봄날이 오늘도 처녀의 눈물 같은 서러운 비를 뿌리며 지나간다.

아파트정원의 많은 꽃들은 이미 사그라지고 푸른 잎들이 무럭무럭 자라고

있다. 매화와 목련 그리고 벚꽃은 눈부신 황금기를 지나 어느새 운명을 다하고 이제 초록잎으로 대신 자라고 있었다. 열매를 맺어야 하는 숙명적인 결과를 위해서 일찍 꽃피웠다가 가는 것이다. 자연은 모두 이렇게 자기의 때를 잘 지키고 순종하며 산다.

생각해보면 인간에게도 모든 것이 다 때가 있는 듯하다. 그래서 "모든 것에는 다 때가 있다"는 성경말씀을 좋아한다. 울 때가 있고 웃을 때가 있고 기쁠 때가 있고 슬플 때가 있다. 확실히 우리는 알 수 없는 때를 따라서 살아간다. 아무리 발버둥쳐도 그때가 안 오면 되는 일이 없다.

그러나 우리는 참고 기다리는 동안 대부분 좌절하고 무너져간다. 그래서 요즘 젊은이들의 자살을 생각하면 가슴이 아프다. 현재가 비록 자기 때가 아니더라도 참고 인내하면, 죽기살기로 버티고 참으면 모든 것이 다 때가 오는데 너무 쉽게 죽음을 선택한다. 죽음 또한 삶의 연속이라지만 그건 아니라고 본다.

나도 나이 오십 중반을 지나가고 있다. 공자께서 말씀하신 지천명知天命의 나이다. 가끔은 하늘을 우러러 '내가 아는 하늘의 뜻은 과연 무엇인가?' 물어도 본다. 늘 그렇듯 하늘은 대답이 없다. 젊은 시절에는 이런 하늘과의 대화를 해본 적이 별로 없다. 하늘의 뜻이 내 개인적인 야망이나 꿈과 패기와는 별 상관이 없어 보였기 때문이다. 열심히 최선을 다하는 사람에게는 반드시 그와 비례한 성공이 따라줄 것이라 믿었다. 그런데 꼭 그렇지만은 않은 것 같다. 모든 것에는 다 때가 있음을 그 시절엔 몰랐다.

이방땅에서 많은 사람들을 만나며 살아간다. 그 중에는 나처럼 나이 오십에 불모지 우한으로 온 사람들이 더러 있다. 우한땅에 세워진 공장이 문을 닫느냐 마느냐의 기로에서 마지막 구원투수로 온 사람도 있고 혈혈단신의 몸으로 와서 성공한 사람들도 있다.

한국에서는 나이 오십 중반이면 명퇴니 뭐니 하는데, 이사람들은 과감하게 이땅에서 도전하고 분투하여 성공을 이룬 것이다. 오십의 나이가 어떤 면에서는 인생의 깊이와 내공이 조금은 쌓이는 나이가 아닌가 생각도 해본다. 때를 기다리고, 그때가 언제인지 안다는 의미다.

다 망가진 한국공장을 인수하여 우한으로 온 사람. 아마도 이 회사가 현재의 공장을 인수하지 않았더라면 한국교민들과 기업들은 얼굴을 못 들고 다녔을 것이다. 왜냐하면 공장을 넘긴 한국회사는 야반도주 외에는 달리 선택이 없었기 때문이다.

한국인들이 이제야 조금 이곳에 들어와 살기 시작하고, 한국의 제조기업들이 겨우 몇 개 들어온 우한에서 이런 야반도주가 일어났다면, 생각하기도 싫은 이야기다. 이런 회사를 인수하여 현재는 24시간 주야로 가동을 하고 있는 중이다. 지난 1년 반 동안 한국에 한 번도 나가지 못했다 한다. 이분도 나이 오십이 넘어 이땅에 온 사람이다.

이밖에도, 투자초기 중방 측의 여러 문제로 골치가 아프던 시절에 바로 투입되어 백전노장百戰老將의 내공으로 그 문제들을 해결하고 한국으로 복귀했다가 다시 중국 총괄본부장으로 온 사람. 호북성 외곽인 이창宜昌에서 중국공장을 인수하여 홀로 고군분투하며 정상 궤도를 향해 불철주야 가고 있는 사람.

모두가 나이 오십에 가족과 떨어져 단신으로 온 사람들이다. 중요한 것은 이들의 성공과 노력과 결실이 남다르다는 것이다. 잘 돌아가는 회사에 와서 조금 더 잘 되게 했던 것이 아니다. 안 되면 죽어야 하고, 잔인하게 희생하지 않으면 화려한 5월이 올 수 없는 상황에서 매일 그야말로 잔인하게 죽었다 살아난 성공이다. 다시 한 번 박수를 보낸다.

4월이 간다. 봄이 간다. 인생의 30대가 흘러가고, 다시 40대의 황금 같은 날이 우리 앞을 지나간다. 그러나 모든 것은 분명 다 때가 있다. 바쁘고 조급해도 그때를 기다리는 여유를 가져보기 바란다. 나이 60에 오던 70에 오던 그것은 별로 중요하지 않다. 다 때가 있기 때문이다.

중국에서 여름나기

우리가 중국인이 아닌 한국인이라는 사실을 안 이사람들은
마치 동물을 쳐다보듯 우리를 쳐다보며 아주 신기하게 여겼다.
무엇보다 그들이 더 신기하게 생각하는 것은
"어떻게 한국사람들이 저렇게 중국말을 잘 하느냐" 였다.

내가 살고 있는 우한은 정말로 더운 곳이다. 7월과 8월의 대낮기온이 보통 36~7도이고, 아주 더울 때는 40도를 넘어가기도 한다. 날씨가 이렇게 더우면 보통은 아침저녁이 시원한 법인데, 여기는 아침 6시에 일어나면 거실에 에어컨부터 켜야 한다. 그 시간의 온도가 28~9도 정도 되니 별 방법이 없다.

들어보니 20년 전에는 지금보다 더 더웠다고 한다. 그 시절에는 어떻게 여름을 났는지 참으로 기가 막힌 노릇이다. 한번은 택시를 타고 가며 운전기사에게 "옛날에 당신들은 이 더운 여름에 에어컨도 없이 어떻게 지냈느냐"고 물어본 적이 있는데, 그 시절에는 저녁밥을 먹으면 대부분의 사람들이 이불을 들고 밖으로 나왔다고 한다.

길옆의 가로수 밑에서 부채를 부치면서 아들, 며느리, 손자가 모두 일렬로 누

워 갔다고 한다. 그래서 저녁에는 여기저기서 고성이 오갔다는데 왜냐하면 잠자는 자리를 놓고 우리 구역이네, 너네 구역이네 하며 싸움을 했기 때문이란다.

이런 무더운 곳에 둥지를 틀고 살아오면서 이제 어느 정도는 익숙해질 만도 한데, 그게 쉬운 일이 아니다. 올해도 어김없이 여름이 찾아왔다. 어떤 때는 "이런 날씨에 산다는 것은 도저히 인간으로서 할 짓이 아니다"라는 자조적인 푸념의 소리도 저절로 새나오곤 한다. 50미터만 걸어가도 잔등성이에 흠뻑 땀이 솟고, 얼굴은 연신 주르르 흘러내리는 땀방울로 뒤범벅이 된다. "이게 어찌 사람사는 세상이란 말인가?" "여기서 왜 내가 살아야 하나?" 중얼거림으로 이미 불쾌지수가 머리끝까지 올라오기도 한다.

무더운 여름을 지혜롭게 탈출하는 방법이 없을까? 여기 지난 여름, 이웃사람들과 양자 호수로 낚시갔던 이야기를 소개한다.

날씨가 덥다고 마냥 앉아서 에어컨바람만 쏘이고 있을 수는 없는 노릇. 마침내 이웃사람과 "어떻게 해야 이 무더운 타국의 여름을 지혜롭게 날 것인가?" 시원한 맥주 한잔 하면서 토론을 했다. 우리는 붕어나 잉어를 잡아서 하루 종일 푹 삶은 다음, 그 진한 국물을 먹는 것이 더위에 약해진 몸을 보양하는 데 최고가 아니겠는가, 이러한 결론에 이르렀다. 마침 이 지역은 호수가 많아서 잉어, 붕어가 어디를 가나 많을 거라는 생각을 했다.

그리하여 차량에 낚시도구를 싣고 우리 세 명은 이곳에서도 유명한 양자揚子 호수로 고기를 잡으러 갔다. 위치는 대충 전해듣고 표지판을 따라 열심히 1시간 정도 달려가니, 호수는 없고 황량한 붉은색의 비포장도로가 나타났다. 그래도 끝까지 가보자는 심산으로 다시 조금 더 달려가니 다행히 새 길이 나타났다. 운전석에서 앞을 쳐다보니 저 멀리 아스팔트 위에 물결 비슷한 게 보이는 것 같았다.

결국은 우리가 찾았구나, 하고 가보니 그것은 호수 물결이 아니고 너무 더운 날씨라 아스팔트 위로 올라오는 엄청난 지열이었다. 사막에는 신기루가 있다더니 우리도 붕어 몇 마리 잡으러 가는 중에 신기루를 본 것이었다. 속으로는 이미 붕어는커녕 피라미도 틀렸다는 생각이 들기 시작했지만, 운전하는 사람의 노고를 생각해서 그런 절망의 말은 차마 할 수가 없었다.

그때 마침 기적처럼 확 트인 넓은 호수가 눈앞에 나타났다. 이번에는 진짜로 호수가 틀림없었다. "야호, 만세!"를 부르며 호숫가로 진입해보니 지난주에 연일 퍼부은 엄청난 장맛비로 낚시터가 모두 물에 잠기고 없었다. 할 수 없이 호수 한가운데를 가로질러 난 길을 따라 더 전진해보았다. 간신히 차 한 대만 다닐 수 있는 도로를 아무 대책없이 가고 있었다. 저쪽 편에서 차라도 오는 날이면 십 리가 족히 되는 길을 누군가는 후진으로 가야 하는 상황이었다.

지성至誠이면 감천感天이라고 했던가. 드디어 중간에 조그만 집이 두 채 보이고 여러 명의 시골아저씨들과 아줌마가 보였다. 대충 보니 강에서 고기를 잡는 어부들 같아 보였다. 왜냐하면 이미 나룻배 두 척이 막 그사람들이 있는 호숫가로 오고 있었고, 아주머니 한 분은 열심히 그물을 손질하고 있었기 때문이다. 우리는 반가운 마음에 혹시 잉어나 붕어 파는 거 없냐고 물어보기로 하고, 만약 있다면 사서라도 가자는 데 서로 합의를 했다. 그런데 문제는 우리 세 사람 중 어느 누구도 잉어나 붕어가 중국어로 무엇인지를 모른다는 것이었다. 일행 중 한 친구가 잽싸게 핸드폰을 꺼내더니, 자기회사의 조선족 통역에게 전화를 해서 물어보았다.

나머지 우리 둘은 그 잉어와 붕어를 뜻하는 중국단어를 평생 잊어버리지 않을 만큼 머리로 외우고 입으로 외우기 시작했다. 아마 이런 정신으로 학창시절 영어공부를 했다면 지금쯤 영문학자가 되었을 거라고 생각했다. 차에서 내려 우리는 방금 습득한 단어를 이용하여 잉어나 붕어가 있냐고 물어보았다. 잉어는 없고 붕어만 있다고 했다.

낚시를 떠나기 전에 각자 자신의 부인에게 잉어가 여자들에게 아주 좋다는 말을 하며, 반드시 잉어즙으로 몸보신을 시켜주겠노라고 호언장담하고 온지라 잉어가 없다는 것이 조금은 아쉬웠지만, 이 판국에 잉어 붕어를 따질 일은 아니었다. 어쩌면 잉어보다는 붕어가 남자들에게는 좋다는 이야기가 생각난 것도 아마 그 순간이 아니었을까. 아무튼 우리는 펄떡펄떡 뛰는 붕어를 열댓 마리 사서 차에 실었다. 그런데 붕어값이 생각보다 너무 싸서 그냥 부르는 돈만 주고 오려니 조금 미안한 생각이 들었다. 어부들의 검게 그을린 얼굴과 찌든 행색이 연민의 동정을 유발했기 때문이다. 그래서 담배를 꺼내 주변에 계신 어르신부터 한 대씩 권해드리고, 차안에 있던 한국과자 '포테이토칩'을 서너 개 꺼내서 드렸다.

우리가 중국인이 아닌 한국인이라는 사실을 안 이사람들은 마치 동물을 쳐다보듯 우리를 호기심에 가득 차서 바라보았다. 무엇보다 그들이 신기하게 여긴 것은 "어떻게 한국사람들이 저렇게 중국말을 잘 하느냐?"였다. 믿을 수가 없다는 표정이 눈에 역력했고, 이참에 더 유창한(?) 중국어를 뽐내고 싶었지만, 우리는 이 싱싱한 붕어를 빨리 살아 있는 채로 운반해야 한다는 마음이 더 급했다.

급히 차를 돌려 우리동네의 한국음식점을 찾아갔다. 붕어즙을 낼 줄 안다고 하는 조선족 주방장을 찾으러 간 것이다. 그런데 이 인간이 식당에 없고, 보조로 일하며 한국음식을 배우는 젊은 부주방장이 있었다. 부주방장은 내가 그집에 오가며 붙여준 이름인데, 그 젊은이도 아주 흡족해하는 계급이고 명칭이었다.

하는 수 없이 그에게 일단 주방장이 없으니 "이 붕어들을 잘 손질하여 냉장고에 넣어두라"고 했다. "절대로 다음 순서를 네 마음대로 진행해서는 안 된다"고 단단히 못을 박았다. 집에 들어가 달게 한잠 자고 나니 주방장한테서 전화가 왔다. "마늘, 생강, 대추, 황기 등을 넣고 푹 고면 되냐?"고 물어보기에 일단은 고기만 3시간 정도 다리고, 그후에 그런 것을 넣고 다시 3시간 더 다리라고 했다. 내일이 일요일이니 저녁에 가서 먹겠다는 통보도 아울러 했다.

이윽고 다음날 저녁 우리는 각자 아내들을 대동하여 식당엘 갔다. 인사치레로 삼겹살을 시켜놓았지만, 애당초 삼겹살은 안중에도 없었고 오로지 "이 인간이 제대로 붕어즙을 냈느냐?" 이것이 궁금했다. 보약은 빈속에 먹어야 한다는 어느 분의 말대로 일단 즙부터 가져오라고 했다. 여자들이 "잉어가 아니고 왜 붕어냐?"는 등 잔소리를 했지만, 우리 남자들 귀에는 그런 쓸데없는(?) 소리는 들리지 않았다. 가져온 하얀 사발의 국물을 보니 즙은 즙이었다. 냄새도 썩 괜찮았다. 조금 맛을 보니 먹기에도 적당하다는 생각이 들었고, 이내 한 대접을 다 마셨다. 그래봐야 조그만 밥대접이라 각자에게 분배된 양은 그리 많지가 않았다.

기분이 좋았다. 맛도 맛이지만 기분이 아주 좋았다는 뜻이다. 이 무더운 날 이런 보양식을 타국에서 우리가 스스로 해먹는다는 생각에, 이번 여름더위는 그리 문제가 되지 않을 것 같다는 용기와 희망이 솟아올랐다. 옛날 고향의 앞 개울에서 먹었던 매운탕 생각도 나고, 함께 놀던 시골친구들의 그리운 얼굴도 스쳐갔다. 타국에서의 여름은 이렇게 지나가고 있었다.

무서운 중국아줌마

"왜 오이 사려는 놈이 무를 골랐냐"는 것이었다. 날씨도 덥고
장사도 잘 안 되는데 말도 더듬거리는 외국놈이 나타나서
왜 사람을 짜증나게 하느냐! 이런 무례(?)를 저질렀다는 뜻이다.

중국 우한에서의 여름이 힘차게 흘러가고 있다. 사람이 살아야 하는 곳인지, 어쩌려고 하나님은 이렇게 더운 날씨를 왜 하필 '내가' 살아야 하는 땅에 허락하셨는지 가끔 불평도 해보고 원망도 해본다. 괜한 투정을 부려보는 것이다. 이래서 인간의 인연과 우연 같은 필연은 무섭다.

중국에 사는 교민들 중에서 자기 스스로 선택하여 이땅으로 온 사람은 아마 얼마 없을 것이다. 어쩔 수 없는 운명의 힘으로 이곳에서 우리가 함께 살아간다. 서울 또한 여름이면 열대야 현상으로 곤혹을 치르곤 한다고 알고 있다. 여름이면 중국 우한땅에서 늘 30도가 웃도는 밤을 지내다보니 도대체 한국의 열대야가 무언지는 잘 모르겠지만, 아무튼 우리는 현재까지는 잘 버티면서 이방의 세월을 보내고 있는 중이다.

이런 세월이 중국이라는 거대한 대륙에서 흘러간다. 중국에서의 삶이 딱히 꼬집어서 좋다고는 할 수 없어도, 그렇다고 아주 나쁘다고도 할 수 없다. 정신적인 면과 육체적인 면에서는 비교적 바쁜 한국의 삶보다 편안한 듯도 하고, 그러나 살아가는 과정에서 부대끼는 여러 시스템은 아주 불편하기도 하다.

당연한 일인데도 인간은 늘 가장 편안함과 최고의 안락함을 추구한다. 반면 시스템이 좋은 선진국에서는 오히려 정신적인 편안함을 느낄 수 없을 것이다. 인간이 만들어놓은 여러 장치와 규범과 질서는 인간 본래의 자유의지를 속박하기 때문에 영혼은 늘 피곤하다. 사회적인 시스템이 사람을 구속하고 자유의지를 통제하기 때문이다. 아마도 우리 한국인의 삶에도 이렇게 사람을 피곤하게 하는 문화적, 전통적인 구속은 꽤나 많이 있는 것 같다. 체면문화, 도리를 다해야 하는 자식으로서 의무, 경우를 알고 행동해야 하는 예절, 시부모님을 향한 며느리의 공손함과 절대적인 순종, 상사를 향한 역시 절대적인 복종, 대접을 잘해야 하는 접대문화, 경조사문화 등.

한국을 떠나 중국땅으로 와서 살아가는 동안 우선 정신적으로 편한 것이 이런 한국문화를 벗어났다는 해방감이었다. 물론, 여전히 중국초짜 2~3년 동안은 길거리음식과 러깐멘 같은 음식을 어떻게 먹나 이런 보수적인 생각이 상존해 있긴 했지만, 중국에서 여러 면으로 여태껏 내 의지를 속박했던 한국사회의 악조건들이 사라졌다는 기쁨을 만끽하며 살아갈 수 있었다. 그런 측면에서, 우리가 속한 사회의 구속력은 인간에게 대단한 정신적 속박을 줄 수도 있고, 그래서 우리는 피곤한 삶을 살 수밖에 없는 것이구나, 하는 생각도 해본다. 이런 여러 면에서의 해방! 중국땅이 주는 제3의 행복이기도 하다.

그러나 매여름마다 나 또한 중국과 중국인에게 엄청 많은 스트레스를 받고 있음은 부인할 수 없다. 일전 여름에는 다음과 같은 일이 있었다. 채소시장에서 벌어진 일이었다. 나는 오이를 사려고 오이를 골랐다가 다시 무를 살려는 것처럼 무를 골랐다가 다시 안 사겠다고 했다. 이때 날벼락이 떨어졌다. 무를 파는 중국아줌마가 시장이 떠나가도록 나에게 욕을 해댔다. 나이 오십 넘어서 그렇게 시원하게 욕을 먹어보긴 처음인 듯했다. 그 아줌마가 생각하는 나의 잘못은 사실 아주 간단한 일이었다. "왜 오이 사려는 놈이 무를 골랐냐?"는 것이었다. 날씨도 덥고 장사도 잘 안 되는데 말도 더듬거리는 외국놈이 나타나서 왜 사람을 짜증나게 하느냐? 이런 무례를 저질렀다는 뜻이다.

창피한 마음에 황망하게 몸을 숨겼다. 그러나 순간적인 판단착오로 다시 그 아줌마 앞을 지나가야 하는 후방 쪽으로 몸을 은폐한 것이 두 번째 잘못이었다. 출구 쪽으로 갔어야 했다. 그래야 그 무서운 아줌마를 더 이상 안 보고 사라질 수 있었던 것이다. 이러한 고민을 하는 순간에도 이 아줌마는 계속 떠들어대고 있었다. 물론 무슨 말인지는 알 수가 없었다.

순간, 이방나그네의 아주 편한 기능이 작동했다. 너는 떠들어라, 나는 무슨 말인지 모른다! 오이 사려다 잠시 무를 고른 것이 무슨 그렇게 큰 죄가 되겠느냐! 마음이 금방 편해졌다. 모르면 바보가 되고, 못 알아들으면 사람이 순수한 마음을 잊어버리지 않는 것 같았다. 내 딴에는 아주 중요한 원리를 발견한 것이었다. 그리하여 나는 정신을 얼른 차리고 다시 그 아줌마에게 갔다. "아줌마! 사실은 내가 외국인이라 주방장 말을 잘못 알아듣고 오이 대신 무를 골랐다. 이해해라. 그러니 이번에는 오이를 달라. 못생긴 아줌마야!(물론 앞뒤의 못생긴 아줌마는 한국어고 나머지는 중국어로 했다.) 등에서 땀이 비오듯 흘러내리고, 이마에서는 거의 폭포 수준으로 땀방울이 떨어지는 내 꼴을 보면 아줌마 마음도 조금 누그러들었으련만 시쳇말로 짤, 없었다.

다시 돌아와 오이를 무려 15개나 사주는 사람에게 봉지에 담는 순간까지도 욕을 해대고 있었다. 얼마야(중국어), 못생긴 아줌마야(한국어)? 29원 50전이야, 나는 30원을 주면서 "잔돈은 미안한 의미에서 됐다(중국어), 이 못생긴 귀신아!(한국어) 중국아줌마는 50전을 내밀다가 그 소리에 바로 잔돈을 냉큼 집어넣었다 .

식당에 돌아오니 이런 아프고 시린 사연은 아랑곳 않고 아내가 물어본다.

"오이 얼마에 샀어요?" "응, 30원!" "아니, 웬놈의 오이를 이렇게 비싸게 샀어!" (바로 반말) 나는 속으로 중얼거린다. "당신이 지금 내 속을 아느냐 모르느냐?"

중국에 살아보니, 결국 사람 사는 세상은 모두 마찬가지라는 생각이 절로 들었다. 그래도 여러 면에서 정신적으로 편한 구석이 있다. 날씨가 아주 덥다. 조금 짜증이 나도 그러려니 하면서 잘 보내길 바란다. 유리한 중국말은 알아듣고 불리한 것은 못 들은 체하면서.

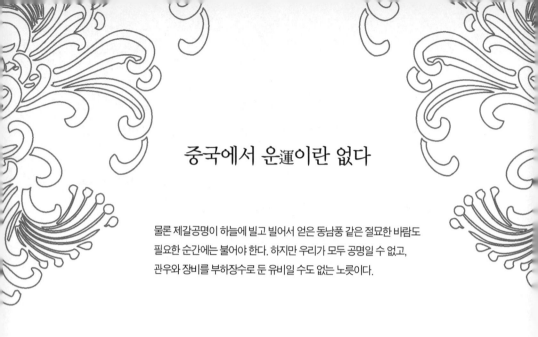

중국에서 운運이란 없다

물론 제갈공명이 하늘에 빌고 빌어서 얻은 동남풍 같은 절묘한 바람도
필요한 순간에는 불어야 한다. 하지만 우리가 모두 공명일 수 없고,
관우와 장비를 부하장수로 둔 유비일 수도 없는 노릇이다.

조금은 수그러든 더위가 다시 기승을 부리는 중이다. 앉아 있어도 줄줄 땀이
비오듯 흐른다. 이 와중에 현지신문에는 반갑게도 우한이 이제는 중국의 4대
화로가 아니라는 기사가 나왔다. 누굴 놀리는 건지 장난치자는 건지, 이 더운
날씨에 혈압을 높이려고 작정을 했나.

37~40도가 넘어가는 날씨가 연일 계속되고 있는 마당에 우한이 4대 화로
가 아니라고 하면, 그래서 어쩌란 말인가. 다른 곳은 더 더우니 이 정도 더위쯤
은 참고 잘 살아라, 뭐 이런 뜻이 아닌가 싶다. 참고로, 우리 인체는 29도를 넘
어설 때부터 땀을 분비하며 체온을 조절하는 기능이 작동한다고 한다. 그러나
34도가 넘어서면 땀분비만으로는 체온상승을 막을 수 없다고 한다. 그런데 우
한사람들은 34도 알기를 한국축구가 일본축구 생각하듯 한다. 우습게 본다는
말이다.

지구상에서 가장 더운 곳은 이란 동부의 루트사막이라 한다. 최고기록이 70.7도라고. 너무 더워 박테리아 같은 세균이 살 수 없다고 한다. 과학자들이 생우유를 병에 담아두었는데 전혀 상하지 않았단다. 무슨 세균이 있어야 상하던지 말던지 하는 것이다.

더운 여름이 가고 있는 중이다. 장강의 물결이 함께 흘러간다. 어쩌면 우리 교민들은 이 거대한 장강의 물결을 건너가는 나그네일 수도 있고, 잠시 강가에 터잡고 고기잡는 어부일 수도 있다. 장강의 물결 즉, 중국이라는 나라가 요동을 치거나 알 수 없는 이유로 승선을 거부하면 우리는 떠나야 할 몸이다. 그러나 아직은 장강의 물결이 우리를 태우고 흘러가고 있다. 가족들이 우리가 잡는 고기로 생계를 유지하고 있는 중이다.

중국생활이 햇수로 7년째 접어들고 있다. 목련이 피고, 다시 귀뚜라미가 울어야 했던 계절이 많이 흘러간 듯하다. 장강의 물결이 가끔은 굽이치며 내 마음에 흐르기도 했고, 나 스스로 배를 타고 건너야 할 이유를 물어보기도 했다. 쉽게 잡을 수 있었던 고기는 그물을 다 찢어놓고 도망치기도 했다. 다시 바늘을 찾고, 안경을 끼고 그물을 꿰매면서 이방인의 설움을 느껴보기도 했다.

봄빛이 화사한 날에는 배를 타고 훌쩍 서해바다로 향하고 싶었던 기억도 있다. 서해에는 인천이 있고, 군산이 있고, 평택이 있다. 그곳에서 차를 갈아타면 고향이 멀지 않기에 아마 그런 생각을 했던 모양이다. 부질없는 향수가 사람 가슴을 얼마나 아프게 하던지. 그러나 세상에는 따뜻한 이웃이 있고, 우연히 만난 아름다운 정도 있는 법이다. 교민사회도 이런 잔잔한 정이 흐르는 곳이다. 저마다 새벽이면 일어나 고기를 잡으러 장강으로 나가서 열심히 그물을 던지며 산다.

힘이 들기도 하고, 때로는 장강의 이유도 없는 땡깡(?)에 답답하고 괴롭기도 하다. 이역 먼 타국에서 어떻게든지 고기를 많이 잡아야 하는 것이 우리의 당면한 현실이기도 하다. 가족도 먹여야 하고 고국의 많은 동료들도 우리의 풍성한 어획량을 기대하고 있기 때문이다. 그러나 고기가 던지는 그물마다 쉽게 잡히는 것은 아니다. 장강에 그물만 던지면 우르르 고기가 잡힌다는 애초의 판단과, 아직도 고국 땅에서 그걸 철석같이 믿고 있는 동료들의 생각은 틀린 판단이고 잘못된 생각이다.

중국에서 오랜 세월 동안 고기(?)를 잡다보니 느껴지는 사실이다. 고기는 많으나 그 고기를 잡아야 하는 준비과정에서 같이 일하는 중국사람의 협조와 운도 있어야 되는 일이기 때문이다. 던지면 가득! 이런 것은 중국에 없더라! 쉽게 말해서 그런 뜻이다. 그래서 중국땅에서 성공하는 일은, 그 성공의 의미가 어떤 성질의 것인지 이방의 어부들만이 알 수 있다. 땀과 노력만으로 되는 것이 아니고, 하늘의 도우심과 피와 눈물과 죽기살기의 집념이 섞여야 되는 것임을 우리는 안다. 물론 제갈공명이 하늘에 빌고 빌어서 얻은 동남풍 같은 절묘한 바람도 필요한 순간에는 불어야 한다. 하지만 우리가 모두 공명일 수 없고, 관우와 장비를 부하로 둔 유비일 수도 없는 노릇이다.

우한땅에서도 이런 성공이 있는가 하면 아픈 실패도 많이 있다. 던진 그물이 찢어진 이유가 모두 우리 탓만은 아닐 것이다. 그렇다고 가득 잡힌 고기가 모두 행운이고 어쩌다 걸린 '삼팔광'은 역시 아니다. 모두에게는 성공의 이유가 있고 실패의 원인이 있다. 모르긴 몰라도 아마 그럴 것이다.

약 4년 전, 추위가 살을 파고드는 겨울 어느 날, 공항 같지도 않은 우한국제공항에 50이 넘은 한국인이 도착했다. 시간은 찬바람이 가장 세게 부는 밤 12시 자정. 한국에서 오는 비행기가 당시에는 그 시각에 도착했었다. 그리고 이 초로의 신사는 허름한 아파트숙소로 향했다. 짐을 풀고 정리를 하니 새벽 3시가 되었다. 중국 우한에서 자신이 짊어져야 할 회사의 회생은 나그네의 고단한 잠을 설치게 했다. 그러나 자야 한다. 알다시피 우한의 겨울 아파트는 숨을 쉬면 입김이 허옇게 보이는 아주 살벌한 추위가 감도는 곳이기도 하다.

죽으나 사나 머리와 코만 허공에 내놓고 온몸을 얇은 이불로 칭칭 감아야 했다. 그런데 잠시 눈을 붙이다 너무 추어 깨어보니 정전이 된 것이었다. 우한의 겨울밤 정전이라, 그야말로 겨울나그네가 강물에서 노를 잃어버린 것 같은 심정이었으리라. 이분은 이런 아픈 추억을 가슴에 담고 다 죽어가던 회사를 4년간 운영하여 마침내 흑자로 돌려세운다. 우한에 도착한 그날 밤의 아름다운 추억을 헛되이 할 수는 없었기 때문이다. 낮에는 시간이 날 때마다 통역사를 옆에 앉혀놓고 중국어를 배우고 다시 현장으로, 거래처로 죽기살기로 뛰어다녀야 했음은 물론이다. 그분이 성공의 그물을 건지기까지의 모든 사연을 우리는 알 수가 없다. 왜냐하면 그분은 늘 "운運이 좋았다!" 이 한 마디를 되풀이할 뿐이었다. 그러나 우리는 그 운이 좋았다는 말을 그대로 믿을 수만은 없다.

중국에서의 운이 좋다는 것은, 예를 들자면 거주증명을 하러 파출소에 갔는데 다행히 파출소 컴퓨터가 망가지지 않아 3시간 걸릴 일이 2시간에 끝났을 때, 교대시간 임박해서 택시를 잡았는데 때마침 택시기사의 교대장소가 우리의 행선지와 같을 때, 처음 만난 중국측 지도자가 술을 잘 못해서 백주 대신 포도주를 마셔야 할 때, 모처럼 찾아간 박물관이 무료입장이라고 할 때 등, 아주 사소한 행운을 제외하고는 고기잡는 그물에 어느 날 왕창 고기가 걸릴 운은 아마 존재하지 않을 것이다. 몇 백억 투자한 공장을 파산 직전에 다시 기사회생시킨 것이 단지 운으로 될 일은 아니다. 더구나 이땅은 선수들이 우글대는 맹수의 땅 중국 우한이다.

이참에 다시 한 번 그분께 존경과 축하의 박수와 아쉬운 이별의 정을 함께 보내드리고자 한다. 강물은 여전히 우리들 가슴 속에서 흐를 것이다. 선린산深林山 공원에는 내년 봄에도 목련이 피고 복사꽃이 피어날 것이다. 이제 돌아가시는 발걸음 위에는 고국의 평온한 땅이 주는 평강이 함께할 것이고 고향 뒷산에서는 잠시 4년동안 묻어두고 오신 아름다운 추억들이 반겨줄 것을 기대해본다.

8월에 핀 목련꽃

잔인한 계절 4월에도 흰옷 입은 천사처럼 아름다운 모습으로
인간의 잔인함을 잊게 해준 목련이었다. 그 목련이 눈앞에서 죽어간다.
우한의 여름 무더위가 그래서 더 싫었는지 모른다. 그러나 신神은 오로지
순종하고 충성하는 자에게 기적같은 삶을 허락해주는 재주가 있는가 보다.

우한의 날씨가 제법 아침저녁으로 선선한 기운이 도는 듯하다. 달도 차면 기우는 법이고 제 아무리 무더운 날씨도 지구가 자전과 공전을 하며 태양에서 멀어지는 때가 되면 별 도리가 없는가 보다. 북태평양의 고기압전선도, 몽골에서 불어오는 건조한 바람도 계절이 여름이기 때문에 온다.

우한의 더위가 유독 심해서인지 중국생활이 꽤나 힘이 들 때가 많다. 애증의 숨바꼭질을 했던 이곳 생활에 사랑과 애정보다는 미움과 원망이 더 많아진 탓도 있겠고, 그 와중에 혹한 더위도 한몫 거든 듯하다. 연일 40도를 웃도는 날씨 속에서 종일 숨이 가쁘고 온몸은 3분만 걸어도 땀으로 흠뻑 젖고, 도대체 뭘 어떻게 해야 할지 모를 정도의 더위에 취해 있었다.

불현듯 아프리카 사람들이 게으르고 잠이 많고 그래서 오늘날까지도 비록

무한한 자원을 보유했다고는 하나 못사는 데는 다 이유가 있을 거란 생각이 들었다. 기온이 40도가 넘어가면 인간은 정상적인 외부활동이 불가능하다. 한마디로 말해 아무 일도 할 수 없다. 그럼에도 불구하고 노동현장에서 일을 한다는 것은 인간의 삶을 포기하는 것이다. 개인적인 소견이지만, 우한이라는 도시가 더 발전하려면 더운 여름과 추운 겨울 날씨가 두고두고 장애요인이 될 거라는 생각도 해본다. 날씨를 극복하는 도시시스템을 만들려면 그만큼 투자가 많이 되어야 한다는 뜻이다. 아직은 먼 이야기인 듯하다.

무더운 날씨를 생각하다보니 문득 작고한 현대그룹 정주영 회장에 대한 생각이 났다. 어느 날 박정희 대통령이 늦은 밤에 정회장을 호출했다고 한다. 그리고 이렇게 물어보았다. "중동 열대사막에서 건설공사가 가능한가?" 정회장은 아주 단순, 명쾌하게 대답했다. "중동은 건설노동의 최적의 장소입니다." 박대통령은 이미 다른 건설사들이 난색을 표명한 일을 이렇게 자신있게 표현하는 정회장이 믿음직하면서도 못내 의심이 갔다.

"어째서 최적의 나라인가?"

"우선은 1년 내내 비가 안 오니 쉬지 않고 공사를 계속할 수 있고, 모래와 자갈이 현장에 무궁무진하니 별도의 조달이 필요 없습니다."

"그럼 물과 50도가 넘는 더위는 어떻게 하나?"

"물은 어디서든지 공수해오면 되고 낮이 더우니 밤에 일을 하면 됩니다."

그야말로 중동건설의 붐이 열리는 순간이었고 우리나라 경제가 한 단계 올라가는 서막이 이렇게 시작된 것이었다. 강하고 위대한 힘을 하늘은 아무에게나 허락하질 않는가보다.

집앞의 목련이 출장에서 돌아와보니 푸른 잎사귀가 다 말라서 떨어지고 앙상한 가지만 남아 있었다. 결국은 저러다 죽는 거구나, 이런 안타까운 마음에 속으로는 물이라도 두어 바가지 뿌려주고 싶었다. 물론 그래서 해결이 될 상황이 아니다. 나는 매일 아침마다 그 죽어가는 목련을 쳐다보면서 인간과 자연의 삶과 죽음을 비교해보기도 하고, 한편으로는 에어컨이 켜져 있는 거실에 앉아 있는 자신의 모습이 미안하고 송구하기도 했다. 오죽하면 나무가 말라죽나. 그래도 사람은 이렇게 물이라도 끼었고 기계에서 나오는 찬바람이라도 쐬련만 식물은 방법이 없다. 그저 순종하고 충성하는 일 외에는 다른 방도가 없다. 죽으라면 죽고 살라고 하면 사는 것이다. 자기에게는 아무런 권한이 없다는 것을 잘 알기 때문이다.

그들은 능력을 넘어서는 일에는 관심도 흥미도 없다. 잔재주를 부리지도 않고 잔머리를 돌려서 어떻게든지 조금 더 살아보려는 구차함도 없다. 그냥 죽는다. 죽고 싶어 죽는 것도 아니고 더 살고 싶어서 안간힘을 쓰는 것도 아니다. 묵묵히 순종하는 것이다. 목숨을 연장해달라는 울부짖는 절규도 안 한다. 사형장에 홀로 선 독립투사 안중근의 의연한 죽음같이, 골고다언덕의 십자가에서 죽음을 맞이한 예수처럼 자기에게 주어진 그 모두를 담담하게 받아들인다.

목련나무가 가뭄에 타서 죽어가는 모습에서 한 편의 장엄한 서사시를 읽는 기분이 들었다. '아, 목련은 끝내 죽는구나!' 그런 것이다. 지난 봄날의 화려했던 자태도 그 순백의 아름다운 꽃잎도 이제는 다시 볼 수가 없다. 잔인한 계절 4월에도 흰옷 입은 천사처럼 아름다운 모습으로 인간의 잔인함을 잊게 해준 목련이었다. 그 목련이 눈앞에서 죽어간다. 우한의 여름무더위가 그래서 더 싫었는지 모른다.

그러나 신은 오로지 순종하고 충성하는 자에게 기적같은 삶을 허락해주는 재주가 있는가보다. 엊그제부터 불현듯 마른하늘에서 번개가 치고 천둥이 치더니 일기예보에도 없던 소나기가 오고, 그후에도 하루걸러 한 번씩 예상치도 않은 비가 왔다. 어느 책에서 보니 이런 말이 있었다.

"모든 것을 포기하고 전부를 내려놓았을 때, 그때부터 하늘은 움직이기 시작한다. 조금이라도 인간이 뭘 해보려고 하는 순간에는 절대 그는 오지 않는다."

맞는 말이기도 하지만 아주 어려운 말이다.

무척 힘든 말이다. 보통의 상식을 뛰어넘는 말이다. 인간의 위대한 힘과 '불가능은 없다'는 나폴레옹의 말을 다 던져버려야 가능한 말이 된다. 하기야 나폴레옹도 이름 없는 섬에서 비참하게 죽어야 했다. 큰소리 치는 일도 잘 나갈 때 한 번 해보는 것이다. 화려한 정상에 있다보면 모든 것이 다 자기능력으로 된 거라는 교만이 찾아오는 법이다. 이래서 인간은 끝내 신의 영역을 침범할 수가 없다.

그렇게 긴 가뭄에 다 죽어가던 목련이 요즘 몇 번의 비를 맞고 생기를 찾더니 기적같이 다시 꽃을 피우는 중이다. 한 송이, 두 송이 아주 아름답고 예쁜 꽃을 연일 터트려내고 있다. 신비하고 요상하면서도 자랑스럽기도 하고 대견하고 기특하기도 하다. 그래서 나는 '8월의 목련'이 피는 모습을 매일 아침마다 저녁마다 바라보고 쳐다보고 있다.

순종하면 사는 것, 우주의 섭리와 하늘의 명령에 충성하면 저렇게 살고, 불순종하면 죽는 이치를 깨닫는다. 목련이 다시 꽃을 피우는 것은 아마도 이미 말라죽은 씨앗을 다시 잉태하기 위해서일 것이다. 자기만 살려주는 것이 아니라 다 죽은 자식까지 살려주는 일이다. 순종과 복종의 대가를 받는 것이다.

그 대가가 오늘도 달빛이 환한 밤중에 베란다 아래서 하얀 꽃잎을 몸에 달고 환하게 웃고 있다. 하늘에서 은총을 준 것이다. 40도가 넘는 더위에서, 한 달 가량 물 한 방울 먹지 못한 상황에서 '죽으라면 죽으리라!' 다짐하고 순종한 목련에게 하늘은 '8월의 목련꽃'이라는 한 번의 인생을 더 주고 있다. 축복을 내린 것이다.

이제 이국 땅에서도 혹독한 더위가 점차 물러가면 힘들고 외로웠던 여름날이 간다. 무덥고 지루했던 여름날 나는 한 그루의 목련에게서 '인간이 인내하고 순종할 때 얼마나 크게 하늘의 복을 받는지' 그 귀한 교훈을 얻어본다. 그리고 모세의 미디안 광야생활 40년과 욥이라는 사람이 갑자기 몰아닥친 원인도 알 수 없는 불행과 재난 앞에서도 하나님을 부정하지 않고 순종하다가 마침내 큰 복을 받았다고 하는 구약성경 대목을, 또한 예수님이 세례를 받고 빈들로 들어가서 40일 주야금식을 하며 마귀와 싸우다 끝내 믿음과 충성으로 승리했다는 기록을 생각해보기도 한다. 그리하여 다시 힘을 내본다. 모두 힘내길 바란다. 가을이 오면 그 인내의 열매가 분명히 열릴 것이다.

중국아줌마와 라이터

중국아줌마는 나를 아주 매섭게 째려보았다.
그리고 이어지는 앙칼진 우한아줌마 특유의 목소리.
"아침부터 불은 안 빌려줘. 재수 없어!"

　사람의 마음은 참 간사하다. 갑자기 일주일 내내 비가 오면서 온도가 너무 내려가다보니 조금은 마음이 허전하다. 낮에는 따가운 햇볕이 내리쬐고 아침과 저녁에는 선선한, 전형적인 한국의 가을을 생각하기 때문일 거다. "이틀만 남국의 햇빛을 더 허락하여 달라"는 어느 시인의 간절한 호소가 그냥 하는 말은 아니라는 생각이 들었다.

　이방의 땅에서 다시 가을을 기다린다. 어릴 적 고국의 땅에서 맞이했던 가을의 모습이 눈에 선하다. 파란 하늘과 하얀 뭉게구름, 어느새 나타난 수많은 고추잠자리, 밤이면 할머니 방으로 몰래 들어오던 귀뚜라미의 울음소리. 철없던 어린 시절의 우리는 밤마다 울어대는 풀벌레소리와 청명하고 맑은 하늘, 벌판에서 누렇게 익어가는 벼와 뒤뜰에 아직 매달려 있는 황갈색 늙은 오이의 모습을 보면서 가을을 맞이했었다.

집앞의 목련이 이제 푸른 잎사귀를 온몸에 치장하고 완벽하게 살아났다. 아침마다 그 힘찬 생명의 부활을 쳐다보면서 하나님이 주시는 사랑과 은혜와 축복과 죽음에서 다시 살아나신 기적을 생각해본다. 여름날의 극심한 가뭄과 갈증과 타는 목마름 속에서 자기 온몸을 다 희생해가며 죽어야 했던 목련이 8월에 다시 꽃을 피우고 마침내 완벽하게 소생한 모습은 아무리 쳐다봐도 아름다운 모습이다. 새로 돋아난 잎은 봄날의 그것보다는 작고, 그래서 웅장하고 위엄 있는 모습은 비록 아니지만 더 촘촘하게 돋아나고, 더 많은 잎을 간직한 모습은 활기가 있고 더 강한 생명력을 보여준다.

얼마 전 이른 아침에 누군가를 만나러 집을 나간 적 있다. 차를 기다리는데 전화가 와서 받았더니 조금 늦는다는 내용이었다. 그때 무심결에 담배 한 대를 꺼내고 보니 라이터가 없었다. 담배를 피우는 사람들의 공통적인 특징이 있다. 예를 들자면, 길을 가다가 부주의한 행동으로 1만 원을 잃어버린 것은 잠시 후 금방 잊어버린다. 서너 시간 동안 그 사건을 생각하며 안달하거나 복달하지 않는다.

그러나 새로 산 3천 원짜리 담배를 한 개비밖에 안 피웠는데 잃어버리는 사건이 발생하면 참을 수 없는 고통이 찾아온다. 무척 아깝게 느낀다는 뜻이다. 잃어버린 1만 원은 괜찮은데 3천 원짜리 담배는 참으로 아까운 생각이 드는 것이다. 담배피우는 사람들의 묘한 심리다. 라이터 또한 마찬가지다. 대개는 집에 많은 라이터가 있다. 그래서 돈 주고 사는 것이 아깝게 느껴진다. 200원이면 해결될 일인데도 가능한 한 안 사고 버티려는 쪼잔한 심리가 있다. 여기저기 많은 라이터를 두고 새로 산다는 것이 낭비라는 생각을 하는 것이다. 그러나 라이터가 없으면 당장 담배를 피울 수가 없다.

나도 이런 긴박한 상황에서 그런 심리가 발동했다. 그리하여 매일 담배와 물을 사는 단골가게를 찾아갔다. "아줌마! 라이터 잠시 빌립시다." 이런 거다. 그 순간, 중국아줌마는 나를 아주 매섭게 쩨려보았다. 그리고 이어지는 앙칼진 우한아줌마 특유의 목소리. "아침부터 불은 안 빌려줘, 재수 없어."

아, 아침부터 개망신당한다는 것이 바로 이런 경우를 말하는 것이구나 싶었다. 2년 동안 일편단심 들렀던 단골가게 젊은 아줌마가 이렇게 이른 새벽부터 나이 먹은 사람에게 망신을 줘도 되는 건가.

아마도 이건 내 생각일 것이다. 오히려 중국사람들의 문화를 이해하지 못한 내 잘못이 클 것이다. 중국인들은 아직도 이런 오랜 관념과 미신적 사고를 버리지 못하고 산다. 그사람들의 잘못도 아니고 국가의 잘못도 아니다. 아주 오랜 시간 내려오고 있는 습관적 사고다. 다만, 소리를 지르지 말고 부드럽게 말하면 어디가 덧나나.

중국인들의 부를 향한 간절하고 집요한 집념은 이렇게 강하다. 2년단골 아니라 10년단골이라도 자기의 '재물복'을 침범하는 자는 용서할 수 없다. 무서운 사람들이다. 참고하길 바란다.

중국인의 사고방식, 짝퉁의 나라?

우리가 중국에서 실패하는 원인이 중국사람이 나빠서도 아니고
사람을 잘못 만나서도 아니다. 중국이라는 시스템이 우리와는 다른 것이다.
그걸 먼저 이해해야 한다.

어제는 아침부터 폭우가 내렸다. 불과 10분 남짓한 시간에 많은 비가 쏟아지는 바람에 집을 나서려는 발걸음을 잠시 멈추어야 했다. 그러나 하늘을 쳐다보니 분명 5~6분 후면 비가 약해질 거란 느낌이 들었다. 중국생활에서 얻은 체험이라 할까, 뭐 그런 거다. 내가 사는 도시의 가을비는 아무리 기세가 등등해도 10분 이상 지속해서 퍼붓질 않는다. 아니나 다를까, 잠시 베란다에서 커피 한잔 마시다보니 비가 금방 그치면서 하늘 저편에는 구름이 물러가는 모습이 보였다.

하늘을 쳐다보며 천기天氣를 알아맞힌 기분이 들었다. 좋았다. 마치 하늘의 기운과 뜻을 헤아릴 수 있는 능력이 생긴 듯 우쭐한 기분이 들기도 했다. 평범한 보통사람이 천문天文을 아는 고수반열에 잠시 들어갔다 나온 기분이랄까, 말도 안 되는 이런 천박한 잠시의 기분이 인간을 이토록 높은 하늘의 경지까지 들었다 놓았다 했다.

그래서 나는 요즘 하늘을 자주 쳐다본다. 그리고 가을비가 오는 모습을 바라보며 '이것은 하늘과 땅의 소통'이라는 생각도 나름 해본다. 알다시피, 하늘은 늘 말이 없다. 그러나 비를 뿌려준다. 바람도 날리고 눈도 흩날려준다. 이런 방법으로, 말이 없는 하늘은 대지와 인간과 소통하는 것은 아닐까? 그 중에서도 비를 가장 많이 내려준다.

봄에는 봄에 알맞은 비를 주고, 여름에는 폭풍같이 시원한 장대비를 준다. 가을에는 잔잔한 가랑비를 주기도 하고, 더러 가을소낙비를 주기도 하지만 그렇게 많은 양을 주지는 않는다. 인간과 땅에 필요한 만큼만 주는 것이다. 겨울에는 비대신 눈을 선사한다. 그래서 인간은 깊고 고요한 눈을 맞으며 걷기도 하고, 집에 앉아서 모처럼 책을 보기도 한다. 아마도 침묵하고 기다리는 여유를 주는 건지도 모른다. 하늘과 땅의 소통이 이렇게 진행되는 것은 아닐까?

그러나 인간세상은 소통이 잘 되지 않는다. 대통령의 문제는 어제도 오늘도 소통부재이고, 정부와 국민들과의 문제도 불통不通이 늘 문제가 된다. 사실, 우리같이 중국에 나와서 사는 사람들에게도 가장 큰 문제가 중국인과의 소통이 아닌가 생각한다.

어제 아침의 갑작스런 비 때문에 아파트 출입문 앞의 약 3미터 되는 길이 물에 잠겨 있었다. 문을 나서려면 그 길을 지나가야 하는데 고인 물의 양이 거의 발목수준이라, 건너자니 양말과 신발이 다 젖고 안 건너자니 먼 길을 돌아가야 하는 처지가 되고 말았다. 그래서 아파트 경비에게 문앞에 버젓이 놓인 벽돌 3장을 징검다리로 놓으면 사람들이 빠지지 않고 건널 수 있지 않느냐고 했더니 안 된다는 것이다. 왜 안 되냐고 묻자 다른 사람도 다 빠지면서 건너는데 너는 왜 못 가냐고 한다. 갑자기 성질이 나서 소리지르며 설득했지만 도무지 이 무식한(?) 경비는 내 얘기를 아예 들을 생각이 없는 것 같았다.

더 웃기는 것은 중국사람들은 그사람 지시에 따라 그냥 건너간다는 것이었다. 구두와 양말이 젖는 줄은 아는지 도통 말이 없다. 이 모습을 보는 경비아저씨 표정은 아주 득의양양했다. "이거 봐라, 자식아! 다른 사람은 잘 가는데 왜 너만 난리를 치냐? 경비실 앞의 벽돌은 내가 쓰는 거지, 밟고 다니는 데 쓸 게 아니란 말이다. 바보야!"

그 벽돌을 치우면 자신의 입장이 다소 곤란해진다는 것이었다. 지나다니는 것은 자기가 아니다. 주민이다. 비가 와서 물이 고인 것은 자기책임과는 아무런 관련이 없는 것이다. 10년만 젊었어도 우산대로 경비의 머리통을 한 대! 쳤으련만 차마 그럴 수는 없다. 결국은 다른 문으로 돌아가야 했다. 돌아가는 내가 경비와 소통이 안 된 건지, 그냥 빠지면서 건너가는 중국인들이 적응력 뛰어난 '소통의 달인' 인지는 잘 모르겠다.

중국에 살면서 우리는 이런 황당한 경우를 많이 당한다. 억울하기도 하고 분하고 속이 터지기도 한다. 문제는 아무리 그래도 별 방법이 없다는 것이다. 소통이 안 된다는 것은 단순히 말이 안 통하고, 상대가 내 말의 진의를 파악하지 못했기 때문만은 아니다. 어느 교수의 말대로 시스템에 문제가 있는 것이다. 문화적인 차이와는 다르다. 사회구조가 잘못되었다는 뜻이다.

그러나 빗물에 발목이 잠기면서도 그냥 걸어가야 하는 것이 중국의 문화는 아닐 것이다. 이렇게 구조적으로 소통이 안 되는 시스템이 작동되고 있는 한, 우리 이방인은 방법이 없다. 아무리 인맥을 동원하고 돈을 들여도 구조적인 모순과 이미 그 모순된 환경에 길들여진 시스템은 좀처럼 단기간에 개선되기가 힘들다. 아마도 그럴 것이다. 중국인 개개인의 성향과 인품이 다 나쁘거나 좋은 것은 아니다. 우리도, 지구상 어느 나라 사람도 다 마찬가지일 것이다. 중국인을 개인적으로 만나서 이야기해보면 통 크고 의리 있는 사람들이 의외로 많다. 속이 좁아터진 우리와 비교되기도 하고 쪼잔한 우리네 배포와도 많이 대비되곤 한다.

그러나 이들은 이미 중국이라는 자기네 사회에 적응된 사람들이다. 모순이 많건 적건 이런 사회적인 시스템에 길들여지고 말았다. 우리가 중국에서 실패하는 원인이 중국사람이 나빠서도 아니고 사람을 잘못 만나서도 아니다. 중국이라는 시스템이 우리와는 다른 것이다. 그걸 먼저 이해해야 한다. 그렇다고 우리가 '당과 인민이 굳건하게 결합'되어 있는 이 거대한 시스템을, 중국의 영도자들이 '세계에서 가장 훌륭하다고 자부'하고 있는 중국의 특색 사회주의시스템을 마냥 잘못되었다고 비판할 수만은 없다. 그래서 언어를 배우고 중국인과 소통이 되는 것은 아주 초보적인 중국지식이고, 그 다음 단계가 중국의 시스템을 이해하는 것이다. 만시지탄晚時之歎을 해본다. '중국을 안다'는 것이 단순히 언어를 배워서 중국인과 대화를 하는, 그런 단순한 것이 아니라는 뜻이다. 좀 더 깊숙이 소통해야 한다. 공부를 많이 해야 한다는 뜻이다.

한국에서는 선거철이 돌아오면 당마다 후보자별로 선거운동에 열을 올린다. 후보들 저마다 서민이 잘살고 중산층이 회복되는 복지국가를 건설하겠다고 힘차게 외친다. 그러나 우리가 중국에서 느껴보듯 사회적인 시스템이 복지국가가 아니고 사회적 구조가 일자리를 만들지 못하는 것이라면 모두가 헛일이다. 그런 시스템에서 아무리 소통해보았자 국민과 지도자의 소통은 진정한 소통이 될 수가 없다. "당신의 말뜻은 무슨 말인지 알겠지만 이 벽돌은 내가 쓰는 것이지 거기에 놓는 것이 아니"라는 것과 같다. 아무리 유창한 중국말로 설득해도 말을 들어먹지 않는 경비와 같은 것이다.

중국의 성장통

2011년 중국고속열차의 대형참사가 있었다. 그리고 동시에 한국의 산사태로 인한 많은 인명피해를 보면서 문득 '성장통'이란 단어가 생각났다. 특히 어린이에게 발병하는 성장통은 특별한 원인이 없다고 한다. 글자 그대로 아이가 성장하기 위한 일종의 과정이라고 한다.

원인이 없다보니 대부분의 어린이 성장통은 별다른 치료 없이 낫는다는 의미도 되지만 그렇다고 너무 쉽게 간과해서는 '소아관절염'이 될 수 있다고 한다. 그것은 소아마미와 같은 무서운 증상이다. 결코 성장통을 쉽게 보아서는 안 된다.

중국의 고속열차는 우광선(우한~광저우)이 개통되면서 그 화려한 막이 올랐다. '세계최고의 기술'과 '최고의 속도'라는 단어가 한때 중국관영 매체를 장식하기도 했고, 필자 또한 우한에서 광저우까지 중국이 자랑하는 이 고속철을 타보기도 했다. 확실히 중국은 달라졌고 빨라졌음을 당시 온몸으로 실감했다. 외국인의 체감정도가 이런데 중국인들이 느끼는 변화는 오죽할까, 이런 생각도 들었다.

내가 사는 우한은 세 개 도시가 합쳐진 곳이다. 그래서 강을 건너 우창武昌이라는 곳에서 한커우漢口로 버스를 타고 가면 약 1시간 20분 정도가 소요된다. 출퇴근 시간이면 그보다 훨씬 많은 시간을 요하기도 한다. 교통체증이 곳곳의 도로공사와 지하철공사로 인하여 말이 아니다.

그런데 우한역에서 인근 호남성湖南省의 수도인 창사長沙까지 고속철을 이용하면 1시간 10분 만에 도착한다. 전에는 버스로 4시간 가까이 가야 했던 도시다. 같은 도시권에서 이동하는 시간보다 인근 다른 성의 대도시를 가는 것이 더 빨라진 것이 지금의 중국이다.

개방 이래 숨가쁘게 달려온 중국변화는 이렇게 아직도 현재진행 중이다. 그러나 여기저기서 들려오는 사고소식은 어린이가 한 번은 거쳐야 하는 성장통처럼 으레 겪어야 하는 과정일 수도 있지만, 고속열차 대형사고를 접하며 자칫 성장통을 우습게 보다가 소아관절염이 될 수도 있겠다는 생각이 들었다.

국가나 한 개인이나 부강해지고 출세를 하면 외부적으로 폼 한번 잡고 싶은 것이 본성이고 본능이다. 그러나 속도가 너무 빠르다보면, 개인의 과시욕이 지나치다보면 늘 그렇듯 사고가 난다. 국가의 성장이라는 것과 개인의 출세라는 것은 내면의 성숙과 함께 가야 이런 사고가 방지되는 법이다.

중국 고속철도 사고는 하늘에서 내린 벼락 때문이 아니라 신호체계의 잘못이라는 말도 있고, 조작상의 실수라는 말도 있다. 아무튼 천재가 아닌 '인재'라는 뜻이다. 발전과 변화의 주역은 결국 사람이듯 사고원인도 대부분 사람인 경우다 많다.

한국의 '우면산 산사태' 참변도 마찬가지라는 생각이 든다. 무리한 개발의 결과에서 나온 것으로, 끝내 마구잡이식 개발이 자연환경을 파괴하고 급기야 엄청난 사고를 불러왔던 것이다. 이 모두 거대한 자연의 이치를 깨닫지 못하고 우습게 본 결과다. 한국은 이미 여러 번의 성장통을 겪었으되 아직도 치유, 완쾌되지 않은 곳에서 여전히 소아관절염을 앓고 있는 현상을 보여주고 있다고 해도 과언이 아니다.

중국에서 겪고 있는 발전의 성장통과 한국에서 발생하는 성장후유증을 지켜보면서 잠시 인간의 성장과 발전단계를 생각해보았다. 결국 벼락출세와 복권당첨이 그리 오래 못 가고, 한 집안의 흥망성쇠가 어떤 원인으로 성장하고 몰락하는지 극명히 보여준 것이다. 외면적인 발전과 내면의 성숙이 비례해야 올바른 성장이 가능하다는 결론을 내려본다. 급해도 천천히 가야 할 때가 있고, 멋있게 뽐내고 싶어도 한 번 더 자기내부를 들여다보고 점검해야 할 때가 있다.

중국에는 현재 '부디 성공하고자' 온 많은 한국기업과 교민들이 살고 있다. 그러나 중국은 그렇게 만만치가 않다. 그래서 조급하고 빨리 가야 한다는 압박이 있을 수 있다. 중국에서 반드시 성공해야 한다는 한국인 특유의 강인한 고집과 불철주야의 피나는 노력도 있을 것이다. 당연히 겪어야 하는 성장통도 있다. 하지만 성장통이 모두 다 자연스럽게 낫는 것은 아니다. 소아관절염이 안되게 하는 것도 중요하다.

짝퉁의 나라

중국에 살면서 누구나 한 번쯤 짜증을 느끼게 되는 것 중 하나가 중요한 순간에 정전이 되면서 애써 작업하던 모든 자료가 날아가 버리는 일일 것이다. 한국에서도 이따금 이런 일은 있지만 중국은 정말로 예고도 없이 전기가 나간다. 나도 종종 애써서 올린 글이 거의 마무리 순간 다 날아가버리는 참사를 당한 적 있었다. 그럴 때마다 허무하고 맥빠지고 그랬다. 인터넷도 특히 바람이 심하게 불면 불안정해지면서 끊어지는 경우가 다반사다. 그래도 최근 들어서는 좀 덜한 편이다.

중국은 알다시피 짝퉁이 진품보다 더 많은 나라이고, 그래서 가히 짝퉁천국이라는 말이 어울리는 나라다. 그러나 우스개퀴즈 중 이런 말이 있다. "가짜를 만들 때 가장 많이 사용하는 재료는?" 답은 '진짜재료'다. 우리가 시중에서 사는 핸드폰의 경우 약 60퍼센트는 가짜제품이라고 보면 된다. 잘 아는 어느 분은 그동안 2개의 삼성핸드폰을 샀는데 알고 보니 모두 짝퉁이었다고 하면서 허탈해했다.

물론 버젓한 매장에서 손님에게 보여주는 물건은 결코 가짜가 아니다. 진짜를 보여주고 확인도 시킨다. 문제는 돈을 지불하고 새 것으로 받는 포장지도 안 뜬 제품이 가짜라는 사실이다. 외국인 입장에서는 웬만한 전문가 아니면 속수무책 당할 수밖에 없는 노릇이다. 그렇다고 가짜가 모두 안 좋은 것도 아니다. 어느 일정기간 동안에는 통화품질도 좋고 아무런 문제가 없다. 어쩌면 중국이 내세우는 '진짜기술'이 그 절묘한 타이밍에 있는지도 모른다.

어느 한국사람이 몇 년 전에 중고차 한 대를 샀다. 역시 당장에는 아무 문제가 없었다. 에어컨도 되고, 잘 나간다. 한 달 가까이 그러니까 반환이나 배상이 안 되는 시점이 지나면서 차는 엉망진창으로 변하는 것이다. 참으로 대단한 기술이다. 어쩌면 그렇게 시간을 잘 맞출 수가 있는 것일까?

몇해 전에 삼성에서 작심을 하고 중국공안의 협조를 얻어 광동의 어느 짝퉁 핸드폰 공장을 습격했다고 한다. 그런데 삼성측에서 보아도 너무도 잘 만들더라는 이야기다. 그래서 제의하기를 "고발하지 않는 조건으로 우리 협력업체가 되어달라"고 하자 공장측 답은 일언지하에 "노"였다. "벌금 좀 내면 되는 일을 왜 우리가 당신네 하청공장 하면서 이익을 줄이느냐?"는 아주 명쾌한 논리를 펼치더라는 이야기다.

중국당국도 사실 짝퉁공장에 대하여는 별 특별한 대책이 없다고 한다. 왜냐하면 우선은 이 짝퉁산업에 종사하는 인구가 엄청나기 때문에 공장을 폐쇄할 경우 고용문제가 심각하다는 뜻이다. 대충 벌금이나 부과하는 정도에서 넘어가는 것이다.

핸드폰이 이럴진대 술과 담배는 가히 상상을 초월하는 가짜천국이라 해도 과언은 아니다. 우리가 잘 아는 중국의 명주 '마오타이'는 그들 말에 의하면 공항면세점에서 파는 것도 가짜라고 한다. 그래서인지 요즘 한국인들에게 이 '마오타이' 술을 선물로 주는 것은 오히려 실례가 된다고 한다. 상대방도 의심하기 때문에 차라리 지방에서 잘 팔리는 지역 명주가 좋다고 한다.

담배는 피워보면, 약간의 흡연경력이 있는 사람은 금방 눈치챌 정도로 가짜 담배의 식별은 어렵지 않다. 그러나 담배종류가 워낙 많으니 뭐가 진짜고 가짜인지 알 수가 없다. 가장 좋은 답은 금연을 하는 것인데 금연이 말처럼 그렇게 쉽지 않다.

아닌 게 아니라 돌아다니는 현금도 일일이 위폐여부를 확인하는 나라인데 어찌 그까짓 담배와 술 정도의 가짜상품을 탓할 수 있겠냐마는, 언젠가 중국의 어떤 사람이 가짜 모택동 주석 모습으로 엄청난 돈을 벌어들이고 있다는 기사를 보고는 웃음이 절로 나오기도 했었다.

이런 이야기도 있다. 꽤 오래 전 장쩌민 주석 시절에 각 성의 당서기들을 중앙으로 소집했다. 회의가 끝나고 모두 나가는데 장 주석이 하남성 당서기는 좀 남으라고 하여 둘이 독대하는 자리에서 장 주석이 이런 질문을 했다.

"왜 하남성에는 유난히 짝퉁공장이 많고 가짜제품이 많은 것이냐?" 이에 하남성 서기는 "저도 그 이유를 잘 모르겠습니다."라고 하니, 장쩌민 주석이 "한번 더 잘 생각해서 그 이유를 말하라!"고 다그쳤다.

그러자 하남성에서 올라온 당서기 왈 "주석님, 사실은 저도 이번 회의에 당서기를 대신해서 올라온 짝퉁서기입니다. 진짜 당서기는 사정이 있어 지금 하남성에 있습니다." 물론 진짜 이야기는 아닐 것이다.

그렇다고 중국에 짝퉁만 있는 것은 결코 아니다. 만리장성과 아름다운 장가계와 계림 등 수많은 진품이 있는 나라다. 경제가 발전하면서 중국인 소득이 늘어나고 공장의 시설과 경쟁력이 생기면서 점차 중국땅에서도 아마 짝퉁은 사라지리라 생각해본다. 믿을 수 있겠는가!

잃어버린 반지

중국인에 대한 하루 한나절의 원망과 미움도 결국은 우리 부부의 잘못으로 기인한 것인데 왜 우리는 미처 그 생각을 하지 못했을까.
미안하고 죄송스럽다. 나 같은 한국인이 더 이상 중국에 없길 바란다.

얼마 전 있었던 일이다. 오후 5시부터 시작된 우리 가족이 찍은 한 편의 드라마는 그 다음날 오후 3시경 끝이 났다. 드라마틱한 사연의 내용은 이렇다.

오후 3시경 아내와 산책을 나가는데 별로 내켜하지 않았던 아내가 얼떨결에 집을 나오다보니 엘리베이터를 기다리던 중 운동화 끈을 다시 고쳐 매게 되었고 그때 손에 낀 반지를 뒤쪽 창문에 빼두었던 것이다. 나이 오십을 넘긴 아내는 그런 사실을 어느새 잊어버리고 유유히 나와 함께 학교운동장을 돌다가 집에 돌아왔다. 그때까지도 반지에 대해서는 까맣게 잊고 있다가 불현듯 생각이 난 아내는 얼굴이 창백해지더니 그 즉시 뛰어나가 3시간 넘게 반지를 찾았지만, 그대로 있을 리는 만무했다.

그 다음 당황스러워하며, 나이 들어 심해진 건망증을 한탄하며 속태우는 아내 모습은 아마 모두 상상이 갈 것이다. 아예 이불을 뒤집어쓰고 끙끙 앓는 소리까지 내는 아내의 절규를 뒤로한 채 TV를 보는 내 마음도 착잡하기는 마찬가지. 다이아가 박힌 약간은 비싼 반지라나 뭐라나. 아무튼 아내의 그런 초기 치매(?) 증상에 화가 나기도 하고, 한편으로는 '저 반지사건이 얼마나 다른 바가지의 근원이 될까' 생각하니 반지도 반지지만 마음에도 없는 말로 계속 위로해야 할 내 자신이 더 한심하단 생각이 들었다. 속으로는 '칠칠치 못한 한심한 여편네'라고 생각하면서 겉으로는 "여보, 너무 상심하지 말아요. 내가 더 좋은 걸로 사줄게." 해가며 달래야 하는 심정이 얼마나 거북스럽고 속이 뒤집히는 일인지 아는 사람은 다 알리라.

아무튼 우리 부부는 마음을 안정시킨 후에 우선 옆집부터 문을 두드렸다. 아무래도 엘리베이터를 타고 오르내리는 사람은 우리와 같은 9층에 사는 이웃들일 거란 생각을 했기 때문이다. 먼저 아내가 가끔 김치도 갖다주고 비오는 날에 김치빈대떡을 하면 한 접시 주곤 했던 젊은 여교수가 사는 집을 두드리니 예상대로 마음씨 좋고 예쁘고(대개 예쁜 사람들은 마음씨도 좋은 경향이 있다) 똑똑한 여교수는 자기 일처럼 걱정해주며 "일단은 관리실로 가서 물어보고 또한 엘리베이터 안에 설치된 녹화영상을 보여달라고 하면 어떻겠냐"고 했다. 그러는 사이에 나는 다른 옆집을 두드리고 또 두드리는 소득 없는 일을 계속했다.

어쨌거나 관리실을 찾아가서 '못 먹는 감 찔러나 본다'는 심정으로 녹화영상을 볼 수 있냐고 물어보니 책임자의 허락 없이는 안 된다며 내일 오라고 했다. 그 사이에 다시 옆집 교수가 걱정이 되었는지 관리실로 내려와서 좀 더 유창한 중국말로 정황을 설명해주었다. 얼마나 감사하던지. 역시 틈틈이 갖다준 김치효과는 외교적 측면이나 결정적 순간에 유감없이 그 힘을 발휘하고 있었다.

집으로 돌아와 다시 침대에 얼굴을 파묻고 탄식하는 아내를 뒤로한 채 나는 딸아이를 불러내 호소장을 만들어 엘리베이터 안에 붙여보자는 제안을 하고, 딸애가 열심히 친필로 중문을 그렸다.

"혹시 반지를 주우신 분은 연락을 바란다.(안 돌려주면 모든 것을 동원해서 너를 찾고야 말겠다)"

물론 이런 표현은 쓰지 않았지만 속마음은 이랬다. 어쩌겠는가. 그리고 나는 자정이 넘은 시간에 엘리베이터 안에 딸아이가 쓴 눈물의 호소문을 붙였다. 집에 들어와 슬쩍 안방문을 열어보니 아내는 성경책을 보는 듯했다. (사고가 터져야 보는 책이고, 결국에는 절망의 순간이 닥쳐야 읽는 책이다.)

아침이 되어 관리사무실에 가서 녹화기를 보자고 하니, 알다시피 여기가 중국 아닌가. 책임자는 9시 반이 넘도록 안 나오고 전화를 하니 "볼 필요가 없다"고 하고. (아니, 반지를 잃어버린 사람이 누군데 왜 자기가 볼 필요가 없다고 하는지. 웃기는 놈이네.) 실무자는 아무런 권한이 없다고 하고.

중국에서 제일 짜증나는 일이 이런 철벽에 대고 이야기할 때다. 아무리 두드리고 소리쳐도 안 통하는 철벽의 답답함을 경험해본 사람은 알 것이다. 그래서 중국에서도 어느 정도의 '짠밥'이 필요한 거다. 바로 파출소에 전화를 했다. 관리소 벽이 아무리 두꺼워도 공안에게는 바로 한 방에 무너지는 곳이다. 사실 별 권력도 힘도 없는 놈들이 사람을 더 잡는 법이니까. 파출소에 전화를 했고 엄포를 놓자 그제야 녹화기를 보라고 했지만, 파출소에서 나온 경찰은 막무가내로 우리를 데리고 가야 한다고 우기는 통에 우리 부부는 팔자에도 없는 '삑삑이 112' 차를 타고 파출소로 갔다. 그런데 가는 도중에 이 경찰관아저씨는 자기 볼일을 다 보면서 갔다. 야, 참 미치겠더군. 온 동네 사람들이 다 쳐다보고.

얼마후 도깨비시장 같은 파출소에 도착했는데 우리를 데리고 온 경관은 창구에 있는 다른 직원에게 우리 사건을 인수인계 하고 이내 사라지더니 다시 나타나 우리를 쳐다보고도 일언반구 없고, 인계받은 사람은 앉을 자리도 없는 북새통 로비에서 계속 "덩샤!(等一下, 기다려라)"라 하고. 아침밥도 못 먹고 나온 뱃

속은 이미 정오가 넘은 시간이 되다보니 계속 밥 좀 달라 꼬르륵 아우성을 쳐대고, 우리 부부는 몸만 달랑 나온 처지라 땡전 한 푼 없고. 기다리기는 도대체 어디서 기다리라는 것인지.

마침내 나의 인내가 폭발할 즈음 담당자가 정 궁금하면 4층의 파출소장실에 가서 물어보라고 했다. 외국인관련 민원이나 사건은 소장의 지시를 따라야 한다는 것이다. 외국인을 배려해서 만든 규정인지, 골탕먹이려 한 건지는 모르겠으나 아무튼 단숨에 4층으로 뛰어올라가보니 소장실에는 어떤 낯선 젊은이가 소장자리에 앉아 컴퓨터 카드놀이를 하고 있고 옆방의 여직원은 일언지하에 소장이 어디 있는지 모르겠다고 했다.

그럼 그렇지. 외국인 배려는 무슨 배려, 속으로 얼마나 짜증이 나던지. 이제는 녹화기고 뭐고 차비도 없는데 제발 집에까지 태워다주기나 했으면 하는 마음이 간절했다. 아내도 나의 이런 최선의 노력을 보고 더 이상 반지에 관해서는 이야기하지 않으리라는 순진무구한 생각으로 나 자신을 위로도 해보았다. 별 수 없이 다시 내려오려는데 회의실인가 뭔가 하는 곳에서 한 무리의 경관들이 모여 있기에 다짜고짜로 들어가 소장이 누구냐고 물어보니, 계급장이 은색으로 빛나는 약간의 대머리남자가 한국인이냐고 물었다.

이 인간은 우리 사건을 이미 알고 있었던 것이고, 그러나 아직도 회의 중이라는 핑계로 이렇다 할 답을 담당직원에게 주지 않고 있었던 것이다. 참으로 아름다운 외국인 배려 시스템이구나 생각하며 그를 쳐다보니 잠시 어디론가 전화를 걸어 우리를 데리고 가서 협조해주라고 지시하는 듯했다. 그리고 다시 좀 더 큰 '삑삑이' 차를 타고 아파트관리실로 돌아와서 녹화영상을 눈이 빠지게 쳐다보는데, 우리를 데리고 온 경찰은 자기네가 다른 일이 있어서 가봐야 한다며 사라져버리고, 경찰이 협조해준 일의 전부가 이렇게 3시간에 걸쳐 끝이 났다.

왜 우리를 데리고 갔고, 왜 태워다주었는지, 무슨 목적으로 외국인 배려 시스템을 이렇게 훌륭하게(?) 수행했는지 도무지 이해가 가질 않았다. 경찰에 신고하고 득의양양했던 내가 정신이 나간 건지, 그사람들의 시스템이 잘못된 건지, 중국에는 참으로 알 수 없는 미로의 세계가 가끔 있다. 녹화기에 비친 엘리베이터 안의 모습은 참으로 다양했다. 남녀가 껴안는 모습부터 그 안을 빙글빙글 도는 아이, 거울에 얼굴을 바짝 대고 열심히 들여다보는 여자 등, 아무도 없는 곳에서의 사람들 모습은 대충 비슷한 듯했다. 그러나 시간이 흘러가도 도무지 반지의 흔적은 보이질 않았다.

하기야 내가 수사를 아나, 해보길 했나. 수사에 대한 지식이라고는 40여 년 전인 열서너 살 때 TV로 보았던 〈수사반장〉의 내용이 전부다. 최불암 선생은 범인을 잘도 잡더구만, 막상 닥치고 보니 도무지 뭐가 뭔지 감이 잡히지도 않고 수십 명이 들락거린 엘리베이터 안에서 어떻게 반지의 흔적을 찾는단 말인가.

더구나 반지를 엘리베이터 안도 아닌 밖의 창턱에 빼놓았다고 하니 이 사건은 최불암 아니라 그 유명한 콜롬보 형사도 찾을 수 없을 거다. 그렇다고 이런 작은 사건을 미국 FBI에 의뢰할 수는 없는 노릇이었다.

녹화영상에서 눈을 떼지 못한 채 어느덧 1시간이 훌쩍 지나갔다. 포기할 시간이 되었다는 판단이 들었다. 무엇보다도 배가 고파 살 수가 없었다. 아침, 점심 두 끼를 걸렀으니 배가 아니 고프랴. 배고픔과 추위가 사람을 아주 비참하고 나약하게 만든다고 하는데 사람은 역시 정신적인 가치보다는 먼저 육체적인 만족이 있어야 하는 동물적 근성이 더 강한 듯했다.

"배가 고파서 더는 못 보겠다"는 내 말에 아내도 하는 수 없이 함께 집으로 돌아왔다. 아침 겸 점심메뉴는 난데없는 수제비였다. "수제비 드세요!" 웬 수제비? 아무튼 찬밥 더운밥 가릴 처지도 아니고 반찬이나 밥타령을 해서는 본전도 못 찾을 상황인지라 우선 수제비를 집어넣었다. 그런데 막 몇 수저 뜨기도 전에 전화벨이 울렸다. 혹시 반지 잃어버리지 않았느냐고.

인간의 예감은 참 빠르다. 나는 순간 '아, 누군가가 갖고 있구나!' 하는 생각이 들었다. 어디냐고 물으니 착하게도 우리 동의 15층이라 한다. 나와 아내는 거의 반사적으로 뛰어나가서 15층으로 달려갔다. 엘리베이터가 열리니 젊은 부부와 3살 또래의 아이가 우리를 기다리고 있었다. 그러면서 이 반지가 맞느냐고 물었다. 맞고말고. 내 것이 아니면 누구 것이겠니. 바로 이 반지구면요, 아유 감사해라! 아내는 거의 임금님에게 선물이라도 받은 것처럼 좋아했다.

주운 사연을 들어보니 어제 우리가 1층에서 내리고 그사람들이 탔는데 어린아이가 바닥에서 이 반지를 주었다는 이야기다. 이때 머릿속에서 다시 한 번 번개 비슷한 것이 스쳐갔다. 창턱이 아니라 엘리베이터 안에 떨어트린 것이었다. '당분간 아내와 떨어져 살아야 하나?' 하는 생각도 들고, 치매현상이 내 가족에게 이렇게 빨리 오다니 내가 너무 힘들어지는 거 아닌가 하는 생각도 들었다.

그러나 어찌되었건 집을 나간 반지는 다시 주인의 손가락에서 잔치를 벌이고 있었다. 다행스런 일이고 내가 앞으로 감당해야 하는 아내의 푸념과 한탄에서 해방되는 모습이기도 했다. 인간에게 귀금속이 사실은 무슨 소용이 있는 걸까. 모파상의 『진주 목걸이』라는 단편소설이 생각나기도 했다. 가짜를 잃어버리고 진짜를 사주기 위해 평생을 고생해야 했던 한 여인의 인생을 통해서 우리가 진정으로 느낀 건 무얼까? 인간의 사랑과 우정보다 왜 우리는 이런 귀금속에 더 목을 매는 걸까.

착한 중국인부부도 반지를 줍고 고민했을 것이다. 그러나 나름 결단을 내리고 전화를 했으리라. 그런 사이에 나는 무슨 어마어마한 사건이라도 난 듯, 마치 우리 부부가 엄청 귀한 보물을 도둑이라도 맞은 듯 경찰에 신고를 하고, 녹화영상을 보여주지 않는다고 난리치고 했으니, 더구나 녹화기에서 본 옆집 할머니 모습을 왜 그리 살피며 혹시나, 하는 생각을 했는지. 인간은 그런 속물적 근성과 100퍼센트 우리의 잘못인 걸 금방 망각하고 전적으로 피해자라는 의식을 갖는 속성이 있는 듯하다. 우리 부부가 특히 더 그렇다는 뜻이다. 얼마나 한심하던지. 얼마나 잘못된 인생을 살고 있는지 깊이 반성해본다.

중국인 중에도 이런 착한 사람들이 있다. 중국인에 대한 하루 한나절의 원망과 미움도 결국은 우리 부부의 잘못으로 기인한 것인데 왜 우리는 미처 그 생각을 하지 못했을까. 미안하고 죄송스럽기 그지없다. 나 같은 한국인이 더 이상 중국에 없길 바란다.

문득 떠난 홍콩여행

기차 안에서 고독한 내 마음을 적셔주던 아름다운 석양노을은
더 이상 쓸쓸하게 다가오지 않았다. 그 빛은 희망으로 넘쳐 있었고,
분명 저 태양은 내일도 다시 떠오른다는 확신을 주었다.

　어느 해 10월 말 무렵으로 기억된다. 그동안 나름대로 열심히 준비했던 사업
이 예상치 못한 일로 시작도 못해보고 끝나버렸다. 중국에서의 사업인 만큼 중
국파트너의 도움과 협력이 절대적으로 필요한 시점에서 이친구가 계약합의까
지 다 해놓고 사라져버린 것이다. 황당하고 괘씸하고 무척이나 실망스러웠다.
세 달에 걸친 협상과 시장조사와 기다림이 모두 허사가 된 것이었다. 중국사람
한두 번 겪어보는 것은 아니지만 감정이 이성보다 앞서며 화가 용솟음치는 것
은 어쩔 수 없는 노릇이었다.
　사무실에서 만두 한 개로 점심을 때우고 집에 들어와 짐을 싸며 아내에게는
중요한 상담이 있어서 인근 호남성에 이틀 정도 다녀오겠다고 말하고 저녁기

차에 몸을 실었다. 우한에서 홍콩 바로 옆에 있는 심천深圳으로 향하는 야간 고속열차에서 하루를 보내고 돌아오는 길에는 창사를 들러올 요량으로 떠나는 여행이었다.

이런 갑작스런 나의 일탈행위는 그렇게 대책 없이 연락을 끊고 사라져버린 중국친구에게 너무 화가 나서 비롯된 것이었다. 복받치는 울분으로 나 자신이 좀처럼 통제될 것 같지 않았다. 터덜터덜 승강장을 걸어가며 번호표를 확인하고 짐칸에 대충 짐을 푼 후에 객차 중간에 기대어 이역만리 타국땅에서 떨어지는 석양을 바라보았다. 기차가 출발할 때도, 한참이나 달려가는 동안에도 그 붉은 석양은 계속 나를 따라오고 있었다.

마치 50이 넘은 나를 보는 듯, 쓸쓸하게 지고 있는 내 인생의 현재를 바라보는 듯했다. 조국을 떠나 남의 나라땅에서 받는 서러움이 저녁노을에 반추되는 듯했고, 그 아름다움도 잠시 후면 사라지는 노년의 빛으로 내 가슴에 다가오기도 했다. 그러나 일상의 울타리를 벗어나 이렇게 무작정 떠난 것은 아주 잘했다는 생각이 들었다. 눈치를 살피는 아내도 없고, 누군가와 애써 웃으며 통화해야 할 휴대폰도 없었다. 옷차림도 거의 중국사람 수준으로 차려 입었더니 그렇게 편할 수 없었다.

13억 중국인들의 발걸음은 오늘도 무수한 자국을 남기며 단 1분도 멈추지 않고 대륙을 누비고 있다. 가야 하는 길이 생존의 길이고, 삶의 한 방편이기에 그들 손에는 숟가락과 밥그릇부터 몇 벌 옷가지와 간단한 세면도구까지 늘 함께한다. 짐을 들고 내려서 다시 버스를 타고, 또 다시 갈아타고 가야 하는 길이 대부분이다. 열악한 환경에서 아침마다 귀족 같은 샤워는 꿈도 꾸지 못할 일이기에 그들의 차림은 늘 실용적이고 움직이기 편한 스타일이다. 멋이나 유행패션은 북경이나 상해 같은 대도시 한복판에서는 볼 수 있어도 보통 중국인 모습은 대개가 이렇다.

12시간을 달려가야 하는 기차안에 드디어 밤이 찾아오고, 여기저기서 컵라면 냄새가 진동한다. 중국사람만큼 식사를 거의 본능적으로 챙겨먹는 민족은 드물 것이다. 한 끼라도 안 먹으면 마치 죽을 것처럼 때에 맞추어 먹는 습관은 기가 막힐 정도로 정확하다. 그런데 사실 여럿이 모여서 어딘가를 갈 때, 누군가가 맛있는 냄새를 풍기며 음식을 먹으면 묘한 연쇄반응이 일어나는 듯하다. 이것이 사람의 본능적인 식욕일지 모른다. 아무 생각이 없던 나도 갑자기 무얼 먹고 싶다는 욕구가 생겼다.

이래서 옛날에 보통 6남매 이상인 우리네 가정에서도 별 반찬이 없어도 다들 건강하게 컸는지 모른다. 반찬보다는 형이 나보다 더 먹을까봐, 동생놈이 더 먹을까봐, 우리는 그저 정신없이 먹으며 자랐다. 어차피 반찬타령 비슷한 말을 해보았자 한 대 얻어맞지 않으면 다행인 시절이었다.

기차에 배정된 내 침대는 중간 2층에 있었다. 대충 이만 닦고 올라가서 누워 보니 얼마나 편하고 좋은지 몰랐다. 그것은 내 정신의 자유가 비로소 제 자리를 찾아왔다는 의미다. 이 세상 어느 누구에게도 간섭 받지 않을 장소에서 나는 두 눈을 감고 그 자유를 만끽하고 있었다. 애써 나를 실망시킨 10년 우정의 중국친구 생각은 하지 않기로 했다. 이왕 이렇게 자유를 찾아서 홀연히 떠난 나 자신에게 부담을 주는 생각은 일절 안 하기로 했다. 대신에 아름답고 좋았던 추억만 생각하고, 다시 희망이 찾아오는 즐거운 상상만 하자고 했다.

제일 먼저 딸아이가 생각났다. 세 살이 되던 그애가 어린이집에서 떠나는 야외소풍에 가겠다고 하여 버스에 태워주고, 창밖에서 우리 부부가 손을 흔들어줄 때 갑자기 울음을 터트리던 모습. 소풍의 즐거움으로 가득 찼던 그애가 버스가 움직이자 엄마아빠와 정말로 헤어지는 줄 알고 흘린 천진스럽고 귀여운 울음이었다.

원래 나는 기차 안에서 아들과 딸에 대한 추억보다는 미래의 꿈을 그려볼 작정이었다. 그러나 자식들과 함께했던 추억을 떠올리는 것이 너무 즐겁고 행복했다. 그리고 어느새 잠이 들었던 모양이다. 일어나보니 아침이 밝아오고, 여기저기서 짐을 챙기고, 여자들은 수건을 적셔서 세수를 하고 있었다. 물이 귀한 중국은 여행길 세수를 대충 이런 식으로 한다.

심천역에 내리니 주변환경이 달라보였다. 역시 중국에서 제일 먼저 개방의 문을 열고 30년 고도성장의 길로 달려온 심천은 내륙의 보통도시와는 느낌이 달랐다. 그래서 심천의 모습을 한번 보고 싶다는 유혹에 이끌려 오긴 했지만, 기차역 부근의 한 식당에서 아침을 먹으며 나는 홍콩으로 행선지를 변경했다.

기차역에서 걸어 3분만 가면 홍콩으로 들어가는 관문이고 거기서 기차를 타고 30분만 달려가면 홍콩 시내라는 안내표시가 나를 자극했기 때문이다. 그래, 여기까지 왔으니 남들 다 가본 홍콩에 나도 한번 가보자! 특별히 돈이 더 드는 것도 아니고 까다로운 수속이 필요한 것도 아니고! 지금 내 모습이 홍콩에서 밀수할 정도로 세련된 모습도 아니라 별 의심받을 일도 없고.

홍콩은 말 그대로 국제도시요, 전 세계의 상인들이 모여드는 곳이었다. 길거리에서 담배를 피우다 적발되면 바로 벌금이 부과되는 나라요, 돈만 있으면 짝퉁과 진품의 명품을 얼마든지 살 수 있는 곳이었다. 기차역에서 들고나온 홍콩 시가지 관광안내 책자를 보니 피크 트레인(PEAK TRAIN)이라는 곳이 마음에 와닿았다. 선착장에서 배를 타고 이동하여 그곳에서 버스를 타고 다시 산꼭대기 정상으로 오르는 간이전차를 타고 도착한 곳은 가히 풍경이 장관이었다. 홍콩의 모든 지역이 한눈에 보이고 망원경으로 구석구석 자세히 볼 수도 있었다.

주변에는 아름다운 구룡반도九龍半島가 내려다보이는 분위기 넘치는 카페가 있었고, 나는 당연히 그 카페 의자에 편안히 등을 기대고 앉아 간만에 커피를 한잔 마시고 있었다. 기차를 타고 출발할 때처럼 그날 그 시간에도 서녘의 해는 붉은 빛을 띠고 넘어가는 중이었다. 아름다웠다. 그러나 기차 안에서 고독한 내 마음을 적셔주던 아름다운 석양노을은 더 이상 쓸쓸하게 다가오지 않았다. 그 빛은 희망으로 넘쳐 있었고, 분명 저 태양은 내일도 다시 떠오른다는 확신을 주었다. 어김없이 내일 아침에도 태양이 떠오르는 한 내 인생 후반도 그렇게 다시 빛을 낼 것 같은 생각이 들었다.

언젠가는 이 아름답고 멋있는 홍콩에 가족과 함께 오고 싶다는 작은 바람도 생겼다. 비록 만사가 귀찮고, 사람이 싫어 잠시 이렇게 혼자 자유의 몸으로 일상을 탈피해 있지만, 여전히 내 가슴에는 가족들에 대한 사랑이 있었다. 무사히 잘 다녀오길 바라는 아내가 있고, 내 행선지도 여행목적도 모른 채 출장길에 선물을 부탁하는 순진한 딸도 집에서 나를 기다리고 있었다. 그런 가족들을 위해 나의 자유여행은 너무 길어서는 안 된다는 생각이 들었다. 그날 밤, 나는 홍콩야경을 뒤로한 채 다시 야간열차를 타고 심천으로 그리고 다시 가족이 있는 우한으로 돌아가기로 했다.

아내의 글
중국아파트 베란다

아파트 베란다에 갇힌 아내가 위험하다!
"도대체 중국사람들의 사고방식이 어떻기에 이런 구조의 창문을 만들었는지,
어쩌면 이다지도 무심하게 어느 인간 하나 이 비명소리에 반응이 없는지."

　10월 어느 날, 노란 들국화가 우리집 베란다에서 그 아름다운 자태를 뽐내려
고 산고의 진통을 하던 날, 나는 끝내 그 활짝 핀 국화꽃을 보지 못하고 남편을
따라 중국으로 훌쩍 왔다. 갑작스런 계획이라 미처 준비다운 준비를 못하고 내
가 먼저 딸아이가 있는 우한이라는 곳으로 간단한 짐만 꾸려서 온 것이다.

　중국이라는 땅을 처음 밟아보는 것은 아니지만 이렇게 한 3~4년 살 작정으
로 오기는 처음이라 내심 두렵기도 했지만 호기심이 동하는 것은 어쩔 수 없었
다. 나름대로 옷매무새에 신경쓰고 내린 우한공항에서 비록 나를 알아주는 사
람은 없었지만 사랑하는 딸아이의 웃는 모습을 보면서 중국은 어느새 두려움
보다는 친근한 인상으로 다가왔다.

　나 혼자가 아닌 '중국어가 조금은 통하는' 딸애가 옆에 있는 것만으로도 벌
써 당장 여기저기 돌아다니고 싶은 기질이 발동했다. 그렇게 며칠을 보내면서

별 탈 없이 잘 지낼 것 같은 중국생활이 정말로 뜻하지 않은 곳에서 어려운 난관에 부딪혔다. 지금 생각해보면 그것은 결코 우연히 일어난 일이 아닌 듯하다.

그 전말은 이렇다.

내가 사는 아파트는 총 높이가 32층 정도 되는 제법 만만치 않은 고층빌딩으로 나는 21층에 둥지를 틀고 있었다. 고층이라 창문 너머 시내를 바라보면 그 광경이 아름답고 동네를 한눈에 파악할 수 있어 좋았다. 그래서 베란다를 자주 나가는 편이다. 물론 아침햇살에 빨래도 널고 여러 물건도 정리하는 일이 동시에 진행되는 공간이기도 하다.

문제의 사고가 터진 곳이 그 베란다라는 사실을 조금은 눈치챘을 것이다. 왜냐하면 그 베란다로 통하는 창문은 조금만 부주의하게 닫으면 밖에서는 도저히 열 수 없는 잠금장치가 되어 있기 때문이다. 대충 짐작하겠지만 아무도 없는 집에서 그만 깜박하고 그 문을 힘차게 닫은 채 밖에 나가 하늘을 보고 흥겹게 노래를 불렀다는 거다. 어쩌면 나의 덜렁거리는 성격상 언젠가는 일어날 수 있는 예견된 사고일 수도 있지만 그 발생시점이 꽤나 난감한 때였다.

바로 12월 한겨울 집안에는 개미새끼 한 마리 없는 상황. 내가 할 수 있는 중국말은 오직 "니하오마?" 이 한마디뿐이었다. 더 절망적인 것은 나의 유일한 희망이자 통신수단인 핸드폰이 창문 너머 안방에 있었다는 사실이다. 차라리 베란다가 넓기나 하고 그래서 서 있는 공간이 사람을 공포로 몰지 않을 정도면 그나마 다행인데, 아주 좁은 데다 아무런 안전장치 없는 21층의 반 평 남짓한 공간. 평소 그 평화스럽던 전망대가 순식간에 공포와 두려움의 장소로 변해버린 것이다. 있는 힘을 다해 소리를 질렀다. 분명히 옆집의 인기척을 느끼고 악에 바친 SOS를 보냈지만 응답이 없고, 몸은 점점 차가워지고, 딸아이가 학교에서 올 시간은 아직 멀었고….

잘 알겠지만 한국사람들이 겨울이라고 실내에서 오리털점퍼를 입고 지내는 건 아니다. 이쯤되면 대충 베란다에서의 나의 복장이 상상될 거다. 참고적으로 중국 우한의 겨울바람은 습기를 품은 찬바람이라 그 냉기가 아주 천천히 그러나 잔인할 정도로 날카롭게 뼛속 깊이 스며드는 특징이 있다.

아무튼 어느덧 2시간이 흐르고 다시 또 한 시간이 더 흐르고. 사람이 이런 상황에 마주쳐보니 정말로 별 생각이 다 났다. '도대체 중국사람들의 사고방식이 어떻기에 이런 구조의 창문을 만들었는지, 어쩌면 이다지도 무심하게 어느 인간 하나 이 비명소리에 반응이 없는지!'

나도 아직 많이 부족한 사람이라 그런지, 아니면 인간의 본능적인 타성 때문인지 모르겠으나 일단은 나 자신의 부주의보다는 중국이 원망스럽고 나를 구해주지 않는 중국인이 미웠다. 다행히, 3시간 만에 나타난 28층의 어느 중국인이 어렴풋이 나를 쳐다보다가 사태의 심각성을 알았는지 경비에게 알리고, 그 경비가 들어와 마침내 가녀린 이방아줌마의 구출이 마무리되었다. 그러나 사람의 습관이 또는 무의식적 행동이 그리 쉽게 고쳐지지 않는다는 사실을 깨달은 것은 그 사건 후에 두세 번 더 베란다에 갇혀 보면서 알게 되었다면 믿겠는가.

나중에 알게 된 일이지만, 내가 살았던 이 아파트 베란다에서 '울분과 비탄'의 소리를 질러본 사람은 비단 나뿐만이 아니었다는 것이다. 하지만 그 경험을 한 동지들이 모두 한국인이었다는 사실이 참으로 한심하기도 하면서도 묘한 동질감을 주는 것은 어쩔 수 없었다.

마치 이런 실수를 저지르지 않은 사람은 한국인이 아닌 것 같은 단일민족의 유대감이랄까 결국 얼마 후, 나는 그 동질감을 편안히 느끼며 살고 싶은 마음에 한국사람들이 많이 모여 사는 곳으로 이사를 갔고 지금까지 잘 지내고 있다. 역시 아무리 타국에 나와 있어도 여전히 나는 한국인이고 한국의 습관이 없어지지 않는 한국아줌마다.

제갈량의 공성계空城計

제갈공명도 성문 위에서 거문고를 타면서 고독을 느꼈을까?
그 또한 처절한 고독을 느꼈을 것이다. 그러나 그 고독 이면에 기댈 수 있는
유일한 통로가 있었다. 바로 하늘의 뜻이다.

날씨예보를 보니 주초에는 비소식이 있다. 말 그대로 겨울비가 온다. 누가 말했듯 책읽기에 가장 좋은 때는 밤, 겨울, 비올 때라 한다. 나름대로 괜찮은 표현 같다. 겨울과 밤 그리고 비는 인간에게 혼자의 시간을 허락해준다. 침묵과 사색의 시간을 주기도 한다. 그래서 이런 날에는 책을 찾게 되는지 모른다. 혼자의 깊은 사색과 책과의 대화를 적절하게 안배할 수 있는 좋은 때라는 뜻이다.

아무튼 나도 이 겨울에 여러 책을 읽어보기도 하고, 잠이 안 오는 밤에는 청승떨면서 책상 앞에 앉아 이것저것 뒤져보기도 한다. 비오는 날에도 점심시간이 끝나면 슬그머니 2층 방으로 올라가 책과 신문을 펼쳐본다. 창밖의 빗물 떨어지는 소리에 고향을 향한 향수를 느끼기도 하고, 인생의 덧없는 행로를 생각해보기도 한다. 이런 세월이 이방의 땅에서 흘러간다.

지난주에 방영된 삼국지 드라마에서는 본격적으로 사마의司馬懿의 세계가 펼

쳐졌다. 조조, 유비, 관우, 장비가 다 죽고 이제 중원에는 새로운 인물들이 전쟁을 펼치고 있었다. 산천은 의구依舊한데 인걸人傑은 간 데가 없는 것이다. 그러나 아직도 제갈공명은 죽은 주군主君의 명을 받들어 북벌北伐을 감행한다. 그 유명한 출사표出師表를 쓰고 다시 마차를 몰아 중원 땅으로 떠나간다. 안락함과 편안함을 추구하기보다는 대륙의 평정, 한실漢室의 부흥이라는 대명제를 품고 가는 것이다.

그러나 가정街亭의 전투에서 그가 아끼는 마속馬謖의 오만한 판단으로 대패한다. 역사의 물줄기는 어느 뜻하지 않은 대목에서 잠시 숨을 멈추기도 하고, 급격한 계곡을 만나면 휘어지기도 한다. 인간이 할 수 있는 방법이 없다. 쫓기는 제갈공명도 풍전등화의 상황에 빠지게 된다. 천하의 공명도 병졸과 식량이 바닥나면, 하늘에서 메추라기와 만나가 내려오지 않는 한 어쩔 방법이 없는 것이다.

결국, 제갈공명도 사람이다. 부상당한 군사를 합쳐서 2천여 명의 병졸과 바닥난 식량을 두고 사마의가 통솔하는 15만 대군을 맞이해야 한다. 혜성같이 나타난 당대의 지략가이자 병법에 능통한 사마의의 군대는 거칠 것이 없다. 천하제일의 공명과 사마의가 운명 같은 일대 접전을 펼치려는 순간이다. 드라마를 보는 내 입에서도 침이 꼴깍 넘어간다.

아, 아까운 공명! 제갈량諸葛亮도 이제 그 운이 다하는구나. 나도 모르게 탄식이 흘러나온다. 그러나 공명은 역시 공명이다. 왜 천하의 제갈공명이라 하는지 알 것 같았다. 이름하여 공성空城의 지략이 나오는 대목이다. 모든 군사들에게 일반백성의 옷을 입히고 성문을 활짝 열고 태연하게 마당도 쓸고 잡일도 하라고 시킨다. 그리고 자기는 거문고를 들고 성문 위로 올라가 조용한 미소를 지으며 사마의의 대군을 맞이한다. 낭랑한 거문고 소리가 들려온다. 적군이 쳐들어왔는데 오히려 성문城門은 어서 오라고 환영하듯 열려 있다. 적군을 눈앞에 두고 도저히 있어서는 안 될 풍경이 사마의 눈앞에 전개되고 있는 것이다.

미칠 노릇이다. 지략과 병법이 아무리 뛰어나도 이런 장면에서는 당황하게 되는 법이다.

마침내 복병이 틀림없이 있을 거란 생각에 사마의는 철수를 한다. 다 잡은 공명을 눈앞에 두고 말 머리를 돌린다. 하늘의 뜻이 공명 편에 있는 것이다. 공명이 거문고 하나로 15만 대군을 물리친 이 사건은 아마도 『삼국지』 후반의 백미白眉일 것이다. 나는 감히 보잘 것 없는 졸필을 들어 이 부분을 손수 각색하거나 재표현하려고 하는 것이 아니다. 그럴 만한 재주도 없다.

다만, 이 공성계空城計의 대목을 영상으로 보면서 하늘의 뜻과 인간의 힘 그리고 지략을 넘어선 불신과 의심이라는 단어를 생각해보았다. 막다른 골목에서 의심하고 불신하는 것은 인간이 태생적으로 안고 가야 하는 숙명 같은 것. 과연 사마의의 판단은 실책이었을까.

결과적으로 보면, 사마의는 의심의 눈초리로 공명의 신중함을 보았고, 그래서 성문이 활짝 열린 그곳을 감히 들어가기가 겁났던 것이다. 잘못된 판단이었을까? 나는 사마의 판단이 옳았다고 본다. 인간이 지녀야 하는 어쩔 수 없는 한계가 우리에게는 있기 때문이다. 최소한 군대를 이끈 장수라면 이런 상황에서 아무 생각 없이 쳐들어가지는 않을 것이다. 더구나 상대는 귀신도 움직인다는 제갈공명이다.

또한 15만 대군을 거문고 한 대로 쫓아버린 공명은 어땠을까. 죽기 아니면 살기로 고안한 전술이 아닐 것이다. 갈 데까지 가보자는 자포자기 병법도 아닐 것이다. 최후의 순간에 인간 최고의 지혜는 오로지 모든 것을 비우고 하늘에 의지하는 것임을 공명은 알았던 것이다.

공명의 지혜, 수많은 신출기묘한 지략이 열의 아홉은 그의 총명한 두뇌와 깊은 내공內功에서 나왔겠지만, 정작 본인은 그 최후의 지략과 선택이 결국 하늘에 있다는 것을 알았을 것이다. 아마 그랬을 것이다.

사방이 꽉 막힌 어둠의 골짜기에서, 인생행로가 다 막혀버린 이방땅에서, 때로는 10평 남짓한 연립주택 골방에서 인간은 대부분 죽음을 생각한다. 그래서인지 한국에는 요즘 유난히도 고독사孤獨死가 많다고 한다. 막히면 인간은 고독을 느낀다. 소통할 수 있는 공간이 막히는 거다. 숨이 막혀 죽는 것이 아니다. 정신과 영혼이 소통공간을 못 찾아 헤매다가 죽는 것이 고독사다.

제갈공명도 성문 위에서 거문고를 타면서 고독을 느꼈을까? 그 또한 처절한 고독을 느꼈을 것이다. 그러나 그 고독 이면에 기댈 수 있는 유일한 통로가 있었다. 바로 하늘의 뜻이다. 하늘을 우러러 자기의 모든 것을 버릴 줄 알았던 거다. 결국 지혜와 책략과 모사謀事는 인간이 세우지만 모든 것은 하늘 뜻에 달려 있다.

그리하여 훗날 공명은 다시 출정한 북벌에서 사마의를 호리곡에서 화공火攻으로 공격하지만, 다 죽은 사마의는 홀연히 나타난 구름과 소나기로 죽음을 면하고 도망친다. 이때 공명이 탄식하며 외친 말이 "모사재인 성사재천謀事在人 成事在天"이다. 공명도 사마의를 살리겠다는 하늘의 뜻 앞에서는 일개 모사꾼에 지나지 않았던 거다.

나도 지난날을 돌아보니, 다 잡은 희망의 봉우리를 눈앞에서 놓쳐버린 적이 많이 있었다. 억울하고 분해서 잠도 못 자고 식음을 전폐했던 기억이 있다. 다 잡은 쓰리고와 오광五光을 옆놈의 어이없는 실수로 놓쳐버린 고스톱 판의 기억이 아니다. 부와 명예까지 올 수 있었던 인생의 아주 큰 기회였다.

세월이 지나서 다시 생각해보니 나에게 부족한 면이 너무나 많이 있었다. 결국은 하늘이 내 손을 들어주지 않았는데 애꿎은 주변사람들을 원망했던 것이다. 모사재인謀事在人은 알았으나 성사재천成事在天의 진정한 뜻을 몰랐던 거다. 이런 뒤늦은 후회와 깨달음의 세월이 이방땅에서 장강의 물결과 함께 오늘도 흘러간다.

역사의 강물은 개개인의 수많은 사연을 담고 오늘도 이렇게 흘러가는 중이다. 지금은 알 수 없는 하늘의 뜻도 세월의 발자국이 수를 놓으면 알게 된다. 사마의가 인생의 부침을 거듭하고, 다 잡은 공명을 놓치면서도 차근차근 하늘의 뜻에 순종한 결과, 그의 아들은 마침내 대권을 잡고 천하를 통일한다. 천하의 제갈공명도 아니고 조조와 유비가 죽고 나서도 한참을 더 살다 죽은 동오東吳의 손권孫權도 아니다.

　이렇듯 하늘의 뜻은 세월이 흘러야 알 수 있는지 모른다. 우리는 그저 현재에 최선을 다할 뿐이다. 실패한 일 앞에서, 잘 풀리지 않는 일앞에서 죽음을 생각하는 좌절은 옳지 않다고 본다. 어떤 경우가 되었건, 하늘은 인간에게 스스로 죽을 수 있는 권리를 준 적이 없다. 삶과 죽음은 모두 신이 부여한 고유 권리이자 의무이기 때문이다.

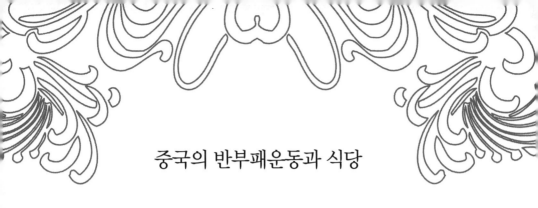

중국의 반부패운동과 식당

먹고 마시려니 조사받기가 두렵고, 뇌물을 받으려니 고발되는 것이 두렵고,
위세를 부리려니 폭로가 두려워 관리로서 사는 게 무척 힘들 것이다.

　세월이 바람같이 지나간다. 2014년도 중반에 접어들고 있다. 날은 더워지고
있고 식당을 운영하는 입장에서 매출이 감소하여 울상이다. 식당은 방을 예약
한 손님들의 수가 많고 적음에 따라 글자 그대로 매상이 결정된다. 객실의 좌
석을 5개 차지한 손님의 주문액수보다는 방 한 개에서 나오는 금액이 많기 때
문이다. 비단 우리 식당만 그런 것은 아니다. 어디를 가나 요즘 중국의 고급식
당 매출이 예년에 비해 30퍼센트 이상 감소했다는 말을 한다. 아마 실제로는
그 이상이 될 거다.

　알다시피 2012년 시진핑 정부는 집권과 동시에 반부패 정책을 가장 먼저 꺼
내들었다. 이른바, 고가 공무차량과 접대금지, 회의시간 단축, 호화 정부청사
금지 등 8항의 규정을 발표한 것이다. 이어 지난 2013년에는 신년선물, 호화
장례, 공공장소 흡연금지 등을 규정한 금지령을 7차례나 발표했다.

중국에서 국가 중앙정부의 지침이 이 정도 수준이 되면 그 영향은 대단하다고 봐야 한다. 중앙의 통제가 일사불란하게 상명하복이 되는 나라에서 새로 취임한 국가주석의 이런 강력한 의지는 어떤 상위법보다 우선순위에 있기 때문이다. 주위에서 만나는 많은 사람들도 이런 영향으로 식당경기가 죽(?)을 쑤고 있다는 말에 공감한다. 맞는 말이다.

중국은 예로부터 '상다리만 빼고 다 먹는다'고 할 정도로 먹거리 사랑은 유별나다. 거기다가 중국인들의 모든 업무와 사업 그리고 경조사와 자녀문제 등은 어떤 경우가 되더라도 소위 '관시'를 통해 이루어지는 나라다. 특별히 사업가와 공무원의 관시는 사업성공을 위한 필수 불가결한 요소이기도 하다. 이런 모든 종류의 관시가 제일 먼저 이루어지는 곳이 식당이다.

일단은 조용하고 고급스런 방에서 먹고 마셔야 된다. 사업가가 참으로 공들여 모신 공무원과 관시를 맺는 첫 번째 자리에 엄청난 신경을 써야 함은 물론이다. 한국에서는 "사업에 실패한 사람은 용서가 되어도 의전에 실패한 자는 용서가 안 된다"는 말이 있지만, 중국에서는 관시를 맺는 데 실패하면 모든 것이 끝장난다. 좋은 관시가 성공의 모든 열쇠를 쥐고 있다고 해도 과언이 아니기 때문이다.

이런 문화적 배경을 든든한 '빽'으로 삼아 중국인들의 관시는 고급식당을 중심으로 줄기차게 이어져오고 있다. 그런데 새 정부가 이토록 도도하게 흘러가는 관시 물결에 제방을 쌓고 거대한 댐을 만들고 있다. 물길이 갑자기 가로막혀서 흘러가지 않는 것은 당연하다. 공무원사회에 급제동이 걸린 것이다. 음식으로 말하면 체한 것이다.

오죽하면 베이징北京, 헤이룽장黑龍江, 장쑤江蘇, 푸젠福建, 산시山西 등지의 공무원 100명을 조사한 결과 지난해 어떠한 선물도 못 받았다는 이가 79퍼센트에 달했으며, 공무원생활이 너무 힘들다는 응답이 93퍼센트에 달하는 것으로 나타났다. 심지어 일부는 이직을 고려하고 있다고 답했다고 한다. 또 응답자들은 부서별로 지급됐던 연말 선물이나 부서간 연말 회식문화도 거의 사라졌다고 답했으며, 92퍼센트의 공무원은 금지령발표 후 가장 큰 변화로 월급외 부가수입이 줄어든 점을 꼽았고, 공무원의 96퍼센트는 정부의 금지령이 과도하게 엄격하다는 반응을 보였다고 한다. 단단히 체한 거다. 철밥통인 공무원을 "차라리 그만두겠다"는 답이 나올 정도면 최근의 중국공무원들이 느끼는 체감경기가 어떤지를 이해할 수 있을 것이다.

물론 일반 국민들은 박수를 치는 중이다. 인민망은 논평을 통해 "공무원하기가 어려운 것이 아니라 공무원으로서 부패를 행하기가 어려워졌을 것"이라고 꼬집으며 "국가가 공무원을 대하는 태도가 정상으로 돌아가고 있고 인민의 공무원에 대한 감독이 자리를 잡아가고 있다. 먹고 마시려니 조사받기가 두렵고, 뇌물을 받으려니 고발되는 것이 두렵고, 위세를 부리려니 폭로가 두려워 관리로서 사는 게 무척 힘들 것"이라며 "지금 공무원 하기가 어렵다고 생각하는 공무원들은 하루속히 그만두는 것이 본인이나, 국가와 인민을 위해 나을 것"이라고 할 정도다. 중국은 지금 반부패운동으로 극심한 속병을 앓고 있는 것이 분명하다.

문제는 우리같이 중국에 와서 식당을 경영하는 교포들이다. 결국은 인간이 안고 있는 이율배반적인 속성이 튀어나오지 않을 수 없다. 먹고살아야 하는 현실과 중국을 바라보는 객관적인 관점이 서로 엇갈린다는 뜻이다. 어느 사회나 부패문제는 나라를 좀먹는 악의 요소다. 사실은 중국지도부도 현재의 반부패운동이 식당과 기타 요식업 그리고 술과 담배 소비를 위축시키고 있다는 것을 잘 알고 있다. 바보가 아니다. 그러나 국가의 통치는 무엇이 우선인지를 냉철하게 생각해야 한다. 경제활성화를 위해서 부패를 방치할 수는 없다. 부패의 막장은 국가의 흥망성쇠와 연결되기 때문이다. 나라가 망하는 지름길이다.

우리 한국인들은 이렇게 지혜롭고 똑똑하게 중국의 작금 상황을 이해한다. 그러나 장사가 안 되어 죽을 쑤는 상황에서 이런 지혜롭고 학식이 고고한(?) 생각을 한다는 것은 아주 곤혹스럽기도 하다. 아주 힘든 이야기다. 그렇다고 당장 장사를 집어치울 수도 없다. 별 뾰족한 수가 없는 것이다.

아마도 비단 나 같은 한국사람만이 아닐 것이다. 중국 전역의 고급식당과 고급담배 그리고 고급술을 파는 중국사람들은 비록 밖에 나가서 사람들과 대화를 할 때는 국가의 반부패운동을 찬성한다는 발언을 거침없이 쏟아내더라도 집에 돌아와서는 긴 한숨을 쉴 것이다. "내가 제 정신으로 한 말인지 아니면 도대체 무슨 정신으로 그런 말을 한 건지" 헷갈려할지도 모른다.

국가정책을 반대할 수도 없고 그렇다고 먹고는 살아야 하는데 그동안 문지방이 닳도록 오가던 공무원들이 안 온다. 한국노래 가사처럼 "오실 때는 단골손님, 안 오실 땐 남"이 되는 거다. 자꾸만 남이 되어가는 공무원들과 그들을 접대하려고 혈안이 되어 역시 우수한 단골이 되었던 사업가들이 야속하기만 하다. 이러다 영영 남이 되는 것은 아닐까? 지나친 염려도 된다. 어찌 이 살벌한 반부패운동 속에서 그런 걱정이 들지 않겠는가?

중국은 지금 이렇게 부패와의 싸움을 진행하고 있는 중이다. 중국에 사는 한국사람으로서 이런 현상을 그냥 쳐다만 보고 있을 수도 없다. 조금 힘들어도 현재 이곳에 살고 있는 한 우리도 중국정부의 좋은 정책은 격려하고 응원하면서 먹고사는 일은 나름대로 지혜로운 방법을 찾아야 할 것이다. 중국에서 식당을 하는 모든 한국교민들의 건투를 빈다.

후문

하늘이 허락한 '우한'과의 인연
우한과의 이별도 하늘의 뜻이리라

2007년 어느 날 나는 정든 고국을 떠나 우한으로 왔다. 사람의 인연은 피할 수 없는 본질을 지니고 있는 것 같다. 나와 우한의 인연은 아마도 내 인생에 예정되어 있던 숙명 같은 인연이라는 생각이다. 하늘이 허락한 인연을 어찌 사람의 의지로 피할 수 있겠는가? 그렇다. 우리는 태어나서 수많은 사람을 만나며 살아야 한다. 부모와 자식의 만남 그리고 선생과 제자의 만남을 통해서 어린 시절과 20대 청춘이 완성된다. 그리고 다시 사회에 나가서 직장상사를 만나고 마침내 배우자를 만나 평생을 해로해야 한다.하지만 그런 만남이 전부 우리의 의지와 힘으로 되는 것은 아니다. 부모와 자식의 운명 같은 만남이 어떻게 우리 자력으로 되는 일인가? 평생을 인생의 동반자로 삼아야 하는 배우자와의 만남도 같다. 알 수 없는 인연의 끈은 이렇게 우리의 생각과 계획을 뛰어넘는 속성이 있다. 내가 중국 우한이라는 곳에 살고 있는 것도 예상치 못한 인연의 끈이 작용했을 것이다. 그래서 나는 우한과 우리 가족의 만남은 하늘이 준 운명이고 인연이라는 생각으로 늘 감사하며 산다.

물론 이국의 낯선 땅에서 겪어야 했던 많은 불편함과 어려움 그리고 실망과 분노도 있었다. 그러나 사람사는 세상에는 어디를 가나 그런 일은 있게 마련이다. 실제로 중국에 와서 살기 때문에 겪어야 했고, 중국에 와서 살기 때문에 치러야 했던 고통은 없었다고 본다. 왜냐하면 사람사는 세상에서 겪어야 하는 여러 아픔과 시련은 환경에 따라 약간의 차이는 있을 수 있으나 본질적인 면에서는 모두 같기 때문이다.

더구나 같은 동양문화를 공유하고 있는 중국은 한국사람들에게 아주 이질적인 특이한 문화를 강요하는 것도 아니다. 음력설과 추석과 같은 비슷한 풍습을 보내는 나라가 한국과 중국이다. 어른을 공경하고 아랫사람을 배려하는 미풍양속이 두 나라에는 아직도 존재한다. 손님을 맞이할 때는 정성을 다해서 음식을 준비하고 집으로 돌아갈 때는 선물을 챙겨주는 아름다운 전통이 중국과 한국에는 공존한다.

한국인이 중국에서 산다는 것은 그런 면에서 볼 때 아주 편리하고 좋은 면이 많다. 더구나 지리적으로 아주 가까운 이웃이기에 언제든지 비행기를 타면 아침먹고 점심에는 도착할 수 있는 곳이 중국과 한국이다. 그래서 현재 중국에는 약 80만 명의 한국인이 살고 있다. 그 중에서 한국유학생이 약 8만에 이르고 있다. 또한 10만이 넘는 중국학생들이 한국에서 유학을 하고 있다. 한국에서 공부하는 외국학생들의 60퍼센트 이상이 중국학생들인 셈이다. 이런 현재의 상황을 생각하면 한중 두 나라의 교류는 시간이 가면서 더 활발해질 것으로 보인다.

어쩌면 이제는 한국인이 중국에 와서 사는 것이 이상한 일도 아니고 어려운 일도 아니다. 비록 중국어가 어렵기는 하지만 한국사람만큼 중국어를 배우는 데 유리한 사람들은 없다. 같은 한자문화권이기 때문이다. 알다시피 유럽이나 미국사람들이 중국어를 배우는 데 얼마나 고생을 하는지 알 것이다. 이렇게 같은 문화권에서 산다는 것은 여러 면에서 장점을 가지고 있다.

우리 가족이 우한에 산 지 7년째로 접어든다. 나도 40대 후반에 와서 이제 50대 중반이 되고 있다. 인생의 40대와 50대를 낯선 곳에서 보냈다면 아마도 그곳은 내 인생에서 제2의 고향과 같은 곳이 될 것이다. 우한에서 이제 내 인생 50대를 보내고 있다. 지난 7년 동안 설레는 마음으로 살았고 벅찬 희망으로 들뜨기도 했으며, 때로는 향수에 젖어 외로움을 느끼기도 했다.

우한에 첫 발을 내딛는 순간 앞으로 펼쳐질 미래에 가슴 설레기도 했고 새롭게 도전하는 삶에서 무한한 가능성을 엿보기도 했다. 그러나 중국에서의 삶은 그리 만만치 않았다. 겉모습은 다소 허술해 보여도 내면에는 깊이가 있고 한국에서는 이미 없어진 오랜 역사와 전통이 면면이 이어져오고 있었다. 중국사람들은 느린 듯해도 철저했고 친절하고 좋아보이면서도 치밀한 면이 많았다. 문화적 차이가 주는 다소의 불편함은 차츰 이해를 하고 적응할 수 있었지만 사회적 시스템의 차이가 주는 기본적인 사고의 다름을 이해하는 데는 시간이 한참 걸려야 했다. 흔히 로마에 가면 로마의 법을 따르라는 말이 있다. 그러나 50년 가까이 한국에서 생활한 내가 중국에서 중국의 습관에 당장 길들여지기란 쉬운 일이 아니었다.

외국인이 중국에 와서 살면서 겪어야 하는 이런 다양한 체험과 경험은 당연한 것이라고 생각한다. 그래서 우리는 일정기간 동안 많은 시행착오를 겪어야 한다. 한국사람들이 중국에 와서 초창기에 많이 실패하는 원인도 아마 이런 이유 때문일 것이다. 나 또한 우한에 와서 많은 경험을 해보았다. 비록 하늘이 내린 선물이지만 아름다운 인연을 만들어야 하는 책임은 나에게 있기 때문이다. 좋은 인연과 아름다운 만남이 어찌 아무런 수고와 노력도 없이 만들어질 수 있겠는가?

그래서 나는 늘 생각하고 배우고 노력하는 마음으로 우한에서 살았다. 수많은 시행착오 속에서 그 원인을 나의 주관적인 관점이 아니라 중국인의 관점에서 한 번 더 생각해보기도 했다. 내 의견과 방법이 옳다고 믿었지만 중국에서는 그 방법이 틀렸다는 것을 깨닫기도 했다. 나는 이렇게 생각하는데 중국친구는 왜 저렇게 생각하는지를 이해할 수 없었다. 나의 기발한 생각과 선진화된 전략 그리고 합리적이라 여겨지는 제안을 이해 못하는 중국친구가 원망스럽기도 했다. 이런 모두가 결국은 나의 주관적 관점이었지 중국인의 관점은 아니라는 것을 깨닫는 데는 많은 시간이 걸려야 했다.

이제 중국은 세계경제대국으로 발돋음하고 있는 중이다. 미국이 서양의 지는 해라면 중국은 동방의 뜨는 해가 되었다. 세계의 모든 사람들이 중국의 괄목할 만한 성장을 경이의 눈으로 바라보고 있다. 과연 그것이 어디까지 계속될 것인지 무척 궁금해하고 있다. 모든 나라의 이목이 중국에 쏠려 있다는 뜻이다.

또한 이 거대한 중국대륙의 힘찬 발전의 속도가 언제쯤 멈출지도 관심대상이 되고 있다. 이런 측면에서 볼 때 중국과 중국인들도 이제는 피할 수 없는 도전에 직면해 있다고 해도 과언은 아니다. 알다시피 한 국가의 지속적인 성장은 많은 노력과 동시에 고통도 수반한다. 빠른 성장의 이면에 사회적 불만이 생길 수도 있고 물질의 풍요 속에서는 가난이라는 그림자도 공존할 것이다.

중국의 이같은 성장은 이제 중국시장이 거대한 세계의 공장이 아닌 세계의 시장으로 변했다는 것을 의미하기도 하다. 세계 각국의 유수기업들이 중국에 진출하고 있지만 한편에서는 중국이라는 거대시장을 두고 세계의 모든 나라들이 각축을 벌이고 있다. 13억 인구의 중국시장을 가만히 보고 있을 기업은 없다. 이 시장에서 각국의 경쟁은 더욱 치열할 것이고 심화될 것이다.

중국 또한 만만치 않은 환경에 직면하고 있다. 언제까지 값싼 노동력으로 만들어내는 제품이 중국경제를 이끌어갈 수는 없을 것이다. 기술의 끊임없는 개발이 뒷받침되지 않는 회사는 경쟁력에서 한계에 부딪칠 것이다. 기업의 생존을 위해서는 과거의 습관과 오랜 관습도 과감하게 털어버려야 할 때도 올 것이다. 아름다운 전통은 계승발전시키되 불합리한 모순은 개선해야 할 것이다. 중국도 세계 모든 나라가 겪어야 했던 성장의 고통을 감수해야 할지도 모른다.

내가 살고 있는 우한도 지난 7년간 엄청난 변화를 겪고 있는 중이다. 나는 이 도시에서 변화하는 중국의 모습을 몸소 내 눈으로 목격하고 있다. 말로는 표현이 안 될 만큼 우한은 현재 발전하고 있다. 지금의 우한 톈허비행장과 과거 내가 처음 이곳에 첫 발을 딛었던 비행장은 그야말로 비교가 안 된다. 곳곳에는 수많은 아파트와 고층건물이 즐비하게 들어서고 장강을 가로지르는 1교와 2교는 추억의 다리가 되고 말았다.

우한의 외곽순환도로인 삼환선에는 아침부터 밤늦게까지 수많은 화물차가 달리고 있고 우창과 한커우의 기차역은 아름다운 건물로 단장되어 매일 엄청난 사람들을 실어나르고 있다. 지하철이 개통되어 두 지역의 이동거리는 불과 20분이면 충분하고 호남성 창사를 가는 시간은 1시간이면 된다. 또한 우한역에서 고속철을 타면 광주까지 달려가는 데 4시간이면 충분하다.

장강의 물결과 동호의 능수버들은 여전히 유구한 우한의 역사를 간직하며 옛 모습을 간직하고 있지만 우한의 겉모습과 우한사람들의 생활은 걷잡을 수 없는 속도로 달려가고 있는 중이다. 중국 중부내륙의 중심도시로서 명실상부한 모습을 보이고 있다.

아울러 우한도 이제는 단순한 내륙도시가 아니라 외국기업이 진출하고 있는 국제도시가 되고 있는 중이다. 10여 년 전 처음 우한에 왔을 때 중국친구들은 나를 보며 외국인을 자기인생에서 처음 본다고 했었다. 그러나 이제는 내가 택시를 탈 때면 운전사는 금방 내가 한국사람이라는 것을 안다. 그리고 한국에 대한 이야기를 거침없이 쏟아낸다. 우한대학에서 매년 가을에 열리는 국제문화제에 가보면 엄청난 세계 각국의 유학생들이 각자 자기나라의 문화를 소개하고 홍보하는 모습을 볼 수 있다. 우한이 더 이상은 내륙도시가 아님을 실감할 수가 있다.

나는 이렇게 빠르게 변모해가는 우한에서 7년을 살고 있다. 하늘이 내게 준 아름답고 행복한 인연이라 생각한다. 그동안 좋은 친구들을 만났고 중국의 많은 것을 배우고 깨달았다. 그러면서 향후 중국과 한국의 관계가 어떻게 발전해나갈지에 대해 많이 생각해보기도 했다. 아마 틀림없이 좋은 관계로 발전해나갈 것으로 보인다. 그래서 내가 우한에서 살았던 10년 가까운 세월도 내 인생의 아름다운 추억으로 기억되길 소망해본다. 그럴 것이다.

훗날 세월이 더 흐르면 나는 한국에서 나의 노년을 보낼 것이다. 고국을 떠난 나그네가 다시 제2의 고향인 우한을 뒤로하고 한국의 고향으로 돌아갈 것이다. 여우도 죽으면 자기고향 쪽으로 머리를 향하고 죽는다는 속담이 있다. 어찌 조국을 떠난 내게도 그런 인지상정의 마음이 없겠는가? 하지만 나는 지금 중국 우한에서 살고 있다. 이 인연이 언제 끝날지 아직은 잘 모른다. 하늘이 나와 우한의 인연을 허락했듯 우한과의 이별도 하늘의 뜻이라 생각한다.